大明战神谱

李湖光 著

台海出版社

图书在版编目（CIP）数据

掌故.005，大明战神谱 / 李湖光著. -- 北京：台海出版社，2017.11（2024.9重印）
ISBN 978-7-5168-1602-8

Ⅰ.①掌… Ⅱ.①李… Ⅲ.①中国历史－掌故 Ⅳ.① K206.6

中国版本图书馆 CIP 数据核字 (2017) 第 249158 号

掌故 .005, 大明战神谱

著　　者：李湖光

责任编辑：阴　鹏　曹文静　　　　　策划制作：指文文化
封面设计：周　杰　　　　　　　　　责任印制：蔡　旭

出版发行：台海出版社
地　　址：北京市东城区景山东街 20 号　　　邮政编码：100009
电　　话：010 － 64041652（发行，邮购）
传　　真：010 － 84045799（总编室）
网　　址：www.taimeng.org.cn/thcbs/default.htm
E － mail：thcbs@126.com

经　　销：全国各地新华书店
印　　刷：重庆亘鑫印务有限公司
本书如有破损、缺页、装订错误，请与本社联系调换

开　　本：787mm×1092mm　　　　1/16
字　　数：320 千　　　　　　　　印　　张：15.5
版　　次：2018 年 1 月第 1 版　　　印　　次：2024 年 9 月第 2 次印刷
书　　号：ISBN 978-7-5168-1602-8

定　　价：99.80 元

目录

战神辈出的年代

在历朝历代的战争中，宗教信仰时常左右着参战者的思想，考之史籍，斑斑可见。

宗教的核心思想是鬼神观，而教徒对神祇的信仰则是宗教的基本特征。由于中国历朝历代的统治者对很多宗教都采取了宽容的态度（除了"儒、佛、道"三教之外，还有各种传统的民间信仰大行其道），所以，古代社会常常显得"神佛满天"，各行各业都有自己崇拜的偶像。例如：商人拜的是财神，读书人拜的是孔庙里的孔子，出海渔民拜的是天妃妈祖，农夫为祈求丰收拜的是土地庙里的土地神与谷神，而军人拜的则是战神。

在诸多神祇中，与战争关系最密切的无疑就是战神！中国古代的战神五花八门，作用不一。虽然古代军队出征之前会祭祀风云雷电等自然神，以及龙虎貔貅等猛兽之神，甚至还会祭祀刀枪剑戟等军械之神，但是，能够称之为战神的大多具备了人的精神面貌。就像西方哲学家黑格尔所说的，宗教总会假设"人的本性与神的本性是合一的"。在许多宗教的信徒们看来，如果世界上真的有神，那也极可能将以人的面目出现，因为人是万物之灵。

在古代，的的确确存在过被老百姓视之为战神的人。他们表面上与普通人没有多大区别，也同样是肉眼凡胎，但因天赋异质而被凡夫俗子视为活神仙、活佛与活菩萨。他们当中有的孔武有力，能伏虎屠龙，这种人以军队中的武将居多；有的据说可以推测过去未来、逢凶化吉，并经常通过举行宗教仪式等办法来显示自己的与众不同之处，这种人通常在战争充当出谋划策的幕僚与军师；有的公开宣扬自己受命于天，负有扭转乾坤的责任，这种人最有王者风范，所以往往扮演着最高领袖的角色。关于这些活神仙、活佛与活菩萨的传说，有真有假，如梦如幻，当中不乏江湖骗子，欺骗自己也欺骗别人。

除了尘世活着的战神之外，还有天上不食人间烟火的战神。

天上的战神主要有两类：一类是由远古传说中演变而来的战神，这些神从来没有做过一天的人，最好的例子是道教的玄武大帝。另一类是由真正历史人物演变而来的战神，他们过去是人，死后随着时间的流逝而逐渐在世俗之人的口耳相传中成了神，其中著名的代表有三国的关羽。这两类战神虽然是人所塑造的，但常常能够反过来又影响人，甚至从精神上控制人。

以信仰为手段，各种各样的战神都具有从精神上控制军队的潜能。在中国历史上，许多精明的领袖就屡次在部队中进行"造神运动"，以达到各种各样的目的。这些战神有的成功了，可也不乏失败者。

综观历史上令人眼花缭乱的战神，有明一代比较典型。这个王朝有活着的战神，例如：刘伯温；有由历史人物演变而成的战神，例如：关羽；有远古传说中的战神，例如：玄武；有边陲地区少数民族树立的战神，例如藏传佛教的大黑天；还有揭竿而起的叛乱者树立的战神，例如：白莲教的弥勒佛与明王等等；甚至连明朝的国号"大明"也与战神脱离不了关系。

那么，贯穿整个明代历史的战神们各自具有哪些特色，这些被神化者是如何影响战争的呢？让我们从头细说，一一道来。

第一章

白蓮教的天堂之路

地狱与天堂

地狱是让人生畏的地方。根据基督教、佛教等宗教的说法，生前造孽的人死后，灵魂就要堕入黑暗的地狱受罚。

不过，活着的人谁也没有亲眼见过地狱，也不想有朝一日生活在地狱，除非人间变成了地狱。而在 14 世纪中后期，元亡明兴的时候，人间确实变成了地狱，老百姓生活在水深火热之中，受尽折磨。

蒙古贵族统治者建立的元朝，由于长期实行错误的政策，积累的矛盾日益激化，火山必将爆发，灾难已经来临。

那时候的人，一出世便需要面对不平等的社会，其中大部分人都注定要毕生挣扎在社会的底层，毫无出头之日。统治者们将各族人民分为蒙古、色目（包括钦察、唐兀、畏吾儿等欧亚民族）、汉人与南人四种，分别享受不同的政治待遇与社会地位。日子过得最滋润的是人口比较少的蒙古人，中央政府的三个最重要的部门，即是负责政府日常行政事务的中书省、掌握军权的枢密院与掌控监察的御史台，这些要害部门最大的官都由蒙古人来做。至于府、州、路等地方政府，拥有实权的达鲁花赤一职也主要由蒙古人与色目人担任，人口最多的汉人与南人难以染指。

皇帝经常赏赐大量的钱财与土地给宗室贵族以及拥戴自己的权臣。统治阶级过着挥霍无度的生活，逐渐使财政入不敷出，其结果必然导致赋役的增加。各级官吏放胆在民间搜刮，不少人趁机中饱私囊，致使吏治败坏。为官者在任上公开以各种名义问人讨钱而不以为耻。私下里发生的贿赂事件更是不计其数，例如官员初上任，便要收下属的"拜见钱"；到了逢年时要收"追年钱"；受人委托办理公务时要收"常例钱"与"公事钱"；下级调任跑关系时需要向上级送"好地分钱"与"好窠窟钱"，才能得到美差。整个官场人欲横流，一片乌烟瘴气。

国家经济不景气，农业生产日渐衰敝。那时，权

∧ 元代骑马之俑

豪世家大肆进行土地兼并，那些佃种富户土地的老百姓，则负担着沉重的租额，特别是在江南，有不少平民为此而破产。元初设置的劝农机构以及水利设施在官吏日益腐败的情况下已经形同虚设。更有甚者，元政府为了满足军事上的需要多次在民间任意搜刮马匹，致使农民缺乏耕马。官僚们害怕农民造反，有时实行荒谬的政策，《农田余话》记载元顺帝在位之初，丞相伯颜下达了禁止江南汉人拥有铁禾叉，就是一例。这类倒行逆施的政策无疑使经济雪上加霜。

朝廷丝毫没有恤老怜贫的意思，反而滥印纸币企图将财政困难转嫁给民间。这种纸币称为"中统交钞"，官方硬性规定一贯纸币可换一千文铜钱，当政府将印刷的不可胜计的钱币投放入市场时，实际上无异于从老百姓的口袋里掏钱，并引起灾难性的后果。物价四处上涨，已经到了难以抑制的地步。这种饮鸩止渴的行为令工商业萎缩，也极大地损害了农业，而广大人民的财产均受到了不同程度的损失。到后来，老百姓都不愿意使用钱币了，把它如同废纸一样扔在路上也没有人拾取。

经济已经处于崩溃状态，朝廷对此束手无策。就这样，此起彼伏的天灾人祸相继把各阶层人民逼上了绝境。全国各地出现了大量的难民，在山东山西、大江南北，到处都是一股接一股的人背井离乡，四处流浪，挣扎于死亡线上。老百姓在贪官污吏与水旱蝗虫灾害的交相煎熬之下，无疑生活于水深火热的人间地狱之中，大伙都盼望能过上丰衣足食、无愁无虑的日子，向往着这种如同神话一般的天堂生活。

然而，尘世间不可能在旦夕之间出现天堂，人们只能在精神上憧憬它，希望能暂时麻醉自己，忘记现实世界的痛苦，因而那些宣扬天堂生活的宗教便派上了用场。其中，佛教的一些派别的理论就与天堂有关。这种理论教导信徒通过何种修行方式才能过上天堂般的幸福生活。

天堂，出现在佛教"净土宗"①的经典书籍里，吸引了那些厌世的人的注意力。

---

① "净土"这个词可以与"浊世"相对比，简单地说，"净土"相当于天堂，"浊世"相当于人间，身在"浊世"的人修习这门佛法，目的是为了死后能够往生"净土"，也就是升上天堂。

佛教的不同流派有不同的净土信仰，就净土宗而言，它最著名的天堂有两个，分别挂着"弥陀净土"与"弥勒净土"两块不同的招牌。

首先说说"弥陀净土"，这个天堂还有另外一个名字叫作"西方极乐世界"。在古代，"西方极乐世界"却是很多佛教徒死后向往的地方，是家喻户晓的天堂。

那么，西方极乐世界到底是怎样的一个美轮美奂的地方呢？在《无量寿经》与《阿弥陀佛经》等佛教的经典记载中，这个国家的国王便是人间妇孺皆知的"阿弥陀佛"（天堂叫作"弥陀净土"，就是以国王的名字来命名的）。这个国家的男男女女均诞生于一种叫作"莲华"的美丽花朵之中，与人世间从母胎之中出生的婴儿有别。这个国家的国民居住在由金、银等各种宝物自然形成的宫殿里面。宫殿的环境异常优美，既有琼林池沼，又有神风甘露，各种各样的景色让人目不暇接，处处响彻着心旷神怡的天籁之音。居住在这个无比玄妙的境界之中，人人可以大彻大悟而长生不老。

尘世中的人要想往生佛国，生活在天堂里，就必须信仰佛教。信徒要做到不杀生、不偷窃、不邪淫、不妄言、不喝酒这些导人向善的戒律，生前多做善事，有错即改，死后就可以往生西方极乐世界了。

佛家的天堂除了"弥陀净土"这个"西方极乐世界"之外，还有另一个叫"弥勒净土"的好地方。弥勒净土虽然与弥陀净土仅仅只是一字之差，但繁华的程度却有过之而无不及。那时天上的神仙享受的全是农业社会里早已存在的东西，例如漂亮的房子、悦耳的音乐与美女等，只是数量大得惊人，质量也更加上乘。

《弥勒上生经》这部佛经记载，挂着"弥勒净土"这一块招牌的天堂，本来是属于一个名叫"弥勒"的修行者的地盘。它范围辽阔，有五百亿座宝宫。每一座装修豪华的宝宫都有七重墙壁，每一重墙壁都由金、银等七种不同的珍宝筑成，每一种珍宝发出五百亿种光彩，每一种光彩中有五百亿朵莲花，每一朵莲花化作五百亿棵四面围绕着瑰宝的宝树，每一棵宝树的树叶有五百亿种颜色，每一种颜色有五百亿金光。另外还有五百亿个龙王围绕着宝宫的墙壁，每一个龙王都唤来雨水灌溉着数以百亿的宝树。在庄严的墙壁之上，产生自然的风，吹动着宝树，无数的宝树在风中互相接触，散发出的声音也仿佛在演说着佛法。这样金碧辉煌的宫殿，当然少不了美女。宫殿中散发的每一道金光都化作五百亿个全身披戴着珍宝的女子；每个女子都站在树下，手持璎珞宝物，在美妙的音乐之中念经修法。这时宝树结出玻璃色的果实，所有的颜色都映射入这种玻璃色中。这些奇珍异彩随着演说着大慈大悲佛法的声音而不停地左旋右转。

在人间，生活最豪华奢侈的通常是皇帝，但皇帝的居住环境比起天堂差得远，就以皇宫为例，它的面积比起弥勒的宝宫逊色得多，天堂里每一座宝宫中的每一重墙壁，其高度与厚度都达到千百里，比起人间的整座宫殿不知要大多少倍。难怪中国有句古话叫"做了皇帝想成仙"，为了过上天堂生活，人间信佛的皇帝不在少数，更不用说老百姓了。据说，世人只要诚心信奉弥勒，遵守戒律，过着虔诚的生活，死后便能升上天堂，与弥勒在一起。

弥陀净土与弥勒净土这两个天堂，都是虔诚的信徒死后才能前往的地方。那么，到底有没有办法能够让信徒在生前就享受天堂般的待遇？当然有，这就是人间天堂！

最初，信仰"弥勒"比信仰"阿弥陀佛"多了一个好处，就是能够让信徒在生前就有机会活在天堂，过着神仙一般的日子。传说居住于"弥勒净土"这个天堂中的弥勒，他的身份只是菩萨（菩萨的地位比佛还要低一级），而为了成佛，他还要在五十六亿年之后从天上下凡到人间，广度世人，才能如愿以偿。弥勒成佛的同时，人间也变得焕然一新，成为天堂。根据佛经中绘声绘色的描述，弥勒下凡的时候，世界上人人都变得充满智慧，具备了高尚的道德情操，从此过着快乐而安稳的好日子，再也没有疾病与烦恼，也不用担心饥荒与灾祸。战争远离人间，大地上到处和平宁静，没有作奸犯科的盗贼与土匪。在城镇的居民聚居点中，可以夜不闭户而高枕无忧。而且，人类的寿命更高达八万四千岁。女人要到五百岁才出嫁。出生的婴儿永远不会夭折，直到长大成人。每个人都身高十六丈。稻米在没有杂草的田园中成熟，味道极为香甜。每一种子能够收获七次，人们只需付出很少的劳动，便能得到极大的丰收。这个人间天堂比起天上的"弥勒净土"，当然差得远，但对于古代过着粗茶淡饭，甚至食不果腹、衣不蔽体的生活的普罗大众来说，肯定是梦寐以求的了。

有趣的是，正如佛经提到弥勒会在末劫时期下凡拯救众生一样，西方的《圣经》也有为一位名叫"弥赛亚"的救世主会在末世来临时拯救众生，到那时，世界各地都再无饥馑，蜜、奶、酒像水一样到处流淌。当代学者季羡林先生指出，弥勒与弥赛亚读音相似。故此，弥勒与弥赛亚可能源自同一神话故事，只是传到不同的地区演变成了不同的宗教人物。顺便提及，耶稣基督就曾经被信徒视为弥赛亚降世，基督这个词正是由希腊文的弥赛亚演变而成。

宗教的神话故事总是互相影响。后来，"弥陀净土"也受到"弥勒净土"的影响，产生了阿弥陀佛出世、人间变成天堂的说法了。

人间天堂的吸引力实在太大了，信徒们无不希望它早日出现在地平线上，为此不惜使用暴力手段摧毁旧世界，伴随这一痛苦过程的是阵阵的血雨腥风。

众所周知，佛经中有一句偈语叫作"放下屠刀，立地成佛"。提倡不杀生的佛教一贯以来给人和平的印象，但这并不意味着佛教与刀光剑影无缘。如果为了达到普度众生的目的，僧人也会不惜"挺身而出，斩魔除妖"。比如，在信仰弥勒佛的狂热信徒的眼中，下凡到人间的弥勒佛就是战神。为了建立人间天堂，弥勒佛必将带领天下苍生铲除一切不合理的社会制度，把地狱般的旧世界彻底砸个稀烂。这样一来，一些具备领袖才华的革命家，在组织武装起义推翻政府时，往往宣称自己是弥勒佛的化身，以此来吸引对现实不满的信徒，使队伍更加壮大。中国历史上，起源于净土宗的白莲教就是经常不惜动用武力来达到目的的佛教流派。"白莲"之名源于东晋名僧慧远创立的"白莲社"，在此基础上发展成为信奉弥陀净土的白莲教。此教产生于南宋初年，创始人是一个俗名叫茅子元的江苏人氏。为了吸引信徒，茅子元对净土宗原来的理论、仪式进行了改革。他在组织上，重视师徒关系，并大量吸收俗家弟子，因而在江南地区得到了比较迅速的发展，大约在宋朝灭亡前后传入了北方。

元朝统一全国，由于统治阶级对各种宗教采取兼容并蓄的政策，白莲教曾经在一段时间内得到了政府的扶持，发展得更加兴旺，信教的人越来越多。信徒们经常穿着白衣聚集于本教的宗教场所——莲堂，诵经修道，吃素拜佛，而且逐渐变得更加世俗化，不但参与进来的俗家弟子越来越多，连教中僧人也可以娶妻生子。教中人员的成分逐渐复杂起来，一些人打着白莲教的旗帜来搞巫术以图谋私利，还有人是为了躲避官府的徭役才入教的，甚至有人利用该教进行反叛活动。种种不法行为惹来了传统的佛教僧人的非议与官府的敌视，终于被朝廷所禁止。

元朝禁止白莲教的政策时严时宽，因而白莲教在民间的势力始终没有得到有效的抑制，最终在元末发起了一场颠覆朝廷统治的大起义。

起义的白莲教为了团结一切力量反元，接纳了其他教派的宗教徒，故其教义也不可避免地受到其他教派理论的渗透，成了一个大杂烩。教义中除了信奉传统的弥陀净土之外，还接受了弥勒净土。此外，来自西亚的"明教"在教中也有影响。明教，又名"摩尼教"，此教由波斯人"摩尼"于3世纪创立，其教义认为世界由光明与黑暗组成，而且将要经历过去、现在与未来三个阶段，光明最终将在未来阶段战胜黑暗，这也意味善战胜了恶。但在现阶段，光明与黑暗仍然纠缠不清、难分难解，因而需要世界的最高主神"明尊"派出使者助战。明尊的使者叫作"明使"，明使来到人世间的任务是教化众生，帮助普罗大众脱离黑暗的苦难，建立一个前景光明的美好世界。

值得注意的是，不管是明教的教义，还是弥陀净土与弥勒净土的教义，都有一个重要的共同点，就是宣称世人将在神明下凡时获救。因此，无论是阿弥陀佛、弥勒佛，还是明使，都存在着被起义信徒所利用的可能。例如，白莲教徒中信奉弥陀净土的，自然少不了有人托言阿弥陀佛出世，带领众人造反；同理，信奉弥勒净土的，则托言弥勒佛出世；信奉明教的，则托言明使出世；共同与朝廷作对。到那时，阿弥陀佛、弥勒佛与明使，理所当然也就成了起义军的战神。

白莲教大起义

白莲教大起义的契机源于黄河水灾。元朝末年，黄河频繁缺口，致使两岸受灾的田地皆尽荒芜，人民流离失所，严重影响了社会治安与统治秩序的稳定。末代皇帝元顺帝于1351年（元至正十一年）命令工部尚书贾鲁与中书右丞玉枢虎儿吐华等大臣疏通河道。官僚们召集起河南汴梁、河北大名与黄河以南的庐州等地的十数万军民，修理从黄陵坡到白茅口、阳青村等处，广达二百八十多里的水道。

官府在给河工的补助中缺斤短两，引起了众怒。这么多愤愤不平的民夫聚集在一起，一旦发生哗变，官军势必难以迅速制止。白莲教中的"异见分子"们就瞄准了这个起义的好机会，决心甩开膀子，大干一场！

出生于白莲教世家的韩山童就这样顺应时代的潮流而被推到了风口浪尖。韩山童本是外来户，其祖父因传播白莲教触犯禁忌而被朝廷从河北赵州栾城流放到广平永宁县，从此便在他乡扎下了根，继续秘密干起传教的老本行。到了韩山童长大成人继承祖业为白莲教主的时候，白莲教已在北方发展得如火如荼，教中的骨干有刘福通等人。他们针对平民百姓对现实的不满，长期以来刻意在信徒中散布天下无道、民不聊生、明王即将出世、弥勒佛即将降生来拯救世人等消息，为将来的造反预先做舆论准备。

一场经过长时间酝酿的暴风雨终于降临了。白莲教徒们利用官府大肆征夫治河而人心骚动之机，暗中凿了一个仅有一只眼睛的石头人像，并在此物的背上刻上"莫道石人一只眼，此物一出天下反"的字栏，悄悄埋藏在将要挖掘的黄河河道上。同时使人广泛散布"石人一只眼，挑动天下反"的歌谣，机智地利用民间迷信谶语的传统心理，进行宣传战。果然不出所料，当独眼石头人像在黄陵岗河段被挖掘出来时，参与治河的军民一片哗然，消息一传十，十传百，黄河两岸顿时沸腾起来。人心思乱，连天地也仿佛为之变色，日月也仿佛为之无光了。

起义的时机已经成熟，只需要一个有号召力的人出来振臂一呼，必然会从者如云！ 1351 年 5 月初，韩山童与刘福通等人聚众三千于颍州准备起事。颍州是刘福通的家乡，他利用这个便利条件向父老乡亲宣弥韩山童是宋朝皇帝宋徽宗的第八世孙，命中注定将要成为中国的主人，而刘福通本人则自称是宋朝大将刘光世的后裔，要辅助韩山童成就伟业。起义者在讨元檄文中声称要"蕴玉玺于海东，取精兵于日本"[①]，并打出了"虎贲三千，直抵幽燕之地；龙飞九五，重开大宋之天"的旗帜。

白莲教作为宗教组织，其教主过去不过自命为弥勒佛、明王等超凡脱俗的救世主。如今到了起义的时刻，却打出了世俗的口号，这一点具有历史转折的意义。这显然是为了争取非白莲教徒（特别是儒教徒）的支持。同时也意味着对于白莲教徒而言，他们的领袖是传说中的救世主；而对于非白莲教徒而言，起义军的首

[①] 这句话源于宋朝末代皇帝赵昺在东海投海，丞相陈宜中退走日本的故事。

领却是在现实中有着高贵血统的皇裔，天然负有济世安邦的使命。就这样，起义者们的精心策划使理想与现实似乎得到了完美的结合。在韩山童一个人的身上，同时具有神的性质与人间天子的双重身份。

如果说，弥勒佛、明王等救世主的下凡，代表着人间天堂即将出现；那么，光复宋朝旧河山，并让宋帝的后裔登基，就是人间天国已经诞生的象征。这很容易理解，正是元朝的错误政策，引发了激烈的民族矛盾，让广大人民群众觉得生活在水深火热的人间地狱中，而到了驱逐蒙古统治者，光复宋朝的时候，谁都会清楚，压迫在人们头上沉重得像大山一样的民族矛盾，必然会消弭于无形。因而这次起义把反对民族压迫当作是建立人间天堂的先声，韩山童针对元朝统治者倒行逆施的政策，在发布的檄文中责备道："贫极江南，富称塞北。"决心把民族矛盾赤裸裸地暴露于光天化日之下，争取更多旁观者的支持。

遗憾的是，在起义举行前夕，由于走漏了风声，官府急忙调动军队镇压白莲教徒聚集的白鹿庄。韩山童被捕而亡，他的妻子杨氏与儿子韩林儿逃避到了武安山，一场轰轰烈烈的起义眼看就要胎死腹中了。幸亏刘福通绝处逢生，逃出了重围，他再次发动教徒，在五月初三卷土重来，一举攻克颍州，打了一个漂亮仗，打出了一个开门红，引发了一场席卷全国的大起义。

最初，起义军的装备很差，大多数人"短衣草屦，齿木为杷，削竹为枪，截绯帛为巾襦"，好像一支叫花子军队。相反，元军可谓"武装到牙齿"，他们骑着骏马，身上披戴着各式各样的精良铠甲，手中不但拿着刀枪剑戟等冷兵器，还拥有当时世界上最先进的武器火门枪，而且可以在"襄阳炮"等重武器的支持下出战。起义军虽然装备不如敌人，但是他们当中很多人有宗教信仰，相信打败了敌人，颠覆

∧ 蒙古游牧骑兵

了朝廷就会过上人间天堂般的好日子；即使战死也会往生西方极乐世界，因而在战斗中前赴后继；认定自己在战场上无论生死都有便宜可占，打仗是一桩只赚不赔的买卖。

当时，起义者们头裹红巾，号称"红巾军"。因为根据教义，阿弥陀佛之色为红色，所以他们这样做的目的是为了得到佛的保佑。同时，他们又烧香礼佛，故又被人们称之为"香军"。

朝廷对红巾军在颍州起义成功的消息非常震惊，急急忙忙地召集精锐部队镇压。枢密院派出赫厮、秃赤两员悍将，带领号称训练有素、善于骑射的六千"阿速军"，在大批汉军以及河南地方部队的配合下，前去镇压起义。

元朝正规军主要实行世兵制。军中无论是官还是兵，大多数是父传子继，世世代代吃皇粮。这些人平素过惯了养尊处优的日子，无论是作战意志还是战斗力，比开国创业时期都逊色得多。元军欺负百姓倒是拿手，历来骄横惯了，便不知不觉地犯了轻敌的错误，全军上下莫不以为这趟差事会很轻松地办妥，将帅们在征途上一路沉湎于酒色，士兵们好像脱缰的野马，时不时地骚扰平民，到处剽掠，真是"贼过如梳，兵过如篦"，痛苦的永远是老百姓。谁料到了真正打仗的时候，元军看到白莲教徒在狂热的宗教情绪的煽动下，奋不顾身地冲锋陷阵时，很多人都当场发愣，接着惊慌失措地往后跑。带头逃命的统帅赫厮一边骑着快马，一边挥鞭大叫道："阿卜，阿卜（意思是快跑）！"就这样，元军望风披靡，红巾军一口气占领了安徽、河南等省份的大片地区，所过之处，纷纷逮捕以及处死元朝官吏，摧毁其腐朽的统治机构，把旧世界砸了个稀巴烂。

昔日那些卑微的穷苦人、乡下人如今终于可以在城里的达官贵人之前扬眉吐气了，这种翻天覆地的变化吸引了越来越多的人来步他们的后尘而加入到队伍中去。从6月至9月，人数一下就扩大到了十多万。连当时的一首民谣都唱道："满城都是火，府官四散躲。城里无一人，红军府上坐。"

刘福通率领的红巾军连战连捷，对全国各地正欲举行起义的人们起了很大的鼓舞作用，促成了群雄并起之势。很快，芝麻李等人在徐州拉起了一支队伍攻城略地，其范围广及宿州、虹县、沛县、灵璧、安丰等州县。而濠州，也被郭子兴、

△ 徐寿辉政权所铸的钱币

孙德崖所率的数千人所占领。芝麻李与郭子兴这两支部队均"聚众烧香",可见都是属于白莲教的分支。在此前后,王权、孟海马于江汉流域举起义旗响应。王权号称"北琐红军",转战于唐州、邓州、南阳、嵩州、汝州一带;孟海马号称"南琐红军",转战于均州、房州、襄阳、荆门、归陕等地。一时间,白莲教大起义从北向南地蔓延到全国各地。

那时,白莲教在塞内如遍地开花般四处传播,著名的领袖除了韩山童之外,还有另外一位有影响的领袖叫作彭莹玉。彭莹玉生于江西袁州的农家,年幼即出家为僧,因为懂得医术,便四处为人治病,在各地的群众中有很大的威信。他深知民间疾苦,为了改变黑白颠倒的现实世界而在行医的同时积极宣传白莲教,目的也是为了改朝换代。早在北方红巾军①大起义的13年前,他与徒弟周子旺在袁州发难,据《庚申外史》所载,他们有意选择在"寅年寅月寅日寅时"举起反元大旗,并让追随者的"背心皆书'佛'字",以为写上了这个字,能起到"刀兵不能伤"的效果,事实最终证明这是不可能的,而这次起义也因准备不充分而失败,周子旺被杀。在此后的十多年时间里,彭莹玉一边躲避着官府的追捕,一边在江淮地区继续传教,宣称弥勒佛即将下降凡间,成为救世主,无时无刻地为下一次燎原大火而提前制造声势。当长江以北的白莲教徒纷纷举起义旗的时候,他的弟子徐寿辉与志同道合者于1351年8月在蕲州发动起义,两个月后攻克蕲水。起义军烧香礼佛,对外的口号是"弥勒下生,当为世主",并以蕲水为首都,拥立徐寿辉为帝,建立了政权,国号"大宋"。成为南方声势最为浩大的一支红巾军。

当然,在全国各地的起义军中,也有一些不信奉白莲教的队伍,例如:纵横于东南沿海浙江地区的方国珍以及崛起于江苏等地的张士诚,也同样活跃在反元前线上。

---

① 刘福通所率的义军长期活动于元朝的河南江北行省,其军事影响不断向北扩展,故可视之为北方红巾军。

黑暗的大都与光明的汴梁

虽然，各地的白莲教起义此起彼伏，但是，刘福通领导的北方红巾军始终是抗元的主力军，并顶住了元朝的轮番攻击。然而，抢先建立政权的却是南方红巾军，而徐寿辉的大宋政权也一时为世人所瞩目。刘福通当然不会让徐寿辉白拾便宜，他为了凝聚人心，便将建立政权的事提上议事日程。白莲教作为一个宗教组织，需要一个走上神坛的领袖，最适合的人选是韩山童的儿子韩林儿。

再说韩山童死后，他的妻子杨氏与儿子韩杯儿逃入了武安山中，其后又辗转来到安徽砀山。这对孤儿寡母于 1356 年（元至正十六年）2 月被刘福通千方百计地找到了，并被迎接到亳州，至此，北方红巾军终于可以像南方红巾军一样成立政权，与元朝分庭抗礼。

北方红巾军建国的国名也叫"宋"[①]，年号"龙凤"，首都暂时设立在亳州，并开始建筑宫阙。韩林儿被红巾军正式奉为主，号称"小明王"，其母杨氏成了皇太后。新政权建立了一系列行政机构，刘福通虽然实力雄厚，但仍要受到内部其他派系的牵制，因而仅仅出任平章政事一职，而另一位实权人物杜遵道则出任丞相。

韩林儿因为年轻，所以号称"小明王"，这个名号显然与白莲教提倡的"弥勒降生、明王出世"有关。众所周知，白莲教融合了其他的宗教流派，教中有的人信奉阿弥陀佛，有的人信奉弥勒佛，还有的人信奉明王，不一而足，"弥勒降生"这个口号肯定来于弥勒净土的信仰。问题是，明王出世中的明王究竟属于哪一个宗教流派的神祇？当代历史学者们对此众说纷纭，大致有两种意见：一种认为"明王出世"是来源于明教的神祇，出自明教典籍《大小明王出世经》；另一种意见认为明王就是佛教的阿弥陀佛，因为净土宗的《大阿弥陀佛》中多次提到阿弥陀佛是"光明之王"（元代的白莲教本身也有弥陀出世的说法），所以明王出世就是阿弥陀佛出世。

[①] 南、北方红巾军都将自己的国家命名为宋，可见人心思宋。

　　总之，无论韩林儿自命为明教中的明王还是佛教中的阿弥陀佛，哪一种说法都否认不了他作为宗教领袖的地位。对于信仰明教的教徒而言，意味着光明已经降临，黑暗将要被驱逐。对于信仰弥勒净土的佛教徒而言，则意味着弥勒佛出世，旧世界在被毁灭的同时，新世界也将来临。对于信奉弥陀佛的人来说，明王出世既然是与弥陀降生同时发生的，因而会带来同样的效果。大家都认定人间天堂就快降临，信徒们快要过上无忧无虑的美好生活了。

　　此时的韩林儿，像他的父亲一样，既是传说中的救世主，又是有着宋朝皇帝血统的后裔，因而众望所归地被信徒们捧上了神坛，在这场宗教色彩很强的战争中成了部属眼中的战神。

　　不过，在元朝君臣眼里，韩林儿只是一位不扣不折的叛乱分子，必欲除之而后快。元军在镇压红巾军时经过一系列的失败后，开始重新调整布置，并鼓励地主武装组织"义兵"，调动一切力量反扑。在元军的"义兵"队伍中，最凶狠的是河南东部的察罕贴木儿与李思齐等人组织的部队，这支部队崛起之初就于1352年（元至正十二年）攻下罗山，人数迅速发展过万，屯于沈丘，对北方红巾军形成了较大的威胁。

　　此外，元军在河南与陕西之间的要塞潼关，陕西的汉中、商州与山东等地均集结重兵，企图在战略上包围北方红巾军，瓮中捉鳖。其中，元军悍将答失八都鲁等人于1355年（元至正十五年）下半年向北方红巾军发起了大规模的攻势，激战于河南许州、中牟、嵩县、汝州、洛阳、怀庆等地，黄河两岸大震。

　　刘福通在各路元军的重兵压境之下作战一度失利，宋政权的临时首都亳州被答失八都鲁率兵包围。宋主韩林儿避往安丰。直到第二年的3月，红巾军才击退来犯的元军，巩固了亳州防线。

　　这时，北方红巾军上层的权力机构亦在残酷的斗争中重新改组，刘福通已经杀死了擅权的原丞相杜遵道，自任为丞相而辅弼韩林儿，进一步将权力集中在自己的手中，成为军队的实际领导人，并逐渐完善了中枢与地方的行政机构。红巾军各级将士也在战争中经过血与火的磨炼，拥有了更加丰富的战斗经验，逐渐具备了与元军摊牌的条件。

　　从1356年9月开始，刘福通为了减轻亳州长期面临的军事压力，陆续派遣李武、崔德经潼关进攻陕西，派毛贵出兵山东，成功地分散了元军的兵力，逐步解除了亳州的警报。次年，北方红巾军领导人根据起义之初就提出的"虎贲三千，直抵幽燕之地；龙飞九五，重开大宋之天"的口号，制定了一个雄心勃勃的作战计划。这就是集中主力，分兵多路北伐，打算一箭双雕，同时完成光复汴梁与攻占元朝的首都大都这两个战略目标，既要埋葬民不聊生、饿殍遍野的旧世界，又要建立一个真实的天堂。

埋葬旧世界的首要措施是直抵幽燕之地，打击实行民族压迫政策的元朝贵族政权，因为元朝的首都大都，正好在幽燕之地，那个地方骄奢淫逸、贪污腐化、弱肉强食、道德沦丧，是一切罪恶的源头。这个直捣黄龙的战法一旦实施，必将大大加快改朝换代的速度。古人在有关国家政权合法性的问题上，向来有认庙不认神的习惯，也就是说，不管那个政权由什么人组成，只要他们有能力占有首都，便有资格代表正统。不过，对于北方的红巾军而言，就算真的占领了大都，也不等于建成了人间天堂，要建成人间天堂而重开大宋之天，重要的一步还要收复北宋的首都汴梁。

汴梁对那些狂热的白莲教徒而言，具备意味深长的宗教意义。这座位于黄河之滨的城市，无异于白莲教的圣地。圣地，通常是指那些与宗教教主生平事迹有重大关系的地方。虔诚的教徒都要对圣地顶礼膜拜。身为白莲教教主的韩林儿既然自称为宋徽宗的后裔，就与汴梁结下了不解之缘。北宋从宋太祖开国，到宋徽宗、宋钦宗二帝被来自关外的金军俘虏为止，总共九个皇帝都以汴梁作为首都，它是宋朝政治、经济与文化的中心，在遭到入侵之前这座城市没有民族压迫，到处呈现出繁荣昌盛、莺歌燕舞的太平盛世。可见具有丰富文化内涵的汴梁在宋家皇朝历史中的神圣地位。然而，无论哪个宗教的圣地，都难免血光之灾。在14世纪的东方，白莲教认为占据汴梁，就可以让时光倒流，让天下苍生重新过上安居乐业的生活。

如果说大都是现实社会中的黑暗深渊，那么汴梁就代表未来世界的光明乐土。

由此可见，光复汴梁与攻克大都，两者是相辅相成的，在起义军的整个战略计划里都是重点之中的重点。

负责经略大都的是刘福通的手下得力部将毛贵，他奉命带着东路军，从山东北进；关先生与破头潘带领中路军，绕道山西转攻河北，配合东路军围攻大都；李武、崔德组成西路军继续留在陕西作战，并得到白不信、大刀敖、李喜喜等人的增援，力图牵制当地元军。刘福通兵分多路出击，试图将元朝在北方的统治区域打一个四面开花，而自己坐镇大本营，伺机从中路突破，向汴梁进军。

毛贵及其部属在此前已经攻占山东大部，夺取济南，切断了大运河的漕运，使南北水路陷于瘫痪。当他们奉命组成东路军之后，于1358年（元至正十八年）2月从山东突入河北，连克南皮、清州、沧州、长芦、蓟州，锋芒直逼大都。元朝君臣大为震惊，好些名门望族和达官贵人们被这伙"泥脚子"吓得惊慌失措、坐卧不安，甚至有人主张迁都以避难。可惜东路军孤军深入，犯了兵家大忌，而且始终未能得到其他北伐军的及时配合，最终功亏一篑，被从四面八方赶来勤王的元军击败于柳林，不得不退回山东济南，一蹶不振。毛贵不久死于内讧之中。

关先生与破头潘的中路军也不顺利，这支队伍于1357年（元至正十七年）9月从山东曹州出发，越过太行山进入山西，但在向省会太原进军时受挫，折返太行山。次年，将士们在援军的支持下再次进攻山西绛州、沁州、太原、大同等地，意图与东路军一起分进合击大都。后来因为东路军败退回山东，致使会师计划破产。红巾军苦心经营的攻占大都的军事行动，就此化为泡影，那个驱逐元朝统治者的宏伟计划也被迫搁置，就好似汹涌的波涛，一次又一次地被坚固的堤坝所阻，

︿ 描绘皇宫宣德门祥瑞的《瑞鹤图》，由宋徽宗赵佶亲绘

︿ 元代射猎人物

最终因精疲力竭而不得不退回大海。

自从东路军败退回山东后，在山西的中路军孤掌难鸣，只得弃守那些刚刚夺取的城池，经河北出敌不意地闯向塞外的蒙古草原，于1358年年底打下了元朝的另一个防卫疏松的首都——上都，在濒临绝境之时得到了一次回光返照式的胜利。上都与大都一样都是元朝的首都，这是因为元朝统治者根据游牧的传统习俗而实行两都制。元朝皇帝在每一年之中的春夏两季从塞内前往塞外避暑，到上都办公；到了秋冬两季的时候，再返回塞内的大都。上都虽然不是经济与文化的中心，但在政治上与大都的地位同等重要。中路军攻占了上都，对政局造成了震撼性的影响，起义者们放了一把火，将城内的宫殿烧成灰烬，然后赶在敌军援兵到来之前撤走，身后仅剩下一堆堆断垣残壁。

由于采取机动灵活的作战方式，一路深入的义军连连得手，攻占辽阳等重镇，兵锋直指关外的严寒之地，甚至先后多次杀入朝鲜半岛，进攻元朝的附庸国高丽。然而好景不长，在敌军四处调集重兵赶来镇压的情况下，红巾军终于在1362年（元至正二十二年）正月于开京（今朝鲜开城）作战中失利，关先生战死，破头潘率领残部于同年4月返回辽阳。这支征战千里的疲惫之师，最终还是逃脱不了被元军镇压的命运。

西路军在李武、崔德等人的率领下，同样受挫。1357年，他们在陕西凤翔之战中被元军名将察罕帖木儿、李思齐击败，辗转于陕、甘、宁地区，终因势穷力竭于1361年（元至正二十一年）接受元朝的招安。只有部分不肯投降的残余武装继续流荡于四川、湖北等地。

至此，红巾军在北方气势磅礴的三路北伐，相继溃败。好像天空中刚露出那一丝曙光，很快又被乌云掩盖了。元朝虽然病入膏肓，但还没有彻底垮掉，仍然有力组织反抗，进行垂死挣扎。

尽管战况不利，可白莲教的忠实信徒在此期间仍然拥戴着号称"小明王"的韩林儿，不屈不挠地奋战。刘福通乘北方元军主力在冀、鲁、晋、陕以及大都、上都等地忙于围追堵截各处义军时，挥师北上，毫不踌躇地踏上了通往汴梁的荆棘满途之路。

第一次攻城是在1357年6月，但当时未能一举得手，红巾军随机应变，改

∧《清明上河图》描述了汴梁的繁荣景象

变正面硬攻的策略，转而采取迂回战术，占领汴梁的周边地带，陆续夺取大名、卫辉等地，控制了河南北部、河北南部的大片区域，孤立了汴梁城。其后，义军主力多次击败元军悍将答失八都鲁，迫使其退回山西，因而得以逐渐收紧对汴梁城的包围圈，使城内的敌人陷入上天无路，入地无门的困境。到了1358年5月，刘福通再次指挥声势浩大的攻城行动，元守将竹贞见势不妙，弃地而逃。浴血奋战的广大白莲教徒终于完成了多年的夙愿，光复了宋朝的故都。

在进入城市的那一刻，估计很多狂热的信徒觉得自己好像已经步入天堂的门槛，正要准备开始新的生活，恍惚之间似乎从凡人变成了天兵天将。此时此刻，上至统帅，下至普通一兵，相信有很多人都热泪盈眶，心情难以平静。或许有人在合掌向天祈祷，有人在跪地喃喃念佛。光明已经笼罩大地，传说的人间天堂已经近在眼前，触手可及，怎么会不让所有的信徒激动呢？此情此景，有人情难自控，不禁泪洒当场；还有人激动不已，直至瘫痪倒地。也许普天之下，虔诚的信徒无论信奉哪一种宗教，其狂热的情绪都是一样的吧。

韩林儿得知汴梁已经光复，马上从安丰赶到。而汴梁也被白莲教定为新的首都，并在此"造宫阙，易正朔"，号令天下信徒，莫敢不从。屡败屡战的北方红巾军，云开雾散般出现了气象一新的鼎盛局面。

然而，汴梁的光复并不等于元朝统治的结束。光明未能照遍所有角落，仍然与黑暗处于胶着状态。

天堂梦的幻灭

圣地并非天堂。

"盛名之下，其实难副"的事情在世界上屡见不鲜。在汴梁也重演了这一幕，很明显，这座城市的光复不等于人间天堂已经到来。当红巾军作为战胜者的喜悦情绪平静下来时，发现饱经战火的汴梁满目疮痍，四处是断瓦残垣，城内的百姓死亡的死亡、逃难的逃难，留下来的人不少也无家可归、缺衣少食、面带菜色。白莲教徒在残破的街巷中风餐露宿时，如诗如画的天堂生活在无情的事实面前已被证明为南柯一梦。

刘福通重视军事行动，忽视了生产，控制区内的经济一片萧条。天上不可能掉下来馅饼，驻扎于城内的部队终于陷入给养不继的窘境。"人是铁，饭是钢"，将士们在饥饿的痛苦折磨之下清醒过来，发觉自己仍然是人而并非不食人间烟火的神仙。缺衣少食致使部分士卒不守军纪，陆续出现了扰民的现象。丑恶的现状和白莲教徒长期在心中憧憬的天堂形成巨大的反差，部队里面人心浮动是不可避免的。

更为严峻的是，分兵北伐的红巾军作战不利，元军得以腾出手来，集中陕西、山西等地主力，开进河南，围攻宋政权。察罕帖木儿经山西进驻河南渑池，将红巾军的阻击部队逐出洛阳地区，兵锋直指汴梁。刘福通的老对手答失八都鲁已在山西的地盘病死，而所部在其子孛罗帖木儿的率领下卷土重来，意图切断汴梁与山东红巾军的联系，并攻陷山东曹州。决战的时刻逐渐逼近，各路元朝武装在1359年（元至正十九年）5月间接踵而至，南路军经归、亳、陈、蔡四州集结于汴梁之南；北路军经渡过黄河，途经曹州南部到达汴梁之东。当从陕西、山西等地远道而来的元军纷纷到达指定位置时，宋政权便岌岌可危了。

尽管韩林儿被视为是白莲教的战神，但他在元军的步步紧逼之下也无力回天。刘福通指挥守军竭尽全力抵抗到 8 月，汴梁的末日终于来到，这座城市失守时，共有数以万计的官吏、士卒以及家眷沦为俘虏。刘福通拼死保护韩林儿杀出重围，逃往安丰。

汴梁作为宋政权的首都，它的失陷，对于白莲教众而言，等于明王出世之类的神话已经接近于幻灭，人间天堂不过是海市蜃楼而已，如今正在坍塌，慢慢地消失。

但是，刘福通不愧为意志坚定的义军领袖，他仍然忠于韩林儿，并召集那些信仰虔诚的残余部属坚守安丰这个据点，继续与敌人周旋。占领汴梁的元军统帅察罕帖木儿没有以"痛打落水狗"之势跟踪追击，而是移师山东，镇压当地的起义力量，此后数年，山东半岛硝烟四起，一片血雨腥风。

退到安丰的韩林儿、刘福通等人尚未站稳脚跟，便遭到了盘踞在沿海地区的一些武装势力的威胁。自从张士诚在 1354 年（元至正十四年）底坚守高邮，挫败元军的进攻后，势力便日益壮大，逐渐与另一位"反元豪杰"方国珍一齐控制了江浙沿海地区。当时，元朝首都大都的粮食补给主要依靠于张、方两人

︿ 描述察罕帖木儿生平事迹的《宦迹图》之一，此图一度被收藏者误认为是宋人的《赵遹泸南平夷图卷》

︿ 描述察罕帖木儿生平事迹的《宦迹图》（之二）

控制的东南产米地区，元军既然暂时无力收复失地，只好采取怀柔的手段对这些人进行招安，以便能够继续征收部分粮食。但张、方等人叛逆无常，成了地方上的土皇帝，对元朝不过是阳奉阴违而已。这些沿海地区的武装势力与白莲教素无渊源，难免互相争斗，张士诚乘韩林儿、刘福通的实力受到严重削弱之机，于1363 年（元至正二十三年）2 月夺取濠州，接着，张士诚的部将吕珍又带着大队人马围攻安丰。刘福通等人寡不敌众，困于孤城之下，危在旦夕。《纪事录》记载：饥不择食的红巾军内又一次出现人吃人的事，即使是埋于地下而腐烂的尸体亦有人挖掘出来吞食，到了连尸体

∧《张士诚纪功碑》中的张士诚

也没有的时候，竟有人把井底下的泥挖上来捏成丸，用人油炸来吞食，完全是一片人间地狱的景象。

北方红巾军在内外交困中陷入绝境，其余地方的一些白莲教起义军处境也不妙。战斗于江汉流域的北琐红军与南琐红军在沧海横流的浪潮中只是昙花一现，很快就被官军镇压。

至于建都于蕲水，成立了大宋政权的南方红巾军，也在内外敌人的夹击下苦苦支撑。这个政权成立后很快便分兵四出，经略湖北、湖南、安徽、福建、广东等地，并一度攻克武昌、汉口、汉阳等城镇。其中比较有影响的是最早树起反元大旗的白莲教领袖彭莹玉，他带领一支义军长期转战江西、安徽、浙江，到处宣传"弥勒佛出世"，又提出"摧富益贫"的口号，显示起义者的目的不限于解决民族矛盾，还想解决地主与农民之间存在的阶级矛盾，实行土地均分，争取财富平等。这支队伍于1352 年7 月打下了南宋的故都杭州，获得了一次在某种程度上可以和北方红巾军光复北宋故都汴梁相媲美的胜利，只是停留的时间过于短暂，很快在各路元朝武装的反攻之下被迫撤出，退却到安徽，最后在江西瑞州陷入困境，彭莹玉后来被敌人俘杀。彭莹玉这一路军队灭亡后，其余的几路起义军也先

后受挫。元军从四面八方杀来，不断收紧包围圈，夺回武昌等城，并于1353年（元至正十三年）成功攻克南方红巾军的首都蕲水。大宋政权名义上的首领徐寿辉[1]被迫在黄梅山与沔水湖等地打游击，起义转入低潮。

不久，渔民出身的湖北人倪文俊在重建政权的过程中发挥了重要作用，他于1355年起组织一支人马重占沔阳，恢复了声势，此后相继占领大江南北的襄阳、中兴、武汉、汉阳、岳州、饶州等城市，于1356年正月重新建都于汉阳，仍旧扶持徐寿辉为皇帝。自任为丞相的倪文俊在1357年准备弑君自立，因行动失败而从汉阳逃往黄州，后被部将陈友谅所杀。倪文俊篡位事件说明，徐寿辉这位被神化的领袖的影响力已经急剧衰退，退出历史舞台是迟早的事。1359年，蓄谋已久的陈友谅乘迁都江州的机会伏击了徐寿辉的部众，彻底架空了徐寿辉，并最终于次年闰五月在太平这个地方命令武士用锤子击碎了这位傀儡领袖的脑袋，然后自立为帝，国号"汉"。

可是，南方红巾军内部很多将领不服篡权夺位的陈友谅，纷纷离去，致使重建的政权再度分裂。其中影响较大的是攻占四川的明玉珍，这人得知徐寿辉死亡的消息后，拒绝听命于陈友谅，并高调在重庆城南建立徐寿辉庙，春秋祭祀，实际上将自己视为徐寿辉的继承者，并于1363年公开称帝，成立"夏"政权。著名的明史学家吴晗先生认为明玉珍本来不姓"明"，而是姓"旻"，后来因为信奉明教而改姓了明。如果这种说法是真的，那么，在南方红巾军中，明玉珍就是继徐寿辉之后又一位把自己摆上神坛的人物。明玉珍以四川为根据地，一度企图向汉中与云南发展，但不太顺利，后来很少出境作战，以防守为主[2]。

很明显，四分五裂的南方白莲教徒对退守到安丰的北方红巾军基本采取坐视不顾的态度。在此穷途末路之际，韩林儿把期盼的目光投向了在南方奋斗的传奇人物朱元璋，这是这位宗教领袖手里的最后一张王牌。

---

[1] 此人在南方红巾军的地位相当于韩林儿在北方红巾军的地位，也是一位走上神坛的人物。
[2] 明玉珍称帝三年后死亡，儿子明升即位，无心经营中原，夏政权从此割据一方。

第二章

明朝的开国君臣

脱颖而出

掀起反元狂潮的白莲教源于佛教，其起义不可避免地连累了佛教的其他教派。在各地镇压白莲教徒的元军常常采取宁可杀错，不可放过的策略，把途经的寺庙视为眼中钉，放一把火烧毁。"城门失火，殃及池鱼"，就在 1352 年，淮河南岸濠州的一座佛寺被路过的元军几乎烧成了一片焦土，僧人们如树倒猢狲散般纷纷逃离这块危险之地。寺里只剩下断垣残壁与几堆灰烬，并迫使一位年轻的僧人铤而走险，参与了战争。

这位僧人正是朱元璋，由于此人在元末白莲教大起义的历史中起着承前启后的作用，因而必须回顾一下他崛起的过程。二十四年之前，他出生于淮河南岸的濠州（今安徽凤阳）钟离大平乡孤庄村。其容貌异于常人，头上"奇骨贯顶"，有天赋异质之相，可惜家境贫穷，自幼只能屈居家乡干一些粗糙的农活。早在 1344 年（元至正四年）的上半年，淮河流域遭遇了旱灾，田土被太阳晒得焦黄，禾苗枯萎，偏偏在这个节骨眼上又出现了蝗灾，束手无策的农民们不管怎样干都是白忙一场，避免不了颗粒无收的命运。大灾之后总是伴随着大疫，瘟疫在饥饿的人群之中蔓延，老百姓越来越难以熬下去。在朱元璋居住的村子里，每天都有

∧ 元代人物画

∧ 朱元璋之像

人死亡，而朱元璋一家从 4 月起，在不到半个月的时间内，先后死了父亲、母亲与大哥三口人，幸存的家人也大都四散出外逃荒。

在家破人亡的情况下，青少年时期的朱元璋本来也想离开这个伤心之地，但在外面实在找不到什么出路，遂决定到孤庄村旁边的一座佛寺出家，做了个和尚。他在寺里的资历最浅，受委屈的时候找不到活人作为出气筒，便把气撒在殿中供奉的泥菩萨身上，有一次，他因为伽蓝神所在的大殿里老鼠出没猖獗，便认为伽蓝神没有起到保佑大殿的职责，拿起一支毛笔，在这尊神像的背上写下了"发配三千里"的字样，要将其流放到三千里之外。这显示朱元璋在充满逆反心理的青少年时期便产生了不盲目迷信神佛的心理，这种大无畏的藐视权威的精神，在作风保守的僧人中是罕见的，任由这种精神无拘无束地发展下去也许以后会出现一个呵佛骂祖，思想解放的禅学大师。但是阴差阳错，他的尘缘未尽，出家不久便因寺里受到饥荒的影响而不得不手拿瓦钵，出门化缘，四处讨饭吃，成了一个游方僧。他穿州过省，在安徽与河南等地颠沛流离了三年后，受到思乡心切的困扰而再度返回家乡的佛寺，想不到还没有过上几年的安定生活，栖身之处便让元军不由分说地一把火烧了。

幸好，朱元璋因事外出而幸免于难，当回来时，目睹满目疮痍的景象，对未来到底何去何从一时感到迷茫。那时，在朱元璋家乡的州城附近也发生了白莲教起事。信奉白莲教的定远土豪郭子兴散尽家财，结纳义士而聚众烧香，并于 1352 年带领三千随从乘着夜色偷袭濠州，占领了整座城市。其中，朱元璋童年的玩伴汤和也入了伙，汤和早已写信劝朱元璋前来干一番事业，本来犹豫不决的朱元璋，此时此刻在寺院被毁的事实下不得不尽快做出决定。他后来在《御制纪梦》这篇文章中回忆当时的情形，自称经过反复考虑后，跪在幸存的伽蓝神之前讨卦，由神来帮他做出决定，而占卦的结果是以参加起义为吉兆。多年以后，功成名就的朱元璋就把参加红巾军的原因归于神的启示，显示他利用老百姓迷信的心理，巧妙地暗示自己的出道是符合天意的。其实，伽蓝神对于朱元璋来说，不过是一件服务于自己的工具，当这尊泥塑的神像没有利用价值时，他便可以放肆地在神像的背上涂鸦，罚其流放三千里；当神像还有利用价值时，他便跪在神像之前占卦。这种对宗教的实用态度，贯彻了朱元璋的一生。

　　1352 年闰三月三十一日，年已 25 岁的朱元璋来到濠州投靠郭子兴，因相貌奇伟、粗通文墨以及精明能干，得到郭子兴的另眼相看，不久便娶了郭子兴的养女马氏为妻。从此，军中职位也随之水涨船高，并经常奉命带兵执行一些军事任务。自 1353 年起，他便有意利用在外地招兵买马之机扶植自己的势力，逐渐形成了一股以淮西人为主的核心武装力量。其中最有名的是徐达，他与汤和一样都是朱元璋的童年玩伴，后来在史上留名的还有郭英、顾时、唐胜宗、吴良、吴祯、孙兴祖、邵荣、耿炳文、冯国用、冯胜等。

　　其后，朱元璋率部分人马离开濠州，南略定远、滁州等处，按照《御制皇陵碑》的说法，这支数以万计的队伍行军时"赤帜蔽野而盈岗"，也就是打着红巾军旗帜，漫山遍野地纵横驰骋在淮河流域。

　　郭子兴在 1355 年病死后，军中的事务由他的儿子郭天叙、小舅子张天佑与朱元璋共同管理。这些人的兵马时分时合，转战于滁州、和州等地，但总体实力还不算很强大。为了避免被别的割据势力吞并，张天佑亲自到亳州找小明王韩林儿，加强了与白莲教领袖的联系。不久，韩林儿任命郭天叙为都元帅，张天佑为右副元帅，朱元璋为左副元帅。

　　当韩林儿的命令传到军中时，朱元璋却有点不甘心，《鸿猷录》诸书记载：他凛然道："大丈夫岂能受制于人！"然而诸将经过商议后都同意找韩林儿做靠山，借北方红巾军的旗帜以为声援。形势比人强，朱元璋只能以少数服从多数。不过，这支军队尽管以"龙凤"为年号，但基本上凡事皆自作主张。

　　那时，韩林儿、刘福通等人率部与元军在北方打得热火朝天，正好掩护了和州的数万红巾军。而元军主力集中于北方，也给朱元璋有机会实行蓄谋已久的进攻集庆的战略计划。因为一把手郭天叙年纪尚幼，二把手张天佑不过是一介武夫，故军中事务常常是由三把手朱元璋说了算。在此前后，虹县人邓愈、怀远人常遇春、巢湖水军头目李扒头、俞

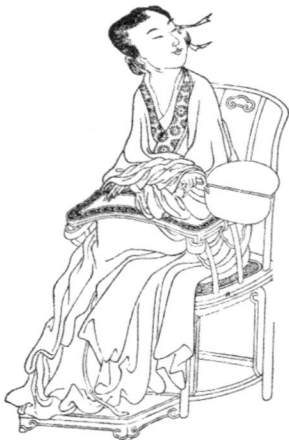

△ 朱元璋妻子马氏之像

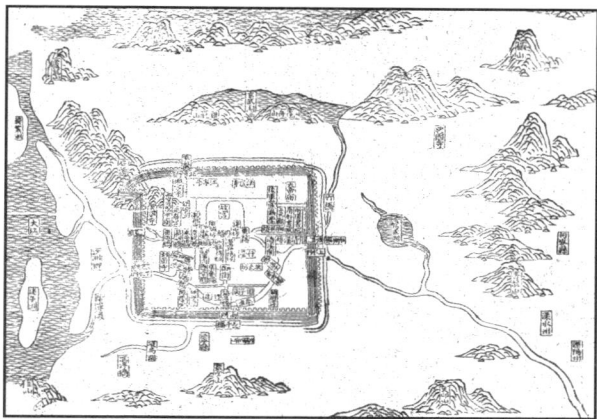

へ 元代集庆

通海、廖永安、廖永忠等人先后前来投靠，壮大了部队的声势。

经过精心准备的朱元璋等人，于六月初一率领水陆大军南下，渡过了长江，击溃了元朝守军，占领了采石、太平等处。早已被朱元璋招入军中的李善长等知识分子奉命写下禁令，不许军队掳掠，违者军法处置，又派遣执法队四处巡逻，以防患于未然，至此，民心大定。多年以后，朱元璋在《讨张士诚檄文》中回忆渡江前后的往事时，说道："我本是濠梁之民，初列行伍，逐渐升至领兵之将，'灼见妖言不能成事'……遂引兵渡江。"所谓"妖言"，是指白莲教有关"弥勒降生"等言论，而朱元璋自称在未渡江之前就已经不相信这一套了，实际上已经开始准备与白莲教分道扬镳。这是因为他多年以来，一直对红巾军诸位领袖进行冷眼观察，发现其中尽是一些目光短浅的草莽英雄，难以成就千秋大业，故不得不思考另起炉灶的问题，以慰平生之志。

在朱元璋看来，白莲教鼓吹的人间天堂不可能实现，他执政的思路是实事求是，提倡"仁政"，主张"德治"，重视中国传统的儒家纲常伦理。因此，他在江南地区到处招徕儒士，以为辅政之用，显而易见，他已不再把江南视为一个临时的栖身之地，而是当作长期的根据地来经营。就在太平这个城镇易手之日，地方上的儒士李习、陶安等人前来军门拜见。朱元璋向他们请教治国之道。据《明

∧ 李善长之像

∧ 陶安之像

∧ 冯国用之像

史·陶安传》记载，陶安当即胸有成竹地回复道："如今海内鼎沸，豪杰纷争，然而这些人的本意不过是专注于财富等身外之物，非有拨乱反正、拯救百姓以安天下之心。主公渡江，没有像群雄那样烧杀抢掠，让百姓人心悦服。如此则上应天意，下顺人心，以仁义之师征伐扰民之徒，天下不难平定。"他接着建议朱元璋下一步攻打集庆（今南京），作为经略天下之本。

类似的建议冯国用在早前也提过。集庆位于南北的交通要冲，既是长江中下游的政治、经济与文化的中心，又是中国历史的名城，素来有"六朝古都"之称，属于虎踞龙盘之地。由于元朝的主力集中于长江以北镇压红巾军，故此地兵力薄弱，最易被对手乘虚而入。

朱元璋果然把握了战机，在击溃反攻太平的元军之后，乘胜进军集庆。在攻城期间，郭天叙与张天佑两人在前线被部队内的元朝奸细所暗算，双双惨死。至此，郭子兴的旧部名正言顺地以朱元璋为首。等到1356年三月初一，集庆守军的末日终于来了，朱元璋占领溧水、溧阳、句容等城镇，扫清了这座城市的外围后，指挥主力打入城里。元朝守将福寿自杀，水寨元帅康茂才以军民五十万投降。

集庆变换主人后改名为应天府，义军以此为大本营，四出扩张。不久，徐达攻克镇江，击毙元军守将定定。同年6月，邓愈打下了广德。形势一片大好，在北方的小明王韩林儿闻讯给江南诸将封官晋爵，其中官做得最大的仍然是朱元璋，先升为枢密院同佥，不久，又晋升为吴国公，并设置江南行中书省，自任中书省平章，手下的谋士李善长与诸将也相继得到升迁。

虽然长期活动在南方的朱元璋与北方红巾军联系得不太紧密，但是在战略上也还有配合。一个例子是在1359年，奉刘福通之命北伐的中路军打进高丽时，部队将领曾经致书高丽国王，而《高丽史·恭愍王世家》记载其中有一句文绉绉的话说道："慨念生民久陷于胡，倡义举兵，恢复中原，东逾齐鲁，西出函秦，南过闽广，北抵幽燕，悉皆款附。"这句话大有玄机，清楚地交代了供奉韩林儿为主公的各路红巾军的战略任务。其中，"恢复中原"是指由刘福通的主力部队负责经略河南。"东逾齐鲁"是指由毛贵的东路军负责经略山东。"西出函秦"是指由李武、崔德的西路军负责经略陕西。"北抵幽燕"是指由关先生、破头潘的中路军负责经略山西、河北。"南过闽广"似乎指由朱元璋所部负责经略南方，兵锋势将触及福建、广东等南疆之地，因为这支部队是长江以南听命于宋政权，仍然使用"龙凤"年号的军队，并利用元军主力长期被刘福通等人牵制于北方的良机，不断扩大南方的地盘，已经隐约有割据半壁河山的实力。

不过，在表面上接受北方红巾军号令的朱元璋，最终冷落了白莲教，《明史·宋濂传》称他礼聘婺州的宋濂等儒士后，日夜与之讲论《春秋左氏传》《尚书》等典籍，在儒家理论的熏陶下，他对弥勒佛与明王等红巾军的神祇闭口不谈，转而四处鼓吹儒教，亲自到镇江拜谒孔子庙，向社会各阶层清楚地表明了政治立场。他以脚踏实地的姿态施政，派遣儒士到处告谕父老，以劝农桑，发展农业，积蓄粮食，扎扎实实地建设起根据地来。但是，此位未来的皇帝虽然做好了另起炉灶的准备，但在未正式与小明王韩林儿的宋政权

∧ 宋濂之像

脱离隶属关系之前，奉行的仍然是韬光养晦的政策。

总的看来，元朝在南方的统治正处于崩溃之中。朱元璋自从渡江南下以来，不断攻城略地，根据地一天比一天扩大。他的势力范围向东与江浙地区的张士诚接壤；向西与长江上游的陈友谅毗邻；而南面逐渐控制的江西、湖南，与福建、广东等地的群雄接壤。由于各方势力犬牙交错，免不了一番龙争虎斗。

军中的奇人异士

朱元璋刚出道时，信仰的是神佛，而他后来在军中脱颖而出，拉起一支队伍独当一面的时候，在临战之前也会以占卜问卦来制定进军、防御与交战的日期。那时在长江以北的红巾军以白莲教徒为主，而白莲教徒信奉的是弥勒佛、明王等，恐怕朱元璋在战时也未能免俗，经常随声附和地向弥勒佛、明王祈求胜利。但是，当朱元璋率部渡江南下在应天建立政权之后，已经对白莲教的那一套感到厌倦，很快便改辕易辙，在战时不再向弥勒佛、明王等神祈祷。至于被誉为"明王出世"的小明王韩林儿，在朱元璋的眼中不过是一个远在北方，相隔千山万水的毛头小伙子，很难带来什么好运气，他转而下令在民间寻求通晓天文之士，以破解茫茫宇宙间的先天命数之谜。

朱元璋摒弃白莲教那一套理论后，转而推崇儒教，招揽儒士以共谋大业。他像历史上很多王朝创建者一样，特别希望能得到圣贤的辅助。正如朱熹在《大学章句序》中所称"聪明睿智"的圣人，"天必命之以为亿兆之君师"，比如，历史上辅助君主有所成就的伊尹、傅说、周公等，就属于这类人。一些圣人被认为是全知全能的，例如，汉代的经学家何休注释的《春秋公羊传》中认为孔子这位圣人能够"抑推天命，俯察时变，却观未来，预解无穷"。而宋代大儒邵雍的《皇极经世书》中也称圣人既可以"一心观万心，一身观万身，一物观万物，一世观万世"，又能够"以心代天意，口代天言，手代天功，身代天事"，简直到了洞察一切的地步。总之，类似的圣人已被视之为天意的传达者与代言者，有能力在世间奉行天道。而仅次于圣人的又有贤人，两者合称"圣贤"，都是君主建功立业时梦寐以求的人才。

《明实录》记载了一段朱元璋"论天"的文字，他自称起兵以来，凡有所为，心中的念头一动，"天必垂象以示之"，他认定天意显示的征兆是能够预见的，由此可知，这位有意问鼎天下的豪杰对天文是异常地感兴趣。故此，他转战大江南北时，军中养了不少奇人异士，以窥探天意。其中，有不少儒、佛、道三教的圣贤、术士。

就以儒家学说而言，可以说是浩如烟海、精深广博，除了众所周知的伦理道德观，还包含有天文地理、奇门占卜等充满宗教意识的神秘文化。例如，儒家的经典《易经》，就是中国最古老的求卜问卦书籍，影响了千秋万代。因而卜筮、占星术在中国传统文化占有很重要的一席之地。儒家还有历史悠久的"天人感应"理论，认为天地间的事息息相关，通过研究天象可以预知人事。历朝历代的统治者都看重天文、谶纬等术，常常任用那些精通象纬之学的儒家学者为国家出谋划策。

1357 年，朱元璋率领大军出征浙东，途经徽州时亲自到石门向精通《易经》、善于蓍卦与俯察之学（泛指地理阴阳之学）的儒士朱升请教逐鹿天下的计策。《朱枫林集》收录了一篇朱元璋给朱升的信，内容透露了一些耐人寻味的事，据称朱元璋在 1358 年攻打婺州前夕，委托朱升求卜，并得到"贞屯悔豫"之卦，朱升解释为"此主公得天下之象"，不久后朱元璋果然顺利占领婺州。另外在 1359 年策划进攻处州时，朱升又"蓍得复卦二爻"，向朱元璋建议，只要等到 11 月"阳生阴消"，便可得其城，后来果然应验。在信中，朱元璋嘉许了朱升的所作所为，并请其访寻那些隐居于山中的精通"天文蓍数"者，以共谋大事。

朱元璋的军中除了朱升之外，还有一个如雷贯耳的刘伯温。刘伯温是儒家学者，他生于浙江青田，自幼博览群书，熟读儒家经史典籍，尤其精于象纬之学，年轻时在科举考试时中过进士，当过元朝的官，后来弃官隐归故里，以著书为乐。时人敬佩刘伯温的才华，将其与三国时料事如神的名臣诸葛亮相提并论。1360 年（至正二十年）3 月，朱元璋攻下金华，按照惯例招徕儒士辅政，因而礼聘刘伯温等名士出山。刘伯温来到军营，有针对性地提出十八条有关时局的对策，称为"时务十八策"。朱元璋大喜，特意修筑了一座礼贤馆以安置刘伯温等人，当作圣贤式的人物而推崇备至。

∧ 刘伯温之像

朱元璋虽然四处寻求儒家圣贤，但不意味着他漠视佛教①与道教。佛教的教义与生死轮回有关，因而自有一套鬼神观念，而道教除了擅长请神驱鬼以及举办各种斋醮法事等仪式之外，还研究怎样通过炼丹等方术让凡夫俗子成仙，故一些薄有名气的佛、道二教之人总是给外界留下一种仙风道骨、神秘莫测的印象。这些人与儒家圣贤一样，都令朱元璋格外感兴趣。

就以一位叫作孟月庭的和尚为例，便以擅长观察天文见长，自称可以借此而知天意。此僧是朱元璋手下胡大海在攻打兰溪时俘虏的，他随身携带的一批与天文地理有关的书籍也被搜了出来，因而被胡大海视之为奇货可居，收于帐下。当朱元璋亲征婺州路过兰溪时，胡大海便将月庭和尚献出来以邀功。朱元璋了解到月庭和尚师承有序，不像游走江湖的骗子，格外高兴，留其于身边一起参加婺州之战。

据说朱元璋包围婺州时，选择城外的西峰寺作为驻地。城里的元朝守军望见西峰寺上空出现了五色祥云，无不惊奇不已，有通晓天文的将士不禁大惊失色道："此乃瑞气，这城不日必破。"两天后，城里一位名叫宁安的官员在沉重的心理压力之下竟然打开城门投降，婺州当即落入朱元璋的手里。由于史料失载，现在不知道月庭和尚在攻打婺州时发挥了什么作用，不过，朱元璋一入城，马上在衙门东面建筑了一座观星楼，每晚都与这个和尚登楼观察天文，两人在楼上研究星象，常常待到夜深人静，非常神秘。

月庭和尚的言行举止，深得朱元璋的赏识，朱元璋便将其带回应天，让其继续做自己的顾问。春风得意的月庭还了俗，娶了妻，可惜好景不长，因为伴君如伴虎，他稍为不慎，便惹祸上身。原来，求贤若渴的朱元璋又得到了江西的铁冠子等擅长天文的人才，并经常向精于此道的刘伯温咨询，渐渐地对两人益加信任，

① 他没有把白莲教等同于佛教，仅仅将白莲教看作迟早要被取缔的佛教流派之一。

而月庭因为其意见常常与这两位奇人异士不合的缘故，渐渐受到朱元璋的冷落。至此，这名还俗不久的和尚结束了他的好运，最终让朱元璋以"语无伦次，以下犯上"的理由贬谪到和州，其后，更被奉朱元璋之命来到和州的校尉以毁谤的罪名用杖活活打死。

月庭和尚生前虽然努力地观察天文，研究星象，可是似乎并没有立下什么显著的军功，被朱元璋弃如敝屣也是情有可原。铁冠子等人相反，是凭真本事在战争中立下过功劳。

铁冠子是一位道人，名叫张中，临川人氏，他少年时参加科举考试而落第，遂放浪形骸，纵情于山水之间。此公为人离群寡居，性格怪异，与别人谈话时只要涉及伦理道德，便顾左右而言他，因而难以被世俗之人所理解，亦常常被误会为玩世不恭的狂人。奇人经常会有奇遇，张中在纵情游玩期间，竟然从偶遇到的世外高人身上学到能够洞察天机的皇极术数，一下子变得能掐会算起来，与人谈论祸福，往往一言中的，由于他平时好戴铁冠，故世人称之为铁冠子或铁冠道人。

1362 年正月，陈友谅的江西行省丞相胡廷瑞在镇守南昌时投降朱元璋。朱元璋到南昌视察，遇见了守将邓愈所推荐的铁冠子，便与这位奇人进行了一次谈话，他首先问道："我军兵不血刃地取得南昌，这个地方的平民百姓从此可以略微休养生息了吧？"铁冠子回答道："不能。此地旦夕之间当发生血光之灾，庐舍尽成废墟，著名的宗教圣地铁柱观亦会毁于战火，仅存一殿而已。"由于初次见面，朱元璋对铁冠子的预言半信半疑。不料，这个预言在朱元璋离开南昌不久即变为事实，同年 3 月，驻守南昌的指挥康泰造反，武力夺取了该城，主将邓愈死里逃生，撤回了应天。朱元璋闻变，立即采取亡羊补牢的措施，派徐达率部收复失地。从此，他对铁冠子感到心悦诚服，经常向这位道人请教一些疑难的国事。

过了几个月，铁冠子又露了一手，他预言应天城内的高级官员中将会有人叛变，建议朱元璋加强防范，以免遭遇不测。这次朱元璋不敢掉以轻心，深居简出，提

∧铁冠子之像

高了警惕。同年七月，应天果然发生了平章邵荣、参政赵继祖谋反的事件。邵荣与赵继祖并非朱元璋的嫡系，而是郭子兴的旧部属，自从郭子兴的儿子郭天叙与小舅子张天佑战死后，邵荣便继承了郭子兴旧部属的部分势力，因而在军中的地位仅次于朱元璋。一山难容二虎，邵荣不甘屈居人下，对朱元璋的地位有觊觎之心，常常口出狂言，并联系赵继祖等人等待时机作乱。1362 年 7 月，朱元璋阅兵于应天三山门外，邵荣与赵继祖率领亲信埋伏于门内，图谋不轨。天空突然刮起大风，军中的战旗随风舞动而拍打着朱元璋的衣服，让他在猝不及防的情况下吃了一惊，竟然情不自禁地回想起铁冠子的警告，便马上更换衣服从另外的道路回城。邵荣的追随者见朱元璋避开己方的防区回城，误以为计划暴露，均人心惶惶，其中有个叫宋国兴的家伙为了自保而向朱元璋自首。朱元璋经过调查后，认为证据确凿，遂派壮士捕杀了邵荣与赵继祖等人。邵荣、赵继祖谋反事件平定后，朱元璋进一步把军权集中在手里，从此在军中地位更加巩固，再也无人敢于挑战。而铁冠子因屡次预言成真，树立起了自己的威望。

军中的奇人异士都积极向朱元璋献策，其中，对天下大势了如指掌的刘伯温早就注意到了野心勃勃的陈友谅，他在与朱元璋讨论战略大计时认为陈友谅不可轻视，特别强调指出："张士诚并无大志，只以守御为主，不足为虑。而陈友谅的篡主之心路人皆知，他虽然名号不正，但地盘却雄踞长江上流，时刻对下游的应天地区虎视眈眈，因此我方宜先发制人。陈友谅一旦灭亡，便可一举平定孤立的张士诚，然后北向中原，大业可成。"《明实录》记载：刘伯温甚至以天意为由，力倡早日解决陈友谅的问题，他在1361 年 8 月的某一天对朱元璋称："昨观天象，金星在前，火星在后，这是胜利的先兆，愿主公顺天应人，尽早出兵'吊伐'。"朱元璋听后深以为然。

可是，还没等朱元璋动手，战局突然发生了变化。张士诚出兵包围江北的安丰，围住了城内的白莲教领袖小明王韩林儿。由于朱元璋所部控制的地盘位于长江中下游的富饶地区，以应天为中心不断向江浙、湖广、江西等地扩张，因而早与盘踞在江浙沿海地区的张士诚多次火拼，彼此不共戴天。朱元璋欲亲自前往支援安丰。刘伯温劝阻道："陈友谅与张士诚分别在应天的左右方，隐约形成夹击之势，故未可轻举妄动。"然而，名义上隶属于红巾军的朱元璋可不能眼睁睁地看着韩林儿任人宰割，否则会落下个见死不救的骂名，他在韩林儿的求救之下必须出兵，这也是服从政治上的需要。

亲自率领大军来到安丰的朱元璋以异常迅猛之势击溃围城的张士诚部队，救出了韩林儿与刘福通这两个顶头上司，将他俩安置于滁州。此后，韩林儿与刘福通两人成了光杆司令，完全受制于朱元璋，宋政权已是名存实亡，这标志着轰轰烈烈的白莲教大起义在黄河两岸的日渐式微，而北方白莲教的天堂之梦在残酷的现实之前也破碎不堪。

陈友谅得到朱元璋救援安丰的消息后果然在1363年4月乘机进军，动员了号称"六十万"的水陆部队倾巢而出，经九江等地从长江进入鄱阳湖，把鄱阳湖旁边的南昌整整围困了3个月。

显得非常被动的朱元璋在撤兵回援时对刘伯温说道："不听你的话，几乎吃了个大亏。"由于军情紧急，这位统帅马不停蹄地率领二十万军队沿着长江直上，火速杀向南昌，不得不参加一场事先并未做足准备功夫的大决战。

刘伯温与铁冠子一起随军而行，以备随时咨询。而铁冠子的态度与刘伯温一样，坚决支持对陈友谅作战，他在此前言之凿凿地向朱元璋打保票，此次出征"只需五十日的时间便会大获全胜"。当乘载部队的船只来到小孤山之前，因无风，不能前进。根据《明史》记载，铁冠子在全军将士众目睽睽之下以玄妙的"洞玄之法"祭天，奇迹果然出现，从远方刮来了绵绵不尽的长风，一直把船队送到了鄱阳湖。按照现代人的思维，铁冠子只不过进行了一次准确的天气预报而已，也许是他在即将起风的时候举行祭天仪式，成功地制造了自己有能力兴风作浪的假象，结果被众将士奉若神明。总之，究竟这家伙是一个观云察色的骗子，还是真正具备了呼风唤雨的真功夫，只有天知道了。但不管怎样，部队中有这号人的存在，就随时会找到办法来稳定军心。

朱元璋在江南时的确遇见过不少奇人异士，上述的朱升、刘伯温、铁冠子只不过是其中的佼佼者而已，其他的著名人物还有周颠仙人，这个神龙见首不见尾的人物与铁冠子一样在参与出征陈友谅之役时介入了长江祈风之事。朱元璋事后曾经亲笔写过一篇《御制周颠仙人传》，传中称这位大仙的行为举止异于常人，神出鬼没，平日里有点疯疯癫癫，他既能在烈火之中毫发无损，又能沉入水中而

∧ 小孤山

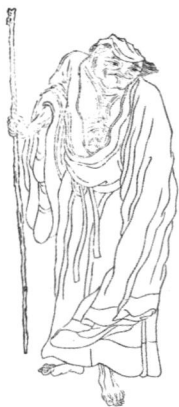

∧ 周颠之像

安然无恙，还有预见未来之事的能力。朱元璋回忆自己出征陈友谅时，特别派人找到周颠，询问道："这次出兵合适吗？"周颠回应："合适。""陈友谅已经称帝，我与他战，困不困难？"朱元璋又问。周颠顿时做出仰首望天的姿态，良久才转过头来回复道："天上没有陈友谅的位置。"朱元璋接着问："我可不可以带你出征？"周颠回答："可以。"当出征之师来到皖城时，长江没有风，战船难以前进，朱元璋问周颠应该怎么办，周颠回答："只管前行，前行便有风。如果无胆前行，便无风。"于是，诸军上岸用绳子牵舟前行，逆流而上，不到二三里，果然有微风泛起，又不到十里，猛烈刮起了大风，大军遂得以扬帆长驱直入，到达小孤山，杀向鄱阳湖。

如果将朱元璋的《御制周颠仙人传》与《明史》中的铁冠子传记参照来看，就会惊奇地发现，他的水师在出征陈友谅时，的确一度受到无风的困扰，但在军队到达小孤山之前，得到周颠仙人洞悉天机的帮助；而在军队到达小孤山之后，又得到铁冠子以洞玄大法向天祈风的帮助。在两位神仙般人物的鼎力相助之下，部队果然一帆风顺，岂有不胜之理？

其后，周颠因途中预言与陈友谅之战会死伤惨重，使朱元璋感到厌恶，便下令把他投入江中，任其自生自灭。不料当大军即将经长江进入鄱阳湖时，周颠又鬼使神差地出现了，他从容地到军中乞食。朱元璋无奈，只好给予食物。周颠食罢，遂整理衣服告退，一去不返。

有关周颠的事到此为止，现在再说朱元璋与陈友谅较量的事，而铁冠子与刘伯温将会继续插手即将到来的战事。

包围南昌的陈友谅得知朱元璋远道而来后被迫从城下撤离，指挥汉军舟师返回鄱阳湖，迎战这个强悍的对手。汉军将无数船舰串联起来布阵，连绵数十里，旌旗林立，望之如山。朱元璋军队的船只相对要小一些，但优势是部属装备了大量先进的火药武器。两支各有千秋的军队于 7 月 20 日在鄱阳湖中的康郎山开始交锋，一连打了几天，不分胜负。双方折损兵马无数，连湖水都染成了红色。

铁冠子虽说没有亲自操刀上阵，但发挥的作用实在不容低估，他观战时常常用精辟的语言为朱元璋排忧解难，同时鼓舞军队的士气。有一次，猛将常遇春乘坐孤舟深入敌阵，被敌船包围了数重，众将士在后方遥遥望见，无不为这位深入敌后的战友提心吊胆。只有铁冠子镇定自若地说道："无须担忧，他在亥时（晚上 21 至 23 点）必会突围而出。"事实一次又一次地证明铁冠子的预言是正确的，当天晚上，常遇春果然在亥时杀出了条血路，回到军营。

刘伯温与铁冠子一样，在鄱阳湖之战中出谋划策。战事一开始异常激烈，两军每天混战数十次。朱元璋经常坐在船舱中的胡床督战，而刘伯温侍立在侧，以便献策。《明史》记载某天发生了一件诡异的事，刘伯温在观战时忽然预感到了什么危险，一跃而起大声呼喊，催促朱元璋换船。朱元璋知道刘伯温料事如神，便仓促带头迁移到另一艘船，还没有缓过气来，原先的船只在混乱中已经被敌军发射的飞炮击碎。

刘伯温救了朱元璋一命，立下的功劳已经超过了铁冠子，接下来，他将继续使用自己专业的天文知识，在战争中发挥作用。而连日的激战中，鄱阳湖里刮起的大风为朱元璋的火器提供了绝妙的用武之地。各种火炮以及各种用火药制成的燃烧性武器纷纷击中陈友谅水师的巨舰，烟焰涨天，焚烧而死与失足落水的军人难以估算。汉军惨败，将残余的战船集中在一起以防御为主，高挂免战旗，不敢更战。《故诚意伯刘公行状》称刘伯温看见战局僵持不定，便建议利用两军休战的时机将主力转移到长江与鄱阳湖交汇的湖口，扼守这个战略枢纽，等待时机在"金木相犯"之日决胜。所谓金木相犯，是指金星与木星相犯。根据《乙巳占》

∧《英烈传》插图《刘伯温计破陈友谅》

等中国传统的占星术理论，金星是兵象，当金星与木星相合时，对西方之国不利。而陈友谅的地盘正巧处于朱元璋根据地的西边，故刘伯温有意选择金星与木星相合的那一天决战，并据此提早预见陈友谅失败的命运。

朱元璋听从刘伯温的安排，果然派兵封锁了鄱阳湖至长江的出水口，以观其变。

困在湖中的汉军，粮食逐渐告罄，将士们敝衣枵腹，陷入劣境。陈友谅不想束手待毙而孤注一掷，指挥部队企图杀出鄱阳湖，从长江撤返，可在湖口这个兵家必争之地遭遇朱元璋军队竭尽全力的阻击。在两军犬牙交错的搏斗中，陈友谅被冷箭射死。至此，大局已定，汉军死的死，伤的伤，共有五万多残余部队投降，而侥幸冲破朱元璋军队封锁线的那些漏网之鱼，则沿着长江撤回武昌。

具有历史转折意义的鄱阳湖之战以陈友谅的一败涂地而告终。汉军残部拥立陈友谅的儿子陈理在武昌继续做土皇帝。可是过不了多久，这个小朝廷便在朱元璋大军的压境之下投降，国家亦随之灭亡。朱元璋从此在江南再也没有遇到类似陈友谅那样的劲敌，拿下长江以南的半壁江山只是时间问题。

鄱阳湖大战历时三十六天，但从朱元璋军队开始启行的日期算起，到胜利为止，刚巧用了五十天左右。而铁冠子在发兵之初就预言只需五十天，便可打垮不可一世的陈友谅，历史竟然完全朝着这位道人预见的方向发展，真是不可思议。刘伯温辅助朱元璋开国的传奇事迹也不遑多让，据说在鄱阳湖大战后的攻打张士诚、北伐中原与拓土西北等一系列战事中，他出了很多"密谋"①，而据明初大臣刘辰所著的《国初事迹》所载，朱元璋甚至尊称其为"国师先生"。到了明代

---

① 作于明初永乐年间的《故诚意伯刘公行状》称朱元璋时常光临刘伯温的住所，"屏人语，移时乃去，虽至亲密，莫知其由"。

中期，刘伯温的形象越来越高大，完美起来。例如在民间小说《英烈传》等书中，他作为朱元璋的军师，是以一副能知过去未来的面貌出现于世人之前。

回顾历史，朱元璋在取天下的过程中确实网罗了不少奇人异士，最有名的无疑是刘伯温、铁冠子、周颠三人。①比如明末思想家李贽在《续藏书》中就把这三人列为一传。其实，这三人的某些事迹经过添油加醋，其荒谬程度可与白莲教的迷信行为有得一比，就像《故诚意伯刘公行状》所描述的，朱元璋在讨伐陈友谅期间派遣都督冯胜率部攻打一个地方时，刘伯温事先授予冯胜锦囊妙计，要他"夜半出兵"，"至某所，见某方青云起，即伏兵"，若有"黑云起"则是贼人埋伏的处所，告诫他"慎勿妄动"，等到"黑云渐薄"，又与"青云相接"那一刻，就到了贼人撤退的时候，这时冯胜应该督兵衔枚而进，"蹑其后而击之"，可以尽擒贼人。这类对刘伯温的神化简直已经到了匪夷所思的地步，难以令人尽信。

然而，儒、佛、道三教的术士与白莲教徒的重要区别在于，他们不但不会危及统治者的地位，反而有辅助作用，故得到朱元璋的青睐。朱元璋尽管招揽了不少儒、佛、道三教的奇人异士，但绝不允许术士们擅自谈论灾异之事以扰乱军心、民心。例如，《明实录》记载在他的地盘之内的宁越地区，有个懂得天文的鲁姓妇人，常常在民间妄议灾异之事，以蛊惑人心，因而被视为"乱民"，予以诛杀。可见朱元璋对术士也是要采取提防的态度，也有独立的思考能力。《明孝宗实录》追记朱元璋本人"尝议除佛法"，并对道教的神仙之术颇有微词。他曾在1370年（明洪武三年）教训一些沉迷神仙术的部属，认为"神仙之术"时常号称有"长生"的作用，又编造"不死之药"的谎言以欺骗世人，而前代有很多帝王、大臣相信这些说法，致使有人因服药而丧命。又说，假如神仙之术可以长生，为何四海之内"无一人得其术"？故此乃"欺世之谈，切不可信"。不过，朱元璋出于统治的需要，又不得不采取佛、道等教的一些理论，以便于"神道设教"（原话出于《周易》，被后人解释为圣人借助鬼神教化百姓，以便让百姓"知畏"）。他网罗奇人异士替自己鼓吹的心理难免会被别人看穿，例如，《明经世文编》收录了明臣

---

① 朱升最广为人知的事迹是给朱元璋打天下而开出的"九字"战略方针，即"高筑墙，广积粮，缓称王"。他虽然也会以卜者的面目出现，但名气远不如同行刘伯温。

解缙在洪武年间的疏文，当中直言不讳地批评朱元璋"以神道设教，欲以此愚弄天下"，表达了不以为然的态度。

在后世一些史籍的烘托之下，周颠、铁冠子、刘伯温等奇人异士在鄱阳湖之战中算无遗策的行为给人造成一种错觉，好像战争的胜利主要依靠能掐会算的术士，而军中诸将反而成了摆设。可是事实并非如此，真正歼灭敌人并夺取最后胜利还是经常要依靠奋战在第一线的武将。

朱元璋军中猛将如云。他与群雄争霸时特别注意挖掘与培养军中的将领。例如《纪事录》记载 1360 年的春节，他亲笔在应天的府邸前写下一副春联："六龙时遇千官觐，五虎功成上将封。"借以表达对麾下将领所寄予的厚望。"五虎功成上将封"之中"五虎将"的说法最早源自《三国演义》，分别是指跟随刘备打天下的关羽、张飞、赵云、马超、黄忠共五员猛将。这些人都有万夫不当之勇，据说有的人能够于"百万军中取上将首级，如探囊取物"，后来五虎将就家喻户晓地成了古代勇将的代表，也成了章回小说或戏曲中那些最得力的将领团体的称

∧ 门神画中的关羽、张飞

谓。各类古书常用"豹眼、猿臂、虎背、熊腰"之类骇人的词来形容这些武将们威武的相貌、高大魁梧的体格与天生的神力。不过，五虎将的名额仅有五人，这对于人才济济的朱元璋军队来说太少了。在漫长的烽火岁月中从千军万马中脱颖而出而立下不朽功勋的武将已经不止五个，这些百里挑一的精英都是攀登上军事生涯巅峰的人。

在这批战将中，很多人参加过鄱阳湖战役。可能是因为朱元璋的指挥能力比陈友谅要强的缘故，他辖下的将领也比陈友谅的手下要勇猛得多，正如俗话所说的"鱼找鱼，虾找虾，青蛙找个癞蛤蟆"。其中，有一个人在这场大决战中表现得格外光彩夺目，而不让铁冠子等术士专美如前。这人便是常遇春。

作为专打硬仗的猛将，常遇春是从无败迹的常胜将军，《明史》尊之为"摧锋陷阵，未尝败北"。此人于1330年（元天历三年）出生于安徽怀远的一个农民家庭，他相貌奇伟，因习武而勇力过人，猿臂善射，在元末天下鼎沸、群雄并起之际落草为寇，终日干一些狗盗鼠窃的营生，真是大材小用。正在郁郁不得志之时，他于1355年4月在和阳遇到了真命之主朱元璋，从此走上了傲视群雄的从军之路。史书照例要对两雄相见的过程大肆渲染一番，据说常遇春因兵荒马乱而无油水可捞，某天正卧倒在路旁的田地里打瞌睡时，恍惚之间突然被一位身披铠甲、手拿盾牌的神人当头呼喝。这位神人大叫道："快起来，主君已经来到。"常遇春马上惊醒过来，发现原来是南柯一梦。无巧不成书，正在这个时候，朱元璋带着数十人途经此地，慧眼识英雄的常遇春当场迎拜在地，表示愿意归顺。

当常遇春如愿以偿地跟随朱元璋之后，每逢作战，总是喜欢身先士卒，猛打猛冲，而且这个特点一生不变，这可能是因为他是在义军渡江期间才入伙，与徐达、汤和等淮南旧将有别，所以必须拿出上刀山，下火海的卖命劲头来，才能在军中脱颖而出。皇天不负有心人，由于他的表现出众，逐渐获得了朱元璋的另眼看待，得以官运亨通。而他因饱经战阵也最终变成一位善于治兵的将领，他虽然是一个不读书的大老粗，但行军布阵常常与古兵法吻合，并自夸道："只需十万人，便可横行天下。"故军中有"常十万"之称。

在朱元璋与陈友谅的一系列较量中，常遇春的作用不容忽视，特别是在鄱阳湖大决战中，这员猛将显得格外抢眼。

当朱元璋率领二十万主力开入鄱阳湖，与号称"六十万"的陈友谅军队相遇于彭蠡之康郎山时，万众瞩目的决战开始了，喊杀声呼天动地，两军的战船迅速混战在一起。常遇春一上战场就像吃了火药一样兴奋，他面对汉军水师的巨型船只，毫不畏惧地用以一当百的气概迎敌，驾驭着船只在阵中左冲右突。混乱中，朱元璋乘坐的战船在摆脱陈友谅骁将张定边的追杀时几乎在浅滩中搁浅，正在漩涡中苦苦挣扎。形势危急万分，幸而常遇春发挥神箭手的英雄本色救主，他在阵前弯弓远射，一箭准确地射中张定边，使朱元璋之船得以有充足的时间从容脱离险境。接着，常遇春为了护主而拼命靠近朱元璋的船只，结果使自己的战船搁浅于浅滩里，动弹不得。不过天无绝人之路，汉军战败而遗弃的巨舟在顺流漂下时激烈地碰撞到了常遇春之船，使他的船在强大的推力之下幸运地离开浅滩，重返湖中回归部队。

异常激烈的战斗持续了一段时间后，处于下风的陈友谅将残余部队集中于鄱阳湖的鞋山转攻为守，其后又冲向朱元璋所部扼守的湖口，企图突围驶入长江。常遇春奉命率部死守湖口，与全力涌过来的汉军打了一场硬仗，那个地方顿时变成了绞肉机，两军将士无数的血肉之躯在挥舞的刀锋之下变成断肢残腿，遍地血污狼藉，惨不忍睹。汉军付出重大伤亡也始终冲不破常遇春布下的铜墙铁壁，最后因陈友谅死于乱箭之下而彻底溃散，大部分残军投降，少数逃出生天者沿着长江向武昌逃窜，守军乘胜向北追赶数十里而还。战后论功，诸将以常遇春为第一。接着，他参加了围攻武昌之战，尽取荆、湖地区，又立新功。

从鄱阳湖大战中常遇春的表现可以看出，朱元璋旗下的术士与武将，一文一武，相得益彰。

朱元璋善于使用术士，是否表示军中的每一个独当一面的将领都倚重术士呢？这倒不一定，因为对术士白眼相向的将领也大有人在，最典型的是常遇春。

常遇春在消灭陈友谅政权的战争中立下大功之后，征尘未洗便掉转枪头再战江湖，他出任副将军，协助大将军徐达率领水陆大军二十万人挥师东向，目标是彻底消灭张士诚所部。因为张士诚对朱元璋构成的威胁仅次于陈友谅，彼此为了争霸早已势如水火，长期在江苏、浙江等地断断续续地厮杀着。

在此之前，从鄱阳湖凯旋的常遇春跟随徐达攻取庐州、泰州等地，清除外围

∧ 张士诚之像

障碍，为向张士诚发起总攻做好准备工夫。

血战的序幕于 1366 年（元至正二十六年）8 月揭开，大军从龙江出发，在太湖、昆山击败敌人的前哨部队，杀向湖州这个首当其冲的地方，一路浩浩荡荡地来到州北的三里桥，开始了湖州之战。当时，守将张天骐分三路迎战。徐达从容布阵，正打算与对手一较高下。根据《明实录》的记载，这时随军的术士（由于这类人在当时实在太常见，故历史书没有一一记载他们的姓氏）经过算卦占卜后忽然间语出惊人地说道"今日不宜出战"，理由不外乎是日期不吉，时辰不利之类。常遇春是一个急性子，他在战前本来就主张单刀直入，直捣张士诚的老巢平江，认为迂回攻打湖州是浪费时间的行为，现在再听到有人建议要延期出战，不禁怒火冲天，忍不住发了脾气，公开顶撞了别人敬若神明的随军术士，立即大吼大叫起来："两军对峙，迟迟不进攻，还要等什么？"徐达只好顺水推舟地让常遇春打头阵，诸将紧随其后。如果常遇春有过，那是逆天而行，自食苦果；如果有功，那是化灾改运，死中求生。毫无顾忌的常遇春一出手，就左右开弓地将当面敌军打得丧魂落魄。守将张天骐见势不妙，带头跑回城里。由于守军组织撤退时惊慌失措，致使横跨护城河通往城门的吊桥提早拉起，此举无异于把那些来不及逃回城里的士卒推上绝路，张天骐辖下将领黄宝与胡贵等二百多人就这样成了俘虏。

常遇春在湖州三里桥首战告捷的经验说明，掌握兵权的武将在必要的时候可以完全忽视术士的意见。同时说明了，战场上的主要角色永远是武将，术士的作用在大多数的情况下只是提一提建议，而且，他们的建议还不一定被采纳。

尽管在最早跟随朱元璋打天下的那批武将当中有不少是白莲教徒，可是朱元璋在渡江南下之后已经确定了以儒教辅政，因而也在部队中广泛宣传儒家学说，改造将士们的旧思想，给全军洗脑。《明实录》记载：他曾经多次指示军中将士应该亲近儒者，多听听儒家的道理。在朱元璋的反复强调之下，儒教便逐渐在军队获得广泛的推广，最终取代了白莲教的位置。由此可知，依照儒家伦理道德行事的军人与烧香念佛的白莲教军人一样，都是有信仰的。白莲教徒们最关注的是死后能否上天堂——这一点与西方基督徒一样，基督徒临终时把最后的审判托付给上帝，究竟是上天堂还是下地狱，全由上帝做主。而在信仰儒教的中国，朝廷君臣却最重视能否死后留名，他们把最后的审判托付给历史对其的评价，当中蕴含着万古流芳的思想。朱元璋曾经对部下这样说过，如果他们当中谁能够做到"丰功伟绩记载于史册上，声名流传于后世"，便无异于长生不死。做君主的是这样，做附庸的同样是这样，正如俚语所说："豹死留皮，人死留名。"

历史的评价虽然通常由后人做出，但很大程度源自当世的褒贬。朝廷特别重视世间的舆论，主政者为了引导舆论，采取了各种手段，例如通过编写各类书籍来正面宣扬本朝人物的崇高品质以及丰功伟绩，为这些人树碑立传；给死去的帝王以及大臣盖棺论定，分别根据死者的生平事迹给予谥号以达到扬善弃恶的目的等等。其中，与儒家传统的宗教信仰最密切的行为是官府给当世人士建立神祠，接受世人的俯首膜拜。朱元璋就是这样做的，并采取各种措施神化那些参与打天下的功臣。例如，《明实录》记载：朱元璋于1369年（明洪武二年）曾在南京的鸡笼山建造"功臣庙"以表彰战争中有功的将士。庙中群贤毕集，济济一堂。最引人注目的是专门设立的二十一名高级将领的牌位，即是徐达、常遇春、李文忠、邓愈、汤和、沐英、胡大海、赵德胜、华高、俞通海、吴良、曹良臣、吴复、孙兴祖、冯国用、耿再成、丁德兴、张德胜、吴桢、康茂才、茅成。当时入祀"功臣庙"的这些将领，有的已死去，有的还活在世上，朝廷规定"死者朔像，生者虚其位"，不论死与未死，一律供奉。

最初能够入祀神庙的人全部是在战争中成名的武将，被树为军中的榜样。这些雄赳赳的武夫们不是韩林儿、朱元璋那样的宗教式的精神领袖，也并非刘伯温那样精通天文地理、奇门占卜的术士。他们能够鹤立鸡群，干出一些超凡入圣的事迹，主要靠的是天赋异质的武勇。而刘伯温也许是因为身为文臣的缘故而未能享受这一待遇。另外，为朱元璋做出过贡献的铁冠子等奇人异士也注定与祭祀无缘，原因在于功臣庙完全按照儒教的祭礼行事，并排斥佛、道等异教的方外人士——不管这些人有多大的本领，立过多大的功劳。

南征北伐

朱元璋打天下，需要依靠战斗力异常强大的徐达与常遇春，他俩可谓"一时瑜亮"。然而从无败迹的常遇春，常常只配做徐达的副手。

徐达能位居于常遇春之上，自有其过人之处。他于1332年（元至顺三年）出生于濠州钟离太平乡一个世代务农的家庭里，与朱元璋是同乡，并在1353年仗剑从军，与朱元璋一起打天下。由于智勇双全，在军中有良好的表现，成为朱元璋最得力的助手。

南渡长江后，朱元璋经过一系列的战事，确立了统帅的地位。而先后转战于长江中下游的徐达很快因功升为淮兴翼统军元帅、金枢密院事、奉国上将军、同知枢密院事等职。徐达虽然读书不多，但求贤若渴，经常向那些有文化知识的人请教疑难。特别是当他了解到朱元璋存在推崇儒教的思想后，也马上紧跟领袖的步伐，在战斗的间隙常常拜访儒士，与这些人谈天说地，研究古代兵法，努力把自己塑造成一名儒将。儒教认为王者之师必然是仁义之师，而徐达也是按照这个思路来治军的，他的部下纪律严明，不允许随便骚扰百姓，有胆敢违令者，定斩不饶。这样令行禁止的军队，战斗力自然不弱。

在奉命出外征战的诸将中，表现最出色的是徐达与常遇春。两人的合作开始于1356年3月的镇江之战，其后又多次一起在江浙等地与敌军进行战斗。可是，常遇春曾经与徐达发生过激烈的矛盾。那是在1360年上半年的九华山之战中，当徐达所部在打下潜山后，回师镇守池州时，与另一路军队的统帅常遇春合兵一起在九华山伏击了陈友谅的军队，斩首万余级，俘虏三千人。然而，这两人却因如何处置俘虏的问题爆发了一次直接冲突。常遇春认为这些人是陈军之中的劲旅，应该立即除掉，决不能心慈手软，以免留下后患。徐达则坚决反对屠杀俘虏的野蛮行为，这种做法传出去只会让敌军以后宁可战死也不敢再投降，他将两种不同的意见上报，由朱元璋做出最后的仲裁。谁知，常遇春先下手为强，在当天夜里挖坑活埋了一半俘虏。打着拨乱反正旗号的朱元璋对滥杀行为非常讨厌，他了解情况后公开支持徐达，狠狠地批评了常遇春，并下令即刻释放剩下的俘虏。为了避免类似的事重复发生，朱元璋做出了一个重要的决定，即下令常遇春与徐达联合作战时，常遇春一定要服从徐达的命令。朱元璋这样做可不是任人唯亲，故意照顾自己的同乡，虽然常遇春骁勇善战，但是徐达的确比常遇春有更高的战略眼光，有更强的大局观念。九华山的争执表明常遇春是一名率性而为的粗鲁军人，而政治眼光强得多的徐达理应位居其上。毕竟战争从属于政治，只是政治的延续。常遇春虽然年长于徐达两岁，但他此后每逢有机会与徐达搭档，都能听从指挥，安心做副手，可见他心中自有大局观念。

在至关重要的鄱阳湖大决战中，常遇春的作用显得出类拔萃。徐达虽然参战，可没有打完全场，仅仅在初战时获得小胜，不久便奉命率部分兵力返回应天，防止蠢蠢欲动的张士诚乘虚而入，以便在战略上起到掩护侧翼的作用。

鄱阳湖大决战后，解决张士诚之事便提上了议事日程。1365 年（元至正二十五年）8 月，官拜左相国的徐达被任命为大将军，在副将军常遇春的协助下，正式率领水陆大军二十万人南征，一出手就迅速控制淮南、淮北地区，为最后解决张士诚扫除了障碍。次年 11 月，这支屡战屡捷的部队从太湖方向来到张士诚的老巢平江（今江苏苏州）城下，并筑起长壕围城。长壕外围还建了很多由精兵守卫的堡垒与敌台，里面配置着大量弓弩与火铳等射程比较远的兵器，防止敌军突围。攻城部队在数以千计的火炮与抛石机的配合下昼夜不停地出击，把城墙打得千疮百孔，糜烂不堪。漫长的攻防战从这一年的 11 月 25 日打响，一直持续到第二年 9 月 8 日为止，差不多打了一年。平江城在对手一波又一波的攻击下终于支撑不住而失守，散布各处的二十五万残军陆续成为俘虏，而负隅顽抗的张士诚也沦为阶下囚，最终死于狱中。

张士诚灭亡后，基本上已控制长江中下游地区的朱元璋认为统一天下的时机已经水到渠成，而召集诸将商议北伐中原之事也提上了议事日程。然而他在随后召开的会议中没有得到所有人的支持，因为常遇春对战略问题有不同的意见，这位猛将快人快语地说："以我百战之师，长驱直入捣向元大都，必如破竹之势。"朱元璋反驳道："元朝建国百年，守备必然坚固，我孤军深入大都，存在粮饷不继的隐患，再加上敌人的援军四集，后果会很危险。"他接着分析："我的计划是先取山东，撤去大都的屏蔽，再移兵河南，破其藩篱，拔取潼关而守之，扼其门槛。当天下形胜之地被我掌握，然后再进兵，元大都就会因势孤而援绝，不战自败。我军乘胜鼓行而西，山西、关陇等地可席卷而下。"诸将纷纷表态支持朱元璋的计划。鉴于常遇春有时会犯逞强斗狠的毛病，朱元璋当面语重心长地提醒道："对抗百万敌人，冲锋陷阵，谁也比不上你这个副将军。我忧虑的不是你不能战斗，而是你过于轻敌浪战。你身为大将，却经常不顾身份地与军中的小校进行角力比赛，这一点真的让我失望。"显然，常遇春比不上徐达更令朱元璋称心满意，《明史》记载，朱元璋曾经在诸将面前公开道："如今诸将并非不骁勇善战，但是平日里为人能够做到老成持重，并且治军严明、熟悉兵法者，谁也比不上大将军徐达。徐大将军应该驻守中军主持大局，制订作战的策略并指挥诸将的军事行动，绝不可轻易出阵与敌人搏斗。"故此，徐达成为北伐中原的首选将帅已是板上钉钉的事，常遇春只能像以往一样屈居于下。

毫无疑义，北伐中原现在成了统一天下的先决条件。"遗民泪尽胡尘里，南望王师又一年。"南宋诗人陆游这句爱国诗句代表汉人反抗外族压迫，统一河山的历史性夙愿。自从北宋灭亡，北方陷入外族的铁蹄之下已经长达二百四十年。不知有多少仁人义士，前仆后继地致力于恢复大好河山，但均壮志未酬，天不遂人愿。到了元末天下大乱之时，起义的红巾军曾经提出"虎贲三千，直抵幽燕之地"的口号，可惜又是功亏一篑，而北方各路群雄，也纷纷覆灭。如今，推翻元朝统治的历史任务由朱元璋派出的部队所承担，这支由二十五万步骑大军组成的队伍，以徐达为征虏大将军，常遇春为副将军，同行的有左都督冯胜、都督同知张献祖、都督副使顾时以及参政傅友德等人，他们将致力于完成这个神圣的使命，拯救苍生于水火之中。

1367 年（元至正二十七年）10 月，北伐军出发了，而早在 11 年前，北方红巾军在刘福通的指挥下曾经制定了一个分兵多路北伐的计划，可是最后全部以失败告终，现在，朱元璋派出的北伐军会不会重蹈覆辙呢？可能不少人心中隐藏着这样的疑虑。意外的是，北伐军一出师就如摧枯拉朽般所向无敌，先是横扫山东，攻克济宁、济南、益都等重镇，再转而进入河南，占领汴梁、洛阳，其间打的最大一场仗是在洛水之北，常遇春一马当先，率部轻而易举地击败五万元兵，斩获无数。镇守河南的元朝梁王阿鲁温随即投降，河南全境依次平定。

当收复河南的消息传到应天，喜不自胜的朱元璋从江南出发，亲自来到黄河南岸的汴梁前线，与徐达商讨下一步的打法。他们决定按照预定的计划分兵驻守河南与陕西交界的军事要点潼关，以监视陕甘之敌兼保护侧翼，主力则回师山东，用雷霆万钧之势直捣大都，给摇摇欲坠的元朝以釜底抽薪的一记重击。

往后的军事形势完全按照预定的计划发展。徐达与常遇春大张声势地聚集重兵于河阴，派遣部分将士以偏师进入河北，虚张声势，迷惑敌人，主力则连下卫辉、彰德、广平、临清等城，同时疏通贯穿山东、河北的大运河，用水师运粮。

沿途元军一触即溃，德州、长芦、直沽等地纷纷易手，势如破竹的明军以水陆两路并进，于1368年（元至正二十八年，明洪武元年）7月28日拿下大都的门户通州，元朝已经危在旦夕。

自从战乱爆发后，大都与南方的联系经常被切断，致使南方的粮食不能及时运送到北方。到后来，这座城市终于出现了比较严重的饥荒，首当其冲的是普通老百姓，很多穷人挣扎于死亡线上，死者填满沟壑。整个局势是日薄西山、朝不虑夕，处于崩溃的边缘。

当北伐军攻陷通州，向大都开来之时，元朝统治者惶惶不可终日。坐卧不安的元朝末代皇帝元顺帝，在通州失陷的当天晚上带领后妃、太子以及丞相等贵族官僚，偕同部分亲军仓皇撤离大都，黯然逃向塞外。

徐达于八月初二进入大都后不敢怠慢，果断俘杀了死守于城内，企图螳臂当车的元监国淮王帖木儿不花、左丞相庆童等人；使用铁腕手段清除了那些拒不投降的前朝官吏；并命令指挥张胜率兵千人守卫元朝宫殿，查封仓库，将清点的所有的宝物归公，同时严令禁止士卒胡作非为。由于没有一名百姓被妄杀，居民的生活一切如旧，市场上人来人往，商铺照常营业。这座城市就这么轻而易举地光复了，

∧ 元顺帝之像

北伐军没有遭受多少伤亡就完成了收复幽燕之地的历史任务。

元朝之所以未能组织有效的防御，重要的原因之一是其正规军早已腐朽不堪。那时，关内元军真正有战斗力的只是地方部队。其中，以察罕帖木儿组建的部队最能征善战，他取得过占领汴梁，重创韩林儿与刘福通等人的大捷，为平定北方红巾军立下了汗马功劳。可是，察罕帖木儿在北方转战期间为了争夺地盘和其他地方军阀打起了内战。元朝中央政府屡次调解不成，对此束手无策。尽管察罕帖木儿于 1362 年在山东益都被叛将刺杀，然而山西等处的军阀内讧仍然断断续续地进行着，甚至连陕西等省的一些地方军阀也卷了进来。当朱元璋策划北伐之时，元朝已经被上述地方的内讧搞得焦头烂额，根本没办法调集各路军阀的精兵猛将拦截从河南、山东等省杀过来的北伐军，而大都未经一战就失陷了。

大都的失陷意味着元朝的灭亡。值得注意的是，古人喜欢从宗教信仰的角度对王朝的兴亡进行颇有意思的解读。儒教的学说宣称"国家将兴，必有祯祥；国家将亡，必有妖孽"，这种观点特别体现在按照传统史观而编撰的汉文史籍《元史》里面，书中记叙北伐军向大都步步进逼时，绘声绘色地描述了大量"天人感应"的例子，就在元朝亡国的前夕，天象频频示警，比如：1367 年 12 月发生了日食。在此期间，南方的北伐军夺取山东济宁路、莱州、济南、东平路等地。次年 3 月，彗星出现于西北，并有一颗大流星与很多颗小流星坠于东北，声震如雷。北伐军夺取河南，其后进驻潼关。4 月，未到霜时而天降严霜，使大豆等农作物枯萎，天地之间显出肃杀之象。北伐军又取嵩、陕、汝、道等州。7 月，京城有异象。某一天，天上出现红气满空，如火照人，自早晨至午前方息，其后某一天又泛起黑气，百步之内看不见人，从深夜至上午方消。这时北伐军夺取卫辉路、彰德路、广平路，逐渐逼近大都。到了大都将要沦陷之前，天空连续出现"白虹贯日"的异象，这已是山河变色的预兆。从《元史》的上述记载可以看出，北伐军前进时，一路上亮点纷呈，颇有应接不暇之势，他们有时在白天看见日食，有时在夜晚看见彗星，在快要到达大都时又看见"白虹贯日"，真是大饱眼福。深受儒教理论影响的将士们，心中可能会得出"元朝不亡，天理难容"的结论。

《元史》所刻意记载的灾异源于"天人感应"的理论，这种理论产生于遥远的夏商周时代，从那时候起，就有人相信天上的上帝监管着世间的事情，并认为上帝好像凡人一样有喜怒哀乐与是非观念。可是，上帝无声无息，难以捉摸，凡人只好常常观察日月星辰等天文现象，以此揣测上帝的意愿。此外，人们认为春夏秋冬以及气候变化也是上帝意志的表现。如果上帝对人间的事情不满，就会通过各种灾异显示出来。这类思想在《周易》《尚书》《礼记》《春秋》等儒家经典都有所记载。例如，《春秋》一书，记下二百四十年间的一百二十二件灾异，其中包括日食、星殒、山崩、地震、洪水、大旱、饥荒、冰雹、虫害等等，上述种种都被归纳为天象示警，希望以此引起世人的注意。

西汉大儒董仲舒在《春秋繁露》中的说法很有代表性，他认为凡是产生灾异，都是因为国家有过失，这包含着人为地违背自然规律，会受到上天惩罚的意思，就像农夫不按季节时令耕种，必然歉收一样。当国家的错失尚始于萌芽状态，上天就会以"灾害"进行警告，假如主政者对上天的警告置若罔闻而不思改过，甚至只是以惊奇的态度对待这些灾异而不知畏惧，必定会自取其咎。

在国家的所有过失之中，君主的举止失措最为严重。因为古代的君主号称"天子"，顾名思义就是上帝之子，天子的一举一动都有可能会对上帝产生影响，这也是源于"天人感应"的理论。《周易·乾卦·文言传》中"同声相应，同气相求；水流湿，火就燥，风从虎，云从龙"等说法很有代表性，认为这类感应就像磁石吸铁那般自然。而君主作为上帝之子，对天降祸患自然有不可推辞的责任。例如

△ 董仲舒之像

《尚书·洪范》篇中，把"雨、旸、燠、寒、风"等天气与国君的言行举止联系在一起，认为：如果雨水不多不少地降下来，那么要归功于国君为人处事严肃恭敬，如果久雨不停，那么与君主的狂妄傲慢有关。至于其他的"旸、燠、寒、风"，也与国君的态度有相似的对应关系。这种说法经过演变，成为一种要求君主施行德政、爱惜百姓的思想，如果统治者采取滥加赋税以及徭役等残民以逞的措施，就意味着违背天意，会遭到上天的惩罚，如果死不悔改，

那么就存在着受到上天抛弃的可能，被新的真命天子取而代之。正所谓"皇天无亲，惟德是辅"，能否成为真命天子，道德功业上的关系远比血缘关系具有更重要的意义。董仲舒概括得好："德侔天地"的人才有资格做皇帝，"天佑而子之，号称'天子'"。显而易见，古代的思想家提出这种理论的目的是企图以天象约束皇帝，限制皇帝的恣意妄为。

国号大明

在北伐军向大都挺进期间，朱元璋已选择1368年正月在应天（后改名南京）即帝位，年号"洪武"，国号"大明"，史称明朝。

回顾历史，在朱元璋称帝前，他与军中诸将并无君臣的名分，因为他们在名义上皆奉北方红巾军的小明王韩林儿为主。然而，朱元璋最后却超越韩林儿成为新的领袖，要想做到这一点，首先要有一套能够自圆其说，让众人心悦诚服的理论。正所谓"红花虽好，还需绿叶扶持"。朱元璋在登上皇帝宝座的漫长过程中，非常需要能说会道的人做吹鼓手，以营造适当的气氛，目的是衬托出自己天命所归的王者风范，便于将来能君临天下。这样的工作武将做不了，只能由文人来做。

对于很多深受儒家思想影响的士大夫来说，一生中最大的成就是努力辅佐主公，并使之成为历史上尧、舜那样的明君。这也是儒家纲常理论倡导的"君为臣纲"。由于朱元璋历来实行推崇儒教的政策，因而一贯受到士大夫阶层的拥护。很多士大夫都看好朱元璋，一心辅佐其成为圣王，使社会重新恢复秩序，让老百姓重新过上丰衣足食、风俗淳朴的生活。其中，刘伯温是比较有代表性的一位。

很多年前，刘伯温刚开始辅佐朱元璋的时候，已认为朱元璋必定会成就一番伟业。那时遥奉白莲教领袖韩林儿为君的朱元璋每到新年之时，便在应天府中书省官衙上布置韩林儿的御座，与文武诸将一齐执行臣子的礼节。可是有一年的春节却发生了一件大逆不道的事，《诚意伯刘公行状》记载刘伯温竟敢在大家照例参拜御座的时候坚决拒绝行礼，并公开发牢骚将韩林儿讽刺为"牧竖"（相当于放牛娃之意）。耐人寻味的是，朱元璋事后对此没有追究。

刘伯温总之是铁了心要扶朱元璋上位，并且毫不隐瞒自己的立场，一有机会，便当面恭敬地奉承朱元璋才算真命天子。朱元璋虽然胸怀大志，可时机尚未成熟，不得不韬光养晦，故暂时对刘伯温的鼓动不置可否。

其后，张士诚率军围攻安丰，身陷囹圄的韩林儿向朱元璋求救。《国初事迹》记载：刘伯温多方劝阻朱元璋前往救援，还说道："主上不宜轻出，假使救韩林儿出来，将如何发落？"话中意思是从儒家纲常名教的角度来考虑问题，他暗示有帝王之志的朱元璋不要救韩林儿，否则救出来的话等于搬来一块阻碍自己登基的绊脚石，无异于自找麻烦，弦外之音是最好让张士诚杀死韩林儿，一了百了。

朱元璋不想落个见死不救的坏名声，故不听刘伯温的劝告，派兵把韩林儿从安丰救了出来。

成为光杆司令的韩林儿只能用封官晋爵的方式讨好朱元璋，封其为中书右丞相[①]，不久，又将之晋爵为吴国公。至此，朱元璋名义上的地位已是"一人之下，万人之上"。

可惜，韩林儿看错了人，他能够使出的所有拉拢手段都失了效。因为朱元璋虽然是红巾军出身，但他却从来不是虔诚的白莲教徒，过去，他因需要借助北方红巾军的力量，不得不暂时隐藏自己的观点，现在，他发现韩林儿与刘福通已经是穷途末路的死老虎，失去了利用价值，便毫无顾忌地露出了本来的面目，不惜制造批判白莲教的社会舆论，敢于与韩林儿唱反调。

朱元璋虽然长期举着红巾军的旗帜，但他早已经蜕变了，这种变化表现在他大量任用元朝旧官吏以及文人儒士，以儒家的"圣贤之道"制定了一系列的规章制度，维护地主阶级在政治与经济上的利益，并成为这个阶级的代理人。一旦到了图穷匕见之时，他便露出了本来面目，公开谴责白莲教。他在1366年出兵攻打张士诚时发布的檄文中狠狠地痛骂红巾军："愚民误中妖术，不理解偈语的狂妄，错误相信弥勒佛是真实存在的，希望其治世而不再受苦，因而聚集为烧香之党，以汝、颖为根据地，蔓延河洛地区。妖言既然在世间流行，凶险的计谋遂得

---

① 元代的习惯是右比左尊，右丞相这个位置的意思就是"第一"丞相，是真正的位高权重之职。

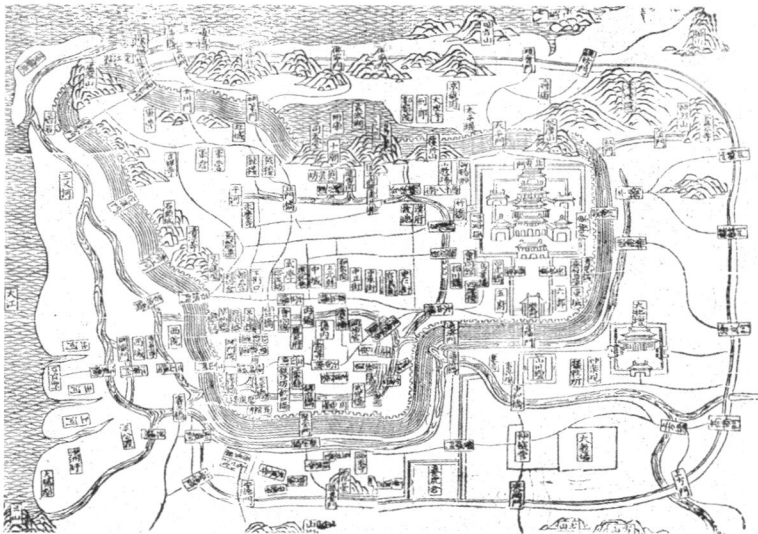

∧ 明代的应天

以实行，城郭遭到焚毁，士大夫遭到杀戮，荼毒生灵，悲惨万状。"文中大力抨击白莲教徒的种种恶行，还公开点了弥勒佛的名，坚决否认"弥勒降世"的说法。

"项庄舞剑，意在沛公"，朱元璋含沙射影，暗中斥责韩林儿。另一方面，他既然建立了稳固的根据地，设置了军政机构，各项管理已逐渐走上正轨，肯定不希望有人依样画葫芦在他的统治区内倡言弥勒降世，进行颠覆现政权的活动。

天无二日。只要韩林儿还在，朱元璋就不可能名正言顺地取而代之。大将廖永忠知道朱元璋心存顾忌，难以解决这个棘手的难题，便决定用武力替其分忧。根据《明史·廖永忠传》记载，朱元璋派遣廖永忠到滁州迎接韩林儿归应天，廖永忠乘船途经瓜步时，悍然出手淹死了韩林儿（据说，连刘福通也未能幸免）。不料朱元璋过关后却卸磨杀驴，反而将弑主的罪过全部推给了廖永忠，他在建国后大封功臣时，公开在诸将面前责备廖永忠，说道："永忠行事失当，指使与其友善的儒士窥探我的意思，不幸会错了意，结果致使韩林儿命赴黄泉，所以削减其爵位，不封公，仅封为侯。"从朱元璋的话中可以看出，廖永忠是受到儒士的怂恿，才出手弑杀韩林儿。这位不知名的儒士与刘伯温立场相同，无疑是同一条战壕的战友。而朱元璋之所以把责任全部推在廖永忠身上，是为了免于被政敌嘲讽为不忠不义，由于处理得当，政局显得波澜不惊，没有出现动荡不安。由此可见，朱元璋不露声色的手段远胜昔日陈友谅那种霸王硬上弓地杀死旧主徐寿辉，以致授人以柄的蛮干行为。

在军中一些文武官员处心积虑的策划之下，朱元璋终于如愿以偿。他在"小明王"韩林儿死后，成为唯一有资格继承北方红巾军未竟事业的人，在各路英雄眼中，他已是众望所归，只要他愿意，随时可以登基。

此时的朱元璋尽管已经心仪儒教文化，用纲常理论治国，但他仍然争取白莲教徒，并隐约地以宗教领袖自居，这一点，很鲜明地反映在新建立的王朝的国号上。

∧ 廖永忠之像

朱元璋建立国家是在 1368 年，在此期间，他指挥麾下数十万健儿南征北战，在全国的各个战场上连连告捷，改朝换代的时机已经成熟，他选择良辰吉日在南京正式称帝，成了大明的第一任皇帝——明太祖。

大明这个国号据说与白莲教起义时倡言的"明王出世"有关。朱元璋心目中的"明王"到底是佛教的弥勒佛（或阿弥陀佛），还是明教的明使？这个问题历来充满争议。看来弥勒佛的可能性最小，因为朱元璋在出征张士诚时的檄文中已经抨击过弥勒佛了，这样一来，剩余的阿弥陀佛与明使这两者的可能性就比较大了。我国的明史专家吴晗支持"明王"是明使的观点。他认为"大明"这个国号出于明教的经典《大小明王出世经》，所以朱元璋自命为明使，寓意随着新王朝的成立，将出现一个光明战胜黑暗的世界。然而，这种说法不能合理解释为什么明朝在立国后就多次颁布律令禁止人民信奉明教。例如明政府曾经分别在 1370 年与 1374 年（明洪武七年）宣布禁绝的宗教组织有"弥勒佛、白莲社、明尊教（即明教）"。故此，后来出现了不同的意见，比较有影响的看法是当代明史学者杨讷提出的。他认为朱元璋将国号命名为"大明"，是以阿弥陀佛自居，具有带领臣民走向金光大道的意思，因为佛教的《大阿弥陀经》赞颂阿弥陀佛是比日月还要光明千百亿倍的"光明之王"，"其光明所照"，使天下"幽冥之处皆常大明"，

经中既称赞阿弥陀佛为明王，又出现了"大明"这个关键词，便是有力的证据。朱元璋虽然公开禁止人民信仰弥勒佛、白莲教与明教，但没有禁止人民信仰传统的弥陀净土，因此，老百姓供奉阿弥陀佛是合法的。

专家的意见仅仅是提供参考，至于哪种可能性更大就见仁见智了。但不管怎样说，起义军中的白莲教徒总是乐于接受国号与宗教有关的事实。朱元璋虽然继承了白莲教徒倡言的"明王出世"的口号，但他却不承认自己政权的法理性源于宋朝，他放弃汴梁，选择南京为首都已充分说明了这一点。他的目标是建立一个与宋朝不一样的新王朝，可是，对于仍然坚持反元斗争的白莲教徒来说，韩林儿死后，朱元璋自然是"明王"最合适的继承人，跟着这位新的战神打天下，似乎仍然有机会过上天堂般的生活。

除了白莲教的宗教因素之外，朱元璋建国时还受到儒教理论的影响，特别是儒教所重视的阴阳五行，对他的影响尤其大。阴阳五行的说法产生于先秦时代，《周易》中已存在阴阳的思想，《尚书·洪范》中阐述过五行的理念。战国时的齐人邹衍根据木、土、火、金、水等五行相生相克的原理，提出了"五德始终说"，认为历代天子一定属于五行中的一德，如果失德，就会被上帝革去所受的天命，改由新的真命天子治理世间。例如黄帝是土德，土德衰落后，基于木克土的缘故，取而代之的是拥有木德的禹，同理，汤以金德克木德，文王以火德克金德……就这样，每个旧朝与新朝便依据五行的次序而有规律地轮回着，这意味"天命靡常"，只要天子失德，改朝换代就是合理的。

阴阳五行学说在后世虽然经过演变，可是核心思想仍然被很多新兴君王所沿用。不过，由于建立元朝的蒙古统治者的汉化程度不高，始终没有讨论过五行德运的问题，所以元朝究竟属于五德中的哪一德，并无定论。只是后来民间有文人按照五行相克的原理，在确知宋朝属于火德的情况下，推断灭宋的元朝属于水德。

到了元末天下大乱之际，有人认为以宋朝继承者自命的韩林儿、刘福通等人隐约以火德自居，原因不外乎是"火德尚赤"，故起义者以"红巾"为号。虽然学术界还有另一种意见，即是根据白莲教教义，阿弥陀佛之色为红色（沙畹所著的《摩尼教流行中国考》就是这样认为的），所以教徒的服饰尚红。可是后一种意见容易受到忽视，因为在军戎服饰方面沿袭了红巾军"尚赤"做法的朱元璋所部，就是依据阴阳五行学说来解释军服颜色的问题。据《国初事迹》记载，朱元璋曾经命令手下将士的"战袄、战裙、壮帽、旗帜皆用红色"，以配合"火德""色尚赤"等特点，旗帜也鲜明地借以自诩。《大明集礼》也有"今国朝以火德王天下"的说法。

必须提及的是，除了吴晗、杨讷等人认为"大明"这个国号与白莲教有关外，还有学者认为明朝的国号出自儒家典籍，正如元朝的国号出自《易经·乾卦·彖传》中的"大哉乾元……乃统天"一样，明朝也出自《彖传》中的"大明终始……时乘六龙以御天"。由此可知，两朝的国号似乎都是源于《易经》中上下文相连的一段文字中，这并非巧合，因为从儒家经典里面摘取文义而建立国号，被认为是一种遵从古制的做法。此外，儒家典籍《诗经》亦有颂扬周王朝开国历史的《大明》一诗，彰显这个词的神圣性质，足可以用来做新的国号。

朱元璋以"大明"这个带有浓厚意识形势色彩的名称为国号，显示其登基后还要利用那些对政权有利的宗教，而佛、道二教自然未能置之事外。比如佛教，他设置了僧录司这个机构管理国中有关佛教与僧侣的事务。对于道教，他任命龙虎山第四十二代天师张正常管理全国道教，以为己用。但是，在儒、道、佛三教之中，朱元璋最重视的还是儒教，他极力提倡以儒教治国。这个新皇帝曾经对儒、佛、道三教的关系发表过自己的看法，他在亲自撰写的《释道论》一文中分别对儒教之祖孔夫子、佛教之祖释迦牟尼、道教之祖老子作过评论，大意是："儒、佛、

∧ 孔子之像

∧ 老子之像

道三教，只有儒教是国家不可或缺的。孔夫子生于东周，修改、订立纲常等伦理道德，并制礼作乐，作为政治和生活的准则，对国家造富无穷，所以后人立庙祭祀孔夫子。不过，只有儒官到孔庙祭祀，普通老百姓对此不太关心。佛祖释迦牟尼与老子的玄幻传说流传万世，老百姓焚香拜祭，无所不至。而佛道二教的神灵最初显现化身时，对苍生是有求必应，于是感动了无数的中国平民，即使是那些处于偏僻之地的百姓，不懂国家的法律，也知晓佛道二教倡议的生死之罪，以至于做善事的人多而作恶的人少。所以佛道二教对国家的治理是有益无损……遗憾的是，后来佛道二教的教徒，精研本教教义的人少了，倒是有越来越多的人娶妻生子，放纵本身的欲望而不加节制，这些人居于尘世，所造的罪孽有过于平民，又反过来连累了自己所在的宗教，他们号称出世修行，而道行反而比不上俗家弟子。"这番话的意思是说，儒教对国家的作用最大，不过真正信仰儒教的只有官僚士大夫阶层，可谓曲高和寡。佛、道两教的玄幻神话既能满足大众的好奇心，而善恶报应等理论又容易被平民所接受，就此而言，佛、道两教在百姓之中的影响胜于儒教。因为佛、道两教能够导民向善，所以同样可以辅助儒教治理国家。不过为了防止出现不法之徒利用宗教作奸犯科，要对其严加管理。

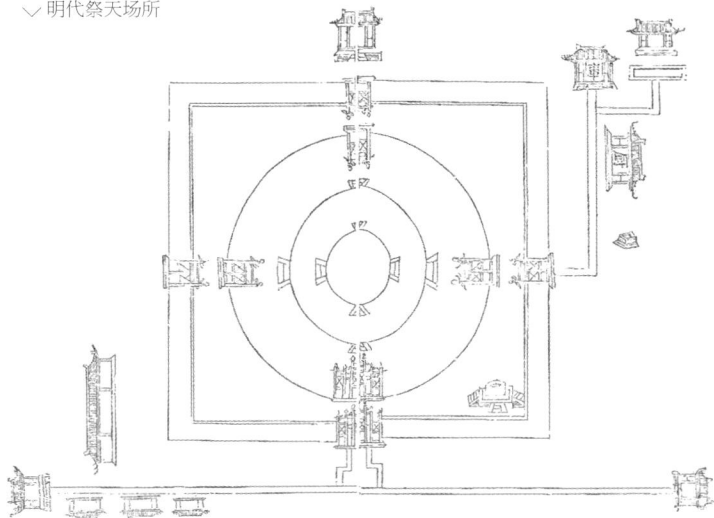

∨ 明代祭天场所

故此，人们就不难理解，为什么朱元璋仍然在那些由红巾军出身的部属之前以"明王出世"的宗教领袖自居，因为那些人没多少文化，只好向他们灌输玄幻的神话，以控制他们的思想。而朱元璋在面对官僚士大夫的时候，不得不洗心革面，时常提醒自己不要露出草莽英雄的本色，而是严格按照儒教的纲常理论来行事，努力将自己打扮成为"圣王"，成为官僚阶层的领袖。在儒教传统的理论里，只有天子最有资格祭天，与上帝沟通。假如将儒教看作一种宗教，那么天子在某种程度上就是首席祭司。像刘伯温这类的儒士，无论多么博古通今、博学多才，甚至精通天文、卜筮之术，号称能预知过去未来，但由于天命所限，也永远只能屈居于天子之下，做个助手。从这个意义上说，朱元璋被士大夫扶持上皇帝宝座的同时，也水到渠成地登上了儒教的神坛，从而完成了"政教合一"的过程，同时饰演着施政者与意识形态传播者的角色。

根据《明史·礼志》的记载，明朝每年大祀十三次，中祀二十五次，小祀八次。祭祀的对象除了天地、社稷、日月、宗庙等之外，还有山川海渎、风云雷雨等自然神与圣帝明王、忠臣烈士等人格神。

有意思的是，朱元璋不但在人间一言九鼎、日理万机，还喜欢插手神仙厉鬼的事务。他称帝之初，便组织人手对祭祀制度都做出了统一的安排，原则上规定天下神祠，只有有功于民，才允许祭祀，无功于民的，一律视为淫祠，禁止祭祀。同时，为了避免幽魂厉鬼为祸人间，还要由官府出面祭祀以对其进行安抚。明初，朝廷曾经将天下的城隍神按照府、州、县的次序分别封为帝、王、公、侯、伯等。后来，朱元璋又认为国家给神仙封官晋爵的行为不太妥当，便下令全部革去，只以神仙的本名称呼，唯一的例外是以孔子为万世师，仍保留封爵之号，这反映了儒教独尊的地位。需要强调的是，明朝既然提倡"儒教治国"，因而国家的祭祀体系以儒教的原则为主，佛教与道教是没有什么合法地位的，虽然明代有不少皇帝信奉佛教与道教，但很少有佛道二教的神仙受到国家公祭。佛教的佛祖释迦牟尼、文殊佛与道教的金阙真君、诸天诸帝等神仙则主要在民间的祭祀中广受欢迎。

朱元璋的所作所为并非无的放矢，例如，《明实录》记载：他曾经夸口道："朕立城隍庙为地方的守护神，使人知畏。人有所畏，则不敢妄为。"由此可见，无论是鬼，还是神，都要服从人间皇帝的统一安排，各司其职，为新的王朝服务。

天人感应

　　明朝的开国第一名将徐达在攻克大都之后遇到了生平最大的对手王保保。

　　王保保号称"奇男子"，他的蒙古名字叫扩廓帖木儿，本来是察罕帖木儿这位风云人物的外甥，后来被察罕帖木儿收为养子。镇压白莲教起义时屡立奇功的察罕帖木儿后来在山东不慎被叛将刺杀，致使元朝失去国之栋梁。而王保保继承舅父遗留的部队，实际成为割据一方的军阀，并卷入了元朝军阀内部久悬不决的混战。在徐达率领的北伐军即将到达大都期间，王保保经过百折不挠终于获得了军阀内战的最后胜利，在晋宁活捉了貊高、关保这两位劲敌，一跃成为元朝各路军队中最具实力的将领。可他因与元顺帝心存芥蒂，在大都就快失守的那一段时间里没有及时赴援，只是驻兵于山西采取观望的态度，等到夺取大都的明军企图进一步杀向山西时，王保保才不得不出手，与之展开生死搏斗。他一生多次拒绝朱元璋的招降，敢于与明军进行反复的较量，即使屡败屡战，也绝不气馁，因而赢得对手的尊重，"奇男子"这个外号就是朱元璋给起的。《明史·扩廓帖木儿传》记载朱元璋在一次与诸将聚会时故意问："天下间，谁是奇男子？"诸将领不约而同地回答："常遇春所部不过万人，却横行无敌，真是奇男子。"朱元璋笑道："常遇春虽是人杰，但却臣服于我，我却不能令王保保臣服，王保保这个人才是真正的奇男子啊。"

　　在朱元璋的眼中，王保保比常遇春更具有独特的人格魅力，而徐达与之相比又如何？实际上，这两名高手过招的过程是跌宕起伏，一波三折。

　　两人第一次交手是在1368年11月的山西太原。当时元大都刚失陷不久，以山西为根据地的王保保在韩店击败一股从泽州进入山西的明军，因而信

∧ 徐达大战王保保

心十足，想乘胜大举反攻收复失地，便出动奇兵，从太原绕道雁门关、居庸关，企图神不知鬼不觉地向大都发起突然袭击。

谁料徐达的情报工作做到了家，他对敌情了如指掌，便将计就计，没有按照常规与来犯之敌在城下决战，而是不按牌理出牌，出乎意料地率领部分精锐骑兵提前离开大都，沿途故意避开迎面而来的王保保军队，经太行山麓的井陉突进山西，直扑敌人的大后方太原。

徐达这一招"后发制人"使得非常漂亮，他比王保保动身晚，却在王保保尚未到达大都之前，抢先一步杀到了太原。原因是王保保走的是距离比较远的"弓背路"，而徐达走的是以迂为直的"弓弦路"，后者的速度自然快得多。

当元军前进到保安（今河北怀来一带，与大都尚有一段距离）时，却意外收到明军兵临太原城下的坏消息。王保保见后院失火，顿时大惊失色，叫苦不迭，无奈之下只得放弃袭击大都的原定计划，慌忙回师自救。

跟随徐达杀到太原城外的全是骑兵，在缺乏步兵的配合下难以攻城，因而以逸待劳，打算歼灭回援的王保保军队。

再说王保保军队徒劳无功地在山西与河北境内兜了一个大圈，疲惫不堪地重返太原。据《纪事录》记载，他召集了十余万"番汉兵"，在城外与明军对峙，为一场即将开始的野战做准备，谁知关键时刻内部发生了变故，一位叫豁鼻马的将领暗中叛变了，从而令形势急转直下。

豁鼻马悄悄与徐达取得联系，自称愿做内应。明军统帅部抓住难得的机会，综合分析各种情况后马上做出了劫营的决定。

当晚，元军大营遭到里应外合的袭击，士卒惊慌失措，四散而逃。正在帐内挑灯读书的王保保突然听到杀声四起，匆忙之间赤脚冲出帐外，军营内外已是一片刀光剑影，他立即夺过一匹屄马带着十八名骑士向大同方向狂奔。明军尾随其后追至忻州，不及而还。

太原之战，明军总共俘获敌兵四万多人以及战马四万余匹，接下来便乘势如秋风扫落叶一般占领山西。

就这样，徐达在与王保保较量的第一个回合中赢得干脆利索，他靠的是更胜一筹的谋略。

王保保没有从此音讯沉寂，他仍然持续着不死的传说，继续在长城沿线招兵买马，拥兵塞上，争霸西北。而徐达打下山西后，数年转战陕西、甘肃、宁夏，攻克西安、凤翔、临洮、兰州等重要城市，击败或降服军阀李思齐、张思道等人，打死元军不计其数，期间多次与王保保的部属发生冲突，而规模最大的一次战斗发生于兰州的沈儿峪。

沈儿峪之战是徐达与王保保进行硬碰硬较量的第二个回合。战前，王保保乘明军主力暂时撤离西北，回师休整之机，于 1369 年 12 月以孤军杀入塞内，进犯兰州。徐达临危受命，召集潼关以东的各路部队杀回来。据《纪事录》记载，明军这次的出征人数号称"四十万"，向西安方向急进，直捣定西。

久攻兰州不下的王保保，果断撤围，将部属带往定西县（今甘肃省定西市）北的车道岘屯营，等待着从万里之外远道而来的徐达。两军在 1370 年 4 月进行决战。这次，徐达不想取巧，转而采取稳扎稳打的战术，先派左副将军邓愈在阵前立栅作为掩护，然后一步一步逼近敌营。双方将士在车道岘以南的沈儿峪隔着深壕激战，难分胜负。

徐达曾经在太原之战中劫过王保保的营。现在王保保为了一雪前耻，决定以牙还牙，用劫营这一招回敬明军，因而秘密调动千余人，从营地东山下面的小道悄悄出发，突然袭击明军的东南营垒。防守这个地方的是明军左丞胡德济，他既有点麻痹大意，又缺乏应变能力，在遭到敌人的攻击时显得手足无措，导致士卒好像麻雀炸窝般阵脚大乱。如果任由溃兵游勇四处乱窜，势必会让怯战的情绪在全军蔓延，后果将不堪设想。

始终密切注视着前线一举一动的徐达，及时察觉到东南营垒方向阵线不稳，他雷厉风行地带兵赶来堵塞漏洞，及时击退敌人，毫不留情地罢了胡德济的官，将其移送京师法办，同时把数名没有守住阵地的将校斩首示众，以儆效尤。次日，经过整顿的明军在出战时果然面目一新，诸军奋勇争先地与敌厮杀，一直从阵前的壕沟打到营垒里面，最终在营垒后面的乱葬岗中大败王保保军队，活捉了包括

∧ 邓愈之像

蒙古贵族郊王、文济王在内的一千八百六十五名文臣武将，还俘敌八万四千五百余人，缴获一万五千二百八十余匹马以及同等数量的骆驼驴骡等杂畜。

王保保仅与妻子数人向古城北面逃遁，这些人逃到黄河边找不到渡船，幸亏菩萨保佑，他们得以捞取到在河中漂流的木料，有惊无险地渡过大河，一路风尘仆仆地从宁夏向蒙古草原狂奔，最终保住了性命。他逃到和林后，得到了元太子爱猷识理达腊的重用，再度咸鱼翻生，掌握兵权。

徐达在太原之后又一次战胜了王保保，此次靠的不是谋略，而是用兵如神的战术。

王保保两战两败，既然他玩谋略玩不过徐达，玩战术又玩不过徐达，那么他后来是靠什么与徐达作战呢？根据蒙文史籍的记载，答案就是：巫术。

王保保与徐达进行第三次战事是在 1372 年。已经称帝五载的朱元璋对流亡在塞外的北元小朝廷依然耿耿于怀，他在这一年的年初便调集十五万重兵，计划分进合击而一劳永逸地解决北元问题。《草木子余录》记载，他出兵的理由有三，除了"王保保未擒"与"元太子无音问"之外，还为了夺取传国玉玺。相传秦始皇统一六国后获得一块异常珍贵的和氏璧，并将其琢磨成为传国玉玺，上面刻上了"受命于天，既寿永昌"八个字。自秦之后，此玺经常成为一些王朝创建者接受天命的符号，也成了正统王朝的象征。据说元朝统治者在亡国后携带着此玺撤返塞外，故朱元璋不惜兴师动众，志在必得。

明军信心十足，具体布置是分兵三路，以徐达为征虏大将军出中路；李文忠任左副将军出东路；征西将军冯胜出西路，每一路军队的兵力平均为五万人，这个数字不包含那些负责运送辎重以及干杂活的后勤人员。

中路军的任务是从山西雁门关向北进军蒙古和林，扫荡在和林地区的北元小朝廷。东路军由河北居庸关趋往应昌，杀向蒙古腹地克鲁伦河，与中路军形成互相呼应之势。西路军则进军甘肃，作为牵敌之用。

1372 年 3 月，徐达的中路军出塞之后在和林以南的土剌河遇到了老对手王保保的阻击。战局像以往那样呈现一边倒的趋势，明军都督蓝玉担任先锋，一举破敌。首战不利的王保保且战且退，企图与另一路元军贺宗哲部会师，再伺机反攻。

此情此景，北元小朝廷生死系于一线。不断后退的王保保在 5 月间绞尽了脑汁准备选择一个反攻的最佳时机，他深知这时候硬拼是难以有胜算的，要想取胜，必须充分利用蒙古的天时地利来限制敌人的优势，最好是让徐达变成瞎子与聋子，无论拥有多么高明的谋略、战术都派不上用场。

千载难逢之机终于来到了，据蒙文史籍所载，北元军中的蒙古萨满教巫师预知了一场大风雪即将来临的日期，给扑朔迷离的战局带来了变数。王保保果然选择这一天对步步逼近的明军进行全线反击。不难想象两军厮杀的一幕：那时暴风如鞭袭来，呼呼作响；飞雪如刀掠过，点点寒光。咫尺之间天昏地暗，山呼林啸；眼不能见、耳不能闻。战场上的每一个人、每一匹马都艰难地跋涉在厚厚的雪地上，就像木偶一样慢慢移动。两军的将帅都不能像过去那般如臂使指，得心应手地指挥部下，上下级之间已经难以保持联系。在这种情况下，什么谋略、兵法，通通都难以完全按原定计划那样派上用场，将士们很多时候只能各自独立地作战，只能用最原始、野蛮的方式交战，甚至互相撕咬、翻滚打爬。

北元军队中的蒙古士卒在草原中土生土长，这些人天生适应漠北苦寒之地的气候，无形中占了先天优势。

相反，那些来自塞内各个省份的汉族官兵，对塞外严寒天气的耐受程度就要差得多，他们虽然在严明的军纪之下苦苦支撑，苦战到最后一息，但是毕竟人不能胜天，终于，明军纷纷溃退。不过，徐达不愧为名将，能够在失利的情况下指挥部队有组织地后退，并在归途中筑垒自保，收容溃散的官兵，保存了部分实力，然后撤回了塞内。隶属于徐达的汤和所部亦在同年 7 月间于断头山附近迎战元军遇挫，受到一定的损失。《明史》称明军此战"死者数万人"，真正是伤亡惨重。夺取传国玉玺的计划也泡了汤。

这一战，是徐达平生唯一一次惨败。事后，朱元璋因念徐达劳苦功高，没有追究其责任。

这一次，笑到最后的是王保保，他以拙胜巧，利用天时地利充分发挥人类原始的天性与本能，打赢了足智多谋、兵多将广的老对手徐达。但 17 世纪的蒙文史籍《蒙古黄金史纲》却把功劳记在了"必里克图"（即爱猷识理达腊）的名下，该史籍竟将元顺帝的儿子爱猷识理达腊等同于萨满教巫师，称他祭天祈雪，致使风雪大作，"汉军（指明军）士马冻死殆尽"。然而，流传至今的汉文文献资料却对这一战有不同的说法，最具代表性的叙述是在朱元璋给李文忠的一封诏书中，这位开国皇帝认为王保保能够战胜徐达靠的是诱敌深入的战略以及"拐子马"等精锐部队，而根本没有提及萨满教巫师的作用。

不管怎样说，很多蒙古人认为北元这次能够胜利，是与巫师事先预知风雪来临的日期息息相关，可以推测那时仍然有不少巫师活跃在蒙古草原上，并被蒙古统治者所重用。

元朝之所以会亡于明朝，原因之一是蒙古统治阶级始终未能汉化，大多数生活在中原的上层人士仍旧保持着塞外游牧民族的风俗习惯，信奉的是萨满教与藏传佛教，对儒教理论一知半解，难以与汉族的士大

△ 李文忠之像

夫阶层融为一体。需要指出的是，元代藏传佛教只是在蒙古上层社会中流传，而生活在草原上的广大牧民所信仰的仍然是传统的萨满教。当蒙古统治阶级随着元朝的灭亡撤回草原的时候，昔日依附皇室贵族的喇嘛们就如树倒猢狲散一般各奔前程——有的返回了西藏，有的归附了明朝，而剩下来的也在战乱中消失无踪。藏传佛教的影响力一落千丈，而萨满教则取而代之，重新占据了蒙古上层统治者的头脑。

萨满教属于原始的多神教，认为万事万物皆拥有灵魂，而神与人之间的沟通者是擅长"跳大神"的巫师。所谓"跳大神"，是巫师施法时因兴奋而手舞足蹈的一种表现，甚至全身上下出现一阵阵的痉挛，类似这种让人目瞪口呆的一些现象，被认为是神灵附体的结果，从而能够起到预知凶吉，消除灾祸的奇效。当蒙古草原上的封建制度得到完善的发展后，世俗封建主开始采用种种手段从巫师手中夺取与神沟通的权力，其中成功者便成了部落中的首席祭司。政教合一的封建主在战时常常通过举行向天祈祷的仪式，来鼓舞军队的斗志。萨满教至高无上的天神就是——长生天（蒙语"腾格里"），过去，蒙古帝国的开创者成吉思汗以及继承者窝阔台汗、蒙哥汗在出兵与外敌作战时会举行祭天仪式，祈求上天保佑胜利，现在，爱猷识理达腊似乎秉承了这个传统，在与明军进行生死攸关的大决

战中依样画葫芦地干起了同样的事，借以塑造自己的神圣形象。

那时的蒙古人把来之不易的胜利归功于上天的庇佑。无独有偶，出塞的明朝军人也有类似的想法。因为明军也非常重视天文，军中也有精通占卜算卦的佛、儒、道人士。例如上文提到在鄱阳湖之战时，铁冠子、刘伯温等人洞悉天机，并准确地预知天气，以助明军取胜。那么，为什么出征塞外时，徐达所部不能预知风雪所造成的不利影响呢？这恐怕与塞内人士不熟悉蒙古草原的特殊性气候有关。

不过，明代官修的史籍还是隆重其事地记载了明军在出塞时得到上天庇佑之事，只是得到天佑的并非是徐达及其手下，而是李文忠所部。

在李文忠统率的队伍中，有很多是常遇春的旧部，那时常遇春已经死去。这员猛将死于1369年，此前他跟随徐达征战，乘太原胜利的余威北取大同，转战河东，进入陕西，打下奉元路，与另一位明军将领冯胜会师后，再向西攻克凤翔。由于河北形势有变，流窜于长城之外的部分残元军队在元将也速的带领下进入塞内，骚扰通州，严重威胁到北平的安全。"闻鼙鼓而思良将"的朱元璋急召常遇春从陕西前线回师北平备战，从此，他便离开老搭档徐达，奔赴新的战场。当时谁也没有料到，这一次分手竟然是永别！回到北平的常遇春，在朝廷新派来的副手李文忠的协助下，以步骑九万余人的兵力，出塞直捣设在上都的元顺帝小朝廷[1]。明军浩浩荡荡地出塞，像尖刀一般直插向目标，一路经会州、锦州以及全宁，击败了沿途的拦截之敌，占领大兴州，以风驰电掣之势扑向上都，可惜，元顺帝已经提前弃城北逃，故扑了一个空。常遇春还不甘心，向北追击数百里，俘获北元宗王庆生及平章鼎住等将士万余人、车万辆、马三千匹、牛五万头以及一大批后勤辎重，赢得了战事的胜利，一举成为明军中第一个同时攻克元朝两个首都（大都与上都）的将领，而且也是历史上独一无二的。令人始料不及的是，这位将领在创造了军事奇迹后却突然撒手人寰，在统率部队于7月回师暂驻柳河川时，竟然得了暴病而亡，年仅四十岁。他死后，所属的队伍

---

[1] 元朝立国之初就按照游牧习俗拥有两个首都，一个是大都，一个是上都。大都失陷后，元顺帝便带着一班人马迁往上都组织小朝廷以苟延残喘，史称"北元"。

归李文忠管辖，未竟的事业也由李文忠继承。

李文忠代替常遇春之职后，转战陕西等处，频繁亮相在讨伐北元的最前线。其间值得一提的是 1370 年春季，他配合徐达出击逃到应昌的元顺帝，带着十万大军取道野狐岭，经兴和、察罕脑儿、骆驼山、上都等地，于 5 月来到应昌。此前，躲藏在应昌的元顺帝由于连番颠簸劳累而染上了痢疾，一命呜呼。太子爱猷识里达腊突围北逃，其子买的立八剌以及后妃宫人、贵族官僚等数百人沦为俘虏，而宋、元玉玺金宝、玉册、镇圭、大圭、玉带、玉斧等物也被缴获。明军精骑穷追爱猷识里达腊，直至北庆州而还，返程中经过兴州、红罗山等地时，俘虏与纳降了五万余人。这一战基本达到歼灭北元小朝廷的目的，这对常遇春的在天之灵，也是一个安慰。

其后，为了粉碎爱猷识里达腊在和林重新组织的北元小朝廷，李文忠参与了1372 年春的三路出塞之役，他以征虏左副将军的身份率领五万东路军由居庸关趋向克鲁伦河，与徐达向和林前进的中路军互相呼应。正是在这一战中，在徐达被萨满教巫师困扰之后，又发生了李文忠受到上天庇佑的罕见事情。

当时，由于元将王保保集中主力阻击中路军，因此东路军出塞后一路上没有遇到什么强劲的对手，活动于口温、哈剌莽等地的蒙古游牧骑兵纷纷不战而退。

李文忠看见自己的军队没有什么战果，便引用了"兵贵神速"的古训，认为从千里之外的地方远距离奔袭敌人，辎重过多会拖慢行军速度，决定留下部将韩政于克鲁伦河看守辎重，而自己统领大军继续前进。军中每人只许携带二十日粮食，这样一来自然加快了行军速度。当将士们疾驰到土剌河时，终于如愿以偿地碰到了北元大部队。

可是，北元军队稍一接触马上退却，明军穷追不舍，经阿鲁浑河深入到称海地区，意外遭遇敌人麋集的优势兵力。李文忠自忖敌众我寡，遂转攻为守，据险设防，并杀牛宰羊慰劳作战的官兵，还故意放纵缴获的马匹等牲畜于野外，以示军粮充足。元军眼看一时难以打下明军营地，又怀疑对方有埋伏，便稍为退却。李文忠抓紧稍纵即逝之机，在 6 月上旬赶快退兵，但照着原路撤回时却迷了路，只好向东而行，当回到和林附近的桑哥儿麻时，据史册记载，地面上突然发生了奇迹。

那时全军缺水，将士们口渴难禁，为了渡过难关，李文忠以主将的身份默默向天祈祷。这类事在军中比较常见，据《纪事录》的记载，朱元璋称帝之前与陈友谅在鄱阳湖大战时，不止一次执炉焚香，朝天拜祝；而凤翔卫指挥韦正在清剿河州番兵时，也曾经于1369年11月仰天拜祝，他们的目的都是为了祈求保佑，不管这种行为奏效的可能性有多大，但至少在某种程度上能够起到稳定军心的作用。

然而，这一次果真发生了难以置信的事情，李文忠向天祈祷之后，他的坐骑不停地以脚刨地，地面上立即涌出源源不断的甘泉。这个奇迹及时满足了三军的需要，李文忠连忙宰杀牲畜祭祀上天，以报天助之恩。

在将士们的思想里，这个"地涌甘泉"的神迹，明显是上天的保佑所致。不管事情的真相到底是怎样，明军及时找到水源是一个不争的事实，并因此得以顺利地于7月间撤回塞内。

此役，明朝未能摧毁爱猷识里达腊的北元小朝廷。而在出塞的三路军队中，中路军因被王保保阻击而失利。西路军在此期间于甘肃获胜，但战果有限。李文忠的东路军虽然歼灭部分敌人，可自身也遭到了比较重的损失，宣宁侯曹良臣，指挥使周显、常荣、张耀等将领战死，因而不能说是打了胜仗。然而，李文忠所部从居庸关出塞，深入草原腹地，一直打到阿尔泰山的称海地区，仅就行军的路程而言，东西横跨数千里，这个纪录在整个明代都没有人能够打破。《明史》评论这次战事时说的是"两军胜负相当"。全军班师回朝后，诸将都没有得到朝廷的赏赐。

回顾这一仗，最让许多人震撼的还是"地涌甘泉"的神迹，后来，这一非同寻常之事被史官郑重其事地记在《明实录》之中。

为什么那时候的人们会相信"地涌甘泉"的神迹呢？这要从头细说了。因为这种理论与"天人感应"有关，正如国家将要灭亡时，会预先出现丑

∧ 祥瑞图（清初年画）

恶的"妖孽"，在国家将要兴盛时，也会有美好的吉兆预先在世间显现。董仲舒在《春秋繁露》中概括得好："美事召美类，恶事召恶类。"统治者广施仁政，就会受到上天的保佑，如果施政得当，那么上天会降下吉兆进行嘉奖，人间除了会出现地涌甘泉的奇迹之外，还会出现诸如天出云彩、禾生双穗、龙飞凤舞等祥瑞。

"天人感应"的理论随着西汉汉武帝奉行"独尊儒术"之策而一度在政坛上产生举足轻重的影响。可是随着时光的流逝，人们在实践中察觉这种理论经常不符合实际，因而遭到了越来越多的责难。其中东汉学者王充的质疑最为犀利，他研究了历史上一些国家的存亡事实后，指出国君修德不一定会消除天灾，而国祚的长短也常常不决定于政治好坏，并认为"天变"并非是政治上的原因所导致的，只是自然规律而已。在好人不一定有好报，坏人不一定有恶报等活生生的残酷事实之前，"天人感应"的理论被有力地撼动了。

到了元末明初，在各种批评与责难仍未平息的情况下，有人出于政治上的需要，还是要继续鼓吹传统的"天人感应"学说。

对天文学有着浓厚兴趣的明太祖朱元璋在称帝七年后写的《七曜大体循环论》中承认的"朕自起兵以来，与知天文精历数者，昼夜仰观俯察"，到如今已经二十多年了，自以为对天象有一定的了解，可是关于"天人感应"这一套传统的政治与宗教理论，他却始终理不清头绪，并曾经在御制的《问天时》一文中指出古代的一些著名贤君在位时灾害频繁，与"天人感应"的善恶报应观念不合。例如尧这位圣人在位时，世间发生了九年洪涝之灾；而轮到汤这位圣人在位时，亦连续七年大旱，致使天下苍生，吃尽苦头。为此，朱元璋询问朝中诸儒臣，当时"君圣臣贤"执政，可为何"国民之灾，有若是之危"？原因到底是"民不善""君不德"还是"天道"自然运行造成这样的恶劣后果？朱元璋坦言搞不懂"天道"的变化。他上台之后政局不容乐观，自从"元祚移"，天下纷争不已，连续打了十几年的仗，而"水火大疫"也不断肆虐中原之地，令百姓"十丧六七"，虽然近些年来，混战的局面有所改观，越来越多的地方逐渐恢复和平，可是国内仍然时常会发生水旱之灾，他不得不扪心自问，是不是"朕非仁"所致呢？

这位皇帝在一篇叫作《甘露论》的文章中继续探讨"天人"问题，声称古今通言，世有"祯祥、妖孽"，时时应兆而降，比如古代的贤君舜在位时"有凤来仪"，天下太平；而春秋时期的孔子，亦因得知麒麟重现世间而绝笔。总之，无论是"圣人"，还是"愚夫、愚妇"，无不"同心一志"而喜欢"祯祥"，厌恶"妖孽"，可是由于不少人"为善之心不厚"，导致"妖、祯反常"之事层出不穷。例如元朝末年，尽管统治者倒行逆施，却出现了黄河之水变清以及天降甘露等祯祥事迹，这类反常的现象实在让人猜不透天机！因为按照"天人感应"的理论，本来应该出现"妖孽"，不料反而出现了"祯祥"，本来应该出现"祯祥"，不料反而出现了"妖孽"，这种现象持续下去，使人不免"日夜忧惶"，不知所措。言下之意是，世间即使出现"祯祥"，统治者也不必要为此而洋洋自得，而是继续要兢兢业业地做事，那么福气自然迟早会来到；即使出现"妖孽"，只要肯改过自新，则其祸自消。故"前代忠臣"以及有识之士，若知道有妖魅作怪，必提醒君主"宵衣旰食，以回天意"，若见"祯祥"之事，则提醒君主不要一厢情愿地认为这是自己的好兆头，因为天意难测，而"天恩"虽降，但有可能惠及的只是他人。巧合的是，1375 年（明洪武八年）冬 11 月 18 日这一天，朱元璋在斋宫祭祀上帝时，发现坛场附近的松树有甘露凝枝，君臣用口品尝后觉得甘甜如糖，可是这件"祯祥"之事反而令朱元璋警惕起来，并自我反省道："天恩下坠。"不知因何事以及惠及何人？如果为此而沾沾自喜，让"居安思危"之心有所松懈，那么反而有误国事。故此，他自称："闻祥而忧，睹祯而患。"因而昼夜"如履薄冰"，不敢认为天降甘露一事必然会惠及自己。

尽管朱元璋始终未能彻底弄清楚天人感应的机理，可是当政治上需要时，仍然会毫不踌躇地利用这一学说。李文忠所部在桑哥儿麻发生的事就是一个好例子。

值得深思的是，从塞内外发生的一系列战事中可以看出，无论是明人还是蒙古人，都乐于祭天，祈求上天的帮助。1372 年爆发于塞外的那场大血战中，在土剌河击败了徐达所部的蒙古人，自以为是凭着萨满教的巫术"祭天祈雪"而得到上天之助，从而顺利克敌制胜。在此期间，转战到桑哥儿麻一带的李文忠所部因"地涌甘泉"而缓解了缺水的危机，同样也把这一奇迹归功于上天的保佑。此时此刻，敌对的双方各执一词，自以为得天独厚，那么，上天究竟是帮助蒙古人还是明人呢？种种迹象揭示，上天不会偏袒任何一方，要想成功往往还是得靠人自身的努力，正像那句著名的谚语所说："天助自助者。"

　　有趣的是，桑哥儿麻发生的神迹在 1388 年（明洪武二十一年）的捕鱼儿海之战再次应运而生，显示"地涌甘泉"这类事情一再出现绝非偶然。

　　在捕鱼儿海之役发生之前，明军中已经有多位文武官员的形象被人为地神化了，文人是以刘伯温、铁冠子为代表的奇人异士；武将是以徐达、常遇春为代表的入祀"功臣庙"的武将。但是当朱元璋登基后，便逐步巩固并加强了自己在神坛中的核心地位，以致到后来，在他的耀眼光彩之下，无论是铁冠子、刘伯温，或者是徐达、常遇春，都无不黯然失色。朱元璋亦开始根据需要显露神迹，以证明新朝是天命所归。比较显著的例子是在 1388 年的捕鱼儿海之役。

　　捕鱼儿海之役发生在元朝灭亡的二十一年之后，即使时间过了这么久，爱猷识里达腊与王保保也先后去世，可元朝的残余势力仍旧奉新君脱古思帖木儿为首，流窜于塞外自树一帜。明朝实行犁庭扫穴的战略，多次派遣大军深入大漠南北，与负隅顽抗的蒙古诸部进行殊死的较量。其中，具有历史转折意义的一次战事发生于 1388 年上半年，而北元小朝廷的最后时刻也即将来到。在这场战事打响的前一年，明将冯胜、傅友德、蓝玉率师二十万北征辽东，迫使北元辽阳行省的负责人纳哈出率所部二十万人投降，此举使游牧在东蒙古地区的北元小朝廷益加孤立，为其走向最后的覆灭奠定了基础。

　　朱元璋乘辽东获胜之机，命令蓝玉为大将军，率师十五万出塞，意图将残元势力一网打尽。

　　1388 年 4 月 9 日，跋山涉水的明军一路深入敌境，千辛万苦地来到游魂南道，不幸的是，这个地方因干旱而难觅水源，致使全军将士的喉咙干得像着了火一样，难以忍耐。这时奇迹出现了，在归顺的蒙古军官观童的宿营地西北面，有一些军人突然听见类似炮响的声音，经过进一步细心观察后，发现一股泉水涌现于附近的山

∧蒙古军人

∧ 冯胜之像

∧ 傅友德之像

丘之间，好像小溪一样滔滔不绝地四溢。消息传开，全军顿时欢呼雷动，人人无不尽情痛饮，困乏顿消。

不过，将士们还是觉得事有蹊跷。世间怎能有这样巧合之事，偏偏在这个节骨眼出现了部队最需要的水源。众人思前想后，皆认为这是托朝廷之福，并将原因归于上天的保佑。

事实的真相似乎也正是这样，根据《明实录》等史书的记载，身处南京的朱元璋刚好在此期间做了一个梦，梦见宫殿的西北隅有一座小山，而小山的旁边突然涌出了一股泉水，泉水源源不断地向下流，一直流到朱元璋的脚下为止。《明实录》的作者据此断言皇帝发的这个梦与塞外明军遇见泉水的事有关系。根据儒家天人感应的理论，如果天子广施仁政，那么天会降下祥瑞，人间会出现地涌甘泉的吉兆。如今真的在军营出现了这样的祥瑞，难道不正是要归功于朱元璋这个真命天子的施政得当吗？

部队向朝廷报告祥瑞，而朱元璋来者不拒，心安理得地将塞外军营出现泉水之功据为己有。执政者反复向军中将士宣传这些神迹，认为有必要通过这类事迹来操纵军心。其目的当然是要让军人服从皇帝英明睿智的领导，树立起从胜利走向胜利的信心。

不管怎么说，明军得到水源后便有了继续前进的动力。12日黎明，蓝玉侦察得知北元小朝廷流窜到捕鱼儿海东北方向80余里以外之地，正在宿营，便以王弼为先锋，率部直扑过去，立马打了对手一个措手不及。此战，明军如秋风扫落叶一般获得大胜，疲于奔命的北元军队全线崩溃，损失了十多万人。脱古思贴木儿这位蒙古新大汗指挥部下抵抗了一阵，最后发现于事无补，只得带着太子天保奴以及少数随从，骑乘数十匹战马逃出了包围圈，在逃亡的路上被手下弑杀。

北元小朝廷于捕鱼儿海覆没后，蒙古草原在长达五十年的时间里陷入四分五裂的局面，对明朝的军事威胁大减。而明朝取代元朝的战事亦暂告一段落，朱元璋在历史潮流中脱颖而出，有惊无险地完成了从僧人到开国皇帝的整个蜕变过程，也成为军中新的精神领袖。

功成名就

明军北伐大都，灭亡元朝后，陆续控制了山西、陕西、甘肃等地，又挺进东北，出征塞外，在追剿北元余部的同时也分兵突入福建、广东、广西与四川，消灭了以明升为首的夏政权等地方封建割据势力，肃清白莲教残部，一路打到云贵的边陲之地。经过二十多年的努力，总算基本完成了统一大业。

朱元璋脚踏实地施政。《明实录》记载了他说的一番意味深长的话："身为皇帝，能够清心寡欲，辛勤执政，不做无益的事，不穷折腾，使人民能够安居乐业、丰衣足食，享受太平的乐趣，这样的皇帝就是神仙。丰功伟绩记载于史册上，声名流传于后世，这样的皇帝无异于长生不死。"这一段以史为鉴的话交代清楚了统治者治国的理念，就是尽量不干有违儒家观念的旁门左道之事。

朱元璋当上皇帝后觉得自己过上了神仙般的生活。他也没有忽略那些跟着自己出生入死的老部下，准备采取妥善的政策保证这些人在现有的条件下过上天堂般的生活，一言以蔽之，就是优待武将。因为明朝的天下主要是靠武将打下来的。

朝廷论功行赏、优待武将的具体措施之一是封官晋爵。明初获封公、侯、伯的开国功臣共有徐达等三十六人，其中有六个公爵、二十八个侯爵、两个伯爵，此外还有征西功臣十二人，皆享受侯爵待遇。中国传统的儒家文化具有"上下有异，贵贱有分，长幼有序"的等级制度思想，所以能够高高在上、颐指气使的永远只是一部分人。

值得注意的是，在封公的六个人当中，仅有中书左丞相李善长是文臣，而封侯的文臣一个也没有，这是因为大明的法律规定"文臣不许封公侯"，只有生前"出将入相"，能为国尽忠铲除大患，立下同开国元勋一样的功劳才能例外，这样苛刻的条件，自然对文臣形成了严重的限制。除了李善长这个硕果仅存的公爵之外，还有两个文臣是伯爵，他们分别是右丞相汪广洋与御史中丞刘伯温。总而言之，在这一群新生的贵族之中，只有三个人是文臣。

可见，明初朝廷奉行的是重武轻文的国策。开国武臣的地位确实尊贵，他们依靠优厚的待遇惬意地生活着。比如朝廷发给公侯们数额很高的俸禄，还按级别分配房产，并经常以"庄田""勋臣田"等各种名义赏赐大量田地以及佃户，使他们个个成为大富翁。

这些大富翁常常受到皇帝特殊的关怀与额外的照顾，例如，明朝法律规定犯罪官员家中的女眷，如果有没收入官府之中抵罪的，只能分配给功臣为奴，不许分配给文臣。当时丞相胡惟庸（李善长辞职后的继任者）与政府六个职能部门（即吏、户、礼、兵、刑、工六部）的官僚违反了这一规定，把一些没收入宫中的妇女配给文臣为妾为仆，在朱元璋发觉后被处重罚。

朱元璋对中下级武官也不赖，制定政策在地方建立了卫、千户所、百户所等各级军事机构。军事机构的职位有九级，分别是卫指挥使、指挥同知、指挥佥事、卫镇抚、正千户、副千户、百户、试百户、所镇抚，朝廷规定上述级别的武官皆可世袭，让他们的子孙后代都有机会吃皇粮。相反，各级文官则不许世袭。

由此可知，在元末揭竿而起的千千万万人当中（包括白莲教徒），经过大浪淘沙般的残酷竞争、淘汰与重组，能够在尸山血海之中有幸生存下来的，现在基本都可以在军队中捞上个一官半职，都可以在一个比较安定的社会秩序中度过余生。

战争正在结束，和平慢慢来临。朱元璋由于治国的需要，考虑在老百姓中选拔一些贤能的人做官（主要是文官），让他们均沾雨露之恩。

明初文官的地位虽然比不上武臣，但至少比元朝要好。因为官员们在选拔与升迁时，不再受到民族与出身的限制，他们之中长袖善舞的人或许还可以利用当官的机会在社会中左右逢源，发一点小财。各级官员总的来说是生活得有滋有味，尽管在朝廷的严刑峻法之下有点战战兢兢。

普通士兵与老百姓也尝试习惯在新政权的统治下过活。他们肯定不会看到白莲教徒在起义之初所预言的人间天堂，因为白莲教的人间天堂与儒家的理想社会不同。

《礼记》这部经典著作对儒家理想社会有很好的描述，其中一些言词已经脍炙人口。比如，"大道之行，天下为公"，"老有所终，壮有所用，幼有所长，鳏寡孤独废疾者皆有所养"等等。在这个理想的社会中，天下为百姓所共有，人们把有贤德与才华者选举出来给大家办事。每个人都讲诚信，崇和睦，不仅仅奉养自己的父母与子女，还要兼顾他人的父母与子女。总之，人人都有适当的工作，都能过上幸福的家庭生活。不会有人作奸犯科，家家户户都不用关上大门防贼。这就是"大同"社会。可是，就连《礼记》也承认"大同"社会过于理想，不容易做到，因而可以降低标准，过一种"小康"社会。简言之，这个社会的特点不再是"天下为公"，而是"天下为家"。权力虽然是世袭的，但以礼义为纲纪，使君臣关系得到确定。人人虽然都有私产以及私心，但是各自亲切地对待亲人，父子、兄弟与夫妇也能和睦相处。社会上各种制度比较完善，贤明勇敢的人得到起用，为国家建功立业。如果当政者不以身作则，所作所为不符合礼、义的原则以及不能做到赏罚分明，就会被百姓抛弃。这种社会叫"小康"。

刚刚建立的明朝与"大同"社会有天壤之别，也不会全部符合"小康"社会的标准，但朝廷君臣还是努力施政，以改善民生。由于从元末开始的战乱持续了二十多年，人口减少，土地荒芜，因而各地官府针对性地采取移民屯田与开荒垦地的办法，不断组织军队与平民耕种。这种鼓励屯田的办法重新调整了元末以来不合理的土地分配关系，使得原来大量无田的人有了田，而少田的人有机会获得更多的耕地，调动了生产的积极性。军队也成了开荒垦地的受益者，在政府推行的减征、免征以及提供耕牛农具等一系列优惠政策的支持下，军屯面积不断扩大，而生产的粮食也让越来越多的驻军过上了自给自足的生活。

朝廷实行合理的赋税制度，加大吏治的力度，采取种种措施压制地方上的豪强地主，使地主与农民的阶级矛盾得到一定的缓和。因而农业生产得到了恢复和发展，工商业也日益繁荣。普通老百姓总算也能够过上日出而作，日落而归的和平日子了。混得好一点的人，其生活还能达到"老婆、孩子、热炕头"的水平，有点"小康"的味道，与兵荒马乱恍如隔世。

显而易见，朱元璋所欲营造的人间天堂与白莲教徒憧憬的人间天堂有重大区别。例如白莲教认为，弥勒出世时人间天堂就会出现，那时人类的寿命高达八万四千岁，仅仅这一点，在现实社会中无论如何也办不到。难怪朱元璋会痛批弥勒佛信仰的荒诞不经，指责起义的白莲教徒是"误中妖术"。这位皇帝对天堂般的生活有自己的理解，并在一篇《拔儒僧入仕论》的文章中透露了自己对天堂与地狱的看法，其中说道："天堂与地狱现在都昭然若揭地出现在世人面前，只是世人尚未知道而已。现在的人间天堂，好比老百姓当中那些贤良公正、遵纪守法者……这些人一旦有机会当官，辅助皇帝治理国家，便可以名扬当世、惠及家人，真是一人之下，万人之上啊。他们住在高楼大厦里面，有妻妾朝夕迎送，这难道不是天堂一般的生活吗？话又说回来，假若老百姓当中有一些顽固不化、作恶多端的人，他们当上官吏后贪赃枉法，欺骗君主，虐待平民，天网恢恢，必然疏而不漏。当他们受到法律制裁的时候，身躯系上枷锁而被关在牢狱里面，不能与亲友团聚，或者因为刑具加身的缘故而痛不欲生，哭泣之声难免呼天动地，结果是死于非命，这难道不是地狱一般的生活吗？"也就是说，有机会过上天堂般生活的主要是官僚集团人士，他们要想保持现状就必须要贤良公正、遵纪守法，否则会因一念之差而酿成大错，坠入万劫不复的深渊。正是"一念天堂，一念地狱"！由此可知，朱元璋所营造的除了具有明朝特色的人间天堂之外，还另外建成了一个地狱，只是这个地狱与元朝统治下充满了阶级压迫、民族压迫的人间地狱不同，它是专门给贪官污吏、违法乱纪者准备的。

同理，那些跟着朱元璋打天下的开国功臣们是有资格过上天堂般的生活。不过，他们如果触犯法律也会受到制裁，身陷囹圄，转眼间便会从天堂坠入万劫不复的地狱。

朱元璋颁给了开国功臣当中的一些人可以免死几次的铁券（只有谋反不能免死）。然而，并非所有的人都能够善始善终。比较有代表性的是地位仅次于朱元璋的韩国公李善长，此人因涉及大逆不道之罪，致使全家一门数十口被杀。德庆侯廖永忠、凉国公蓝玉等人亦因犯有僭越以及谋反之罪而被处以极刑。文武勋旧接二连三地落入法网，受到牵连的人有成千上万。千秋功罪，任人评说。有的人认为是他们持功骄纵而咎由自取，还有的人认为朱元璋诛杀功臣是玩弄"飞鸟尽，良弓藏，狡兔死，走狗烹"的把戏。甚至，有些光怪陆离的说法与迷信有关。

为什么会与迷信有关呢？

原来，明朝的开国君臣已经被神化了。中国传统的宗教观念有"天地对应"的思想，即是天上的星与地上的万物对应。天帝位于北极星附近，周围一带的星空名叫"紫垣"，故此，人间皇帝住的地方也与"紫"字有关，比如明朝的皇宫就叫"紫禁城"。根据《开元占经》诸书的记载，文武百官在天上也有星座，代表文臣的星称作"尚书""九卿内座""大理""天相"等；而代表武将的星则有"天大将军""上将""郎将""虎贲""车骑"等。这些星星的光泽如果是明亮稳定的，就表示人间的朝廷上下行政正常，如果星的色彩异常或者出现跳动以及移位，则表示人间的朝廷出现不安定的因素。按照儒教"天人感应"的理论，假若皇帝身边出现了奸臣，那么天象就会示警，人间就会出现灾祸。因而历史上有很多皇帝便以天象有变为借口而惩罚、诛杀朝臣，希望能够改变天意。而这些朝臣也往往为此背负了奸臣的骂名。就以明朝名臣李善长为例，当时社会上流行着一种说法认为他的死与天象变化有关的说法，以致后来朝中还有人据此为李善长叫屈，上书劝告朱元璋不可以擅自杀害大臣以应天象。这件事明明白白地记载在《明史·李善长传》中。

就连死于1385年（明洪武十八年）2月的徐达据说也与星变有关，《明史》记载徐达死前一年，出现了"太阴犯上将"的星象。所谓"太阴"是指月亮，而"上将"是"太微垣"（星空名称，这一带是天帝办公的处所）之中的一星，根据古代天人感应的理论，这次月亮运行，会克死人间的大将。徐达果然在这一年背部生痈疽，病倒在北平，直到第二年死去，享年五十四岁。名满天下的战将竟然平淡无奇地病死于床上，也许这种与普通老百姓无异的死法满足不了一些人的猎奇心理，于是种种荒诞不经的传闻便应运而生。其中流传最广的是明朝学者徐祯卿收录在《翦胜野闻》里的八卦传闻，内容宣称朱元璋畏惧徐达功高震主，遂乘其患病之机，赐以蒸鹅。中国民间传说鹅为"发物"，背上生痈吃鹅会加重病情。徐达明白朱元璋赐死之意，当着使者的面流泪将鹅肉吃完，其后毒发身亡。从现代科学角度来看，蒸鹅会促使背疽毒发并无依据。而从当时的军事形势判断，北元小朝廷仍在塞外时不时搞点小动作，正是朝廷重用徐达之时。所以，《翦胜野闻》记载的这则传闻可信程度不高。

事实的真相是，朱元璋对徐达的感情始终非常好，他称帝后在自己的旧居旁边为徐达修建住宅，并尊称徐达为"徐兄弟"，因而两人被史书誉为"布衣兄弟"。徐达死后，《三家世典》记载朱元璋在殿前痛哭问天："太阴屡犯，上将想不到突然殒命，老天为何这样迅速夺去我的将领！"按照明朝制度，异姓之臣生前的最高爵位只能封公，立大功者要等到死后才可以封王。徐达生前的爵位是魏国公（由信国公改封，时间在明朝建立后），

∧ 沐英之像

死后便被追封为中山王，赐谥"武宁"，其葬地在南京钟山。碑文由朱元璋亲自撰写，文中盛赞徐达为人言简意赅，不居功，不自夸，治军号令严明，诸将敬若神明，行军打仗能够做到攻城不屠，无论何时何地都不贪美色，不取财宝，因而是一个忠志无疵，光明可比日月的完人。徐达顺理成章地进入了神坛，被奉祀于太庙，位置在诸位功臣之首，是名副其实的开国第一功臣。

毋庸讳言，朱元璋作为一个严厉的君主，只要有借口，杀起功臣来是毫不手软，他在位期间，能够保持晚节的文武者屈指可数。正如他过去曾经说过，臣

∧ 汤和墓

∧ 汤和墓里的画像

子们住在高楼大厦里面，有妻妾朝夕迎送，如果遵纪守法，便可以名扬当世，惠及后人，过上天堂一般的生活。而在开国功臣之中能够保持晚节的除了徐达之外，还有汤和、沐英等少数人。其中汤和通过察言观色揣测到朱元璋不愿意异姓功臣长期拥兵在外，以免构成尾大不掉的心意，主动交出兵权，辞职回乡养老。他居住在朝廷专门建筑的大宅里面，享受着优厚的俸禄，过上了天堂般的生活，直到1395年8月才死去，时年七十，是保全晚节，善始善终的典范。

入祀太庙——功臣们的归宿

《左传》称"国之大事，在祀与戎"。由此可知，祭祀对古代国家的重要性不言而喻。自周代之后，国家关系逐渐演化为两大系统，其一是祭天；其二是祭祖。①

祭祖起源于氏族社会的祖先崇拜。远古时候的人认为祖先的神灵有能力在冥冥之中对氏族事务进行某种程度的影响以及支配，因而产生了各种祭祀活动。此外，传统的宗教认为人死后变成鬼神时，会过着和生前相似的生活，也需要及时供应食物，因而定期祭祀是非常必要的，不然的话，鬼神会挨饿。

出于神道设教的需要，儒教的主流思想并不否认鬼神的存在。明太祖朱元璋的态度很明确，他在《鬼神有无论》中认为世间一些不幸的夭折者"因人事未尽"，或存冤情或留恨意，魂魄便会作祟，化为鬼神时隐时现。显然，这位君主对无神论的观点很反感，并质问持类似观点的大臣，说"卿云无鬼神"，是否"将无畏于天地"，甚至不祭祀祖宗呢？流露出强烈的不以为然的态度。

一代宗师朱熹早就试图从理论上解决鬼神问题，他认为子孙祭祀祖先时有可能会感受到鬼神的存在，因为彼此之气相同，故存在互相感应的理由。《朱子语录》记下了他的话：举行祭祀仪式时，死去的祖先与活着的子孙彼此"毕竟只是

---

① 前者可简称为"效祭"，后者则简称"庙祭"。

∧ 朱熹之像

一气，所以有感通之理"。他亦不否认灵魂附体的可能性，证据是世间有"鬼神"附于"生人"而"说话者"以及"祖先降神于其子孙"的事发生，这些事类似于巫师降神，"皆气之相感，所以神附之也"。故此，百姓祭祖与天子祭天一样，都具有宗教意味，归根结底都源于同气相应的理论。

构成古代社会的基层组织是宗族，任何个体都是整个宗族的组成部分。如果在祭祀祖先的过程中能够培养出具有宗教色彩的庄严敬畏的心态，那么就可以把祖宗崇拜转化为一种精神力量，并以伦理道德或宗法制度等方式保障宗族内部的等级秩序，使人与人之间的血缘与乡土观念得到增强。正像顾炎武在《日知录》中所说："天下之宗子（一般指宗族内部有资格主持祭礼的嫡长子）各治其族，以辅人君（皇帝）之治。"

天子既是天下共主，又是天下大宗，他不但要祭天，而且要祭祖，形成了"奉天法祖"的政治传统。故而历朝统治者非常重视祖先的宗庙，史书记载历朝历代的兴废常常以皇家宗庙的存亡为标志。明朝皇帝恭奉祖先的宗庙就是太庙，而明朝皇帝祭祖时享有不同于普通人的特权，朱元璋在建国后反复斟酌宗庙之制，规定皇帝可在太庙内祭祀九代祖先，而官民在家庙只可祭祀四代祖先，这个规定得到长期的执行。因而太庙无疑是普天之下最神圣、耀眼的祭祀祖宗场所。

不过，太庙里恭奉的牌位除了姓朱的之外，还有异姓之人。这些异姓之人都是那个时代的出类拔萃者，正如《孔丛子》引述孔子所言："古之王者，臣有大功，死则必祀于庙。"目的是为了"殊有绩，劝忠勤"。朱元璋在建国伊始已经着手干一些为异姓功臣树碑立传的事，前文已经提过，他曾经说过如果能够做到"丰功伟绩记载于史册，声名流传于后世"，那就无异于"长生不死"，并在明朝刚刚建立的第一年便于南京的鸡笼山上建造了"功臣庙"，表彰在统一战争中有功的将士。庙中除设立徐达、常遇春、李文忠、汤和、沐英等二十一名高级将领的

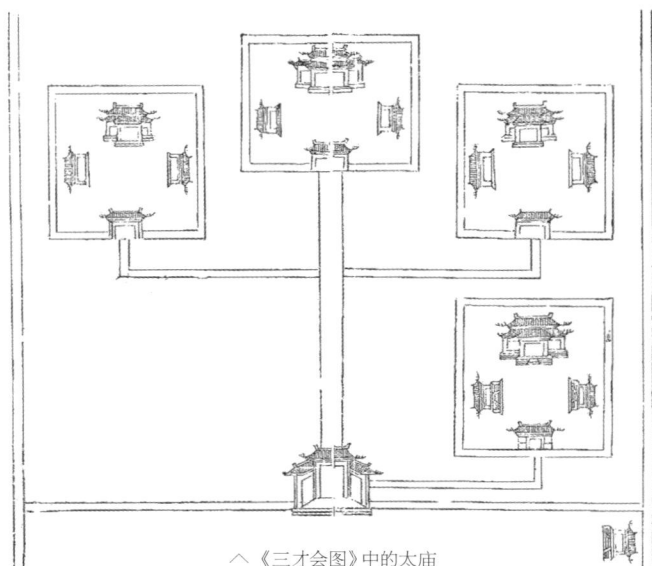

∧《三才会图》中的太庙

牌位之外，还设立有"故指挥、千百户、卫所镇抚之灵"等中下级军官的牌位。朝廷特别公祭这些军人，以示优待。此外，地方政府也建立神祠祭祀有功德于民的忠臣与烈士，例如，冯国用、曹良臣、孙兴祖、花云等一大批开国将领，分别在南直隶、河南、山东、山西、浙江、陕西、江西、湖广、四川、福建、两广与云贵地区，享受地方官员的拜祭。

当然，国家的公祭比地方公祭重要，而在全国各地的庙宇神祠中，最具有举足轻重的影响力的是太庙。这个中国皇帝供奉祖先的家庙，历来在古代的传统宗教中具有举足轻重的地位。就以军队为例，在发动战争之前，无论是皇帝亲自挂帅，还是朝廷遣将出征，都要在太庙等宗教场所举行包括告祭在内的宗教仪式。战争结束后，军队归来时也要在那里进行奏凯、献俘等活动。在家国不分的古代社会，做臣子的死后能够入祀太庙，与先帝一起享受国家的公祭，更是至高无上的荣誉。

死后能够入祀太庙陪伴着先帝的臣子，生前肯定是以仁义闻名于世，并具有忠孝等优良品质的典范人物。虽然历代入祀太庙的名臣并不总是与战争有关，但明朝是例外，能够入祀太庙，与朱家祖先的牌位一起享受国家公祭的，全部是在战争中成名的名臣，而且主要以武将为主。

对于明朝开国武将而言，有资格入祀功臣庙并不代表有资格入祀太庙。能够入祀太庙的人选几经筛选，最初只有十二人，其中徐达、常遇春、李文忠榜上有名，此外，汤和、邓愈、沐英、俞通海、张德胜、胡大海、赵德胜、耿再成、桑世杰也入选。顺便提及，俞通海、张德胜、胡大海、赵德胜、耿再成、桑世杰六人是在明朝建国前后以身殉职的。

在战争中，死亡是司空见惯的事。而军官身上肩负的道德责任比普通士兵更重，所以君主对其的要求也更高。能够以身殉职的军官，大多数会被贴上"义士""忠臣"等标签。儒教在这一点上，是不以成败论英雄的。因为儒教与很多其他的宗教信仰一样有以身殉道的观念。早在春秋战国，在儒教中地位仅次于孔子的"亚圣"孟子提倡"舍生取义"，即为了正义，连生命也可以放弃。儒家典籍《礼记》中也明确记载："谋人之军师，败则死之。"大致意思是说指挥军队的军官，战败就要以身殉职，以承担应有的责任。

到了宋代，以身殉道的观念更加深入人心。例如北宋士大夫欧阳修编写《新五代史》时，专门增加了《死节传》与《死事传》，以表彰殉道的忠义之士，使之名留千古。而随着程朱理学的盛行，"君为臣纲"的思想更加深入人心，臣子事君应该舍生取义的思想越来越成为各个阶级人士的共识。

明朝开国皇帝朱元璋推崇程朱理学，自然也需要在军中树立一批舍生取义的忠臣，作为榜样。按照儒教观念，流芳百世等于长生不死。而朝廷褒扬战死者的目的，不言而喻是为了鼓励更多人视死如归，让更多的将领以马革裹尸为荣。虽然以身殉职的将领在死后通常会被朝廷追授荣誉，不过，并非所有的死者都能够入祀太庙。忠臣要想入祀太庙，还有其他的因素的限制，例如个人的资历、影响力以及做出的贡献等等。俞通海、张德胜、胡大海、赵德胜、耿再成、桑世杰六人，他们虽然与徐达、常遇春、李文忠等开国将帅相比，

∧ 孟子画像

∧ 俞通海之像　　　　　∧ 张德胜之像　　　　　　　∧ 赵德胜之像

生前的地位没有那么显赫；战绩也没有那么辉煌，但作为在战争中牺牲的无数将士的代表，入祀太庙是实至名归。

　　能够陪祭太庙的开国功臣长期以来仅有这十二个雄赳赳的武将，他们的牌位守护着朱家祖先的牌位，成为军队中步入神坛的代表性人物。一些有资格入祀太庙的开国功臣，同样也可以入祀地方政府建立的神祠，例如，《明会典》记载，徐达不但是入祀太庙的功臣，同时也是南京、北平等处官员祭祀的正神，在祭祀系统中的地位就更加高了。

第三章

王者风范

山雨欲来风满楼

风云突变，明朝开国皇帝朱元璋于 1398 年（明洪武三十一年）闰五月去世，由于太子朱标早死，继位的是长孙朱允炆，史称"建文帝"。

建文帝刚上台便与亲信大臣齐泰、黄子澄等人积极推行新政，摒弃前朝旧政，而其中"削藩"政策，更是在政治上引起激烈的动荡。

原来朱元璋生前为了防止大将专权，采取了两手准备，一手是用严厉的手段惩治居功自傲的武臣宿将，除掉武将的势力；另一手是分封诸子为藩王以镇守各地，逐渐将地方上的军权从武将转移到藩王的身上，加强皇室在军队中的影响力。这两手准备对于朱元璋来说是相辅相成的，他先后以谋反、犯禁等罪名诛杀廖永忠、胡廷瑞、蓝玉、冯胜、傅友德等功臣的同时，又把多个儿子封为藩王，分散驻扎于各地，其中实力比较雄厚的是沿着长城内外就藩的晋、燕、宁等九王。朱元璋还在亲自制订的《皇明祖训》中规定，朝廷之中一旦有权臣擅权而架空皇帝，在外的藩王可以奉旨举兵进京"清君之侧"，也就是使用武力清除权臣。因而在外的藩王们虽然原则上不干涉地方民政，可是肩负着辅助皇室与抵御外敌的责任，他们拥有的护卫亲兵多则过万，少也有数千，同时还能够插手地方军务以及在战时号令地方驻军，掌握着不容忽视的军事权力。在朱元璋去世后，世袭镇守地方的一些藩王隐然已有割据之势，渐渐地与朝廷分庭抗礼，对皇权构成了威胁。

∧ 明孝陵神道

故此，建文帝刚上台就与亲信大臣齐泰、黄子澄等人日夜商议如何执行"削藩"之策，实是迫于无奈之举，朝中君臣首先拿平日在地方上多行不法之事的周、齐、湘、代、岷等王开刀，将周、齐、代、岷诸王废为庶人，而湘王则畏罪自杀。

新政策雷厉风行，在不到一年的时间里，就有五位藩王被削，可以预计，还会有更多藩王受到牵连。其中受封于北平的燕王朱棣因实力强大而日益受到朝廷的猜忌，随时可能会成为"削藩"的下一个目标。

〉 黄子澄之像

朱棣是朱元璋的第四个儿子，他生于 1360 年，比建文帝大十七岁，是一位面貌奇伟，美髯飘飘，非常有男子气概的人物，绝非生于深宫之中，长于妇人之手的纨绔子弟。知子莫若父，当初朱元璋让朱棣就藩北平这个边陲要地，看中的就是他过人的品质。朱棣治军也深得朱元璋的真传，在镇守之地能做到推诚任人，故得到军中将士的拥护。他胸怀大志，智勇兼备，曾经在边疆亲历战阵，取得辉煌的战绩，最广为人知的事迹是在 1380 年（明洪武十三年）与晋王一起出塞讨伐蒙古贵族乃儿不花的部落，当晋王在途中因胆怯而进军缓慢时，他却加快速度直趋敌营的所在地迤都山，最终夺得首功，大获全胜而还，事后得到了朱元璋的赞赏。现在，秦王朱樉、晋王朱棡等年长的兄长先后病死，朱棣无论是年龄还是资历，在朱元璋的诸子当中都俨然成为首屈一指的人物。

了解朱棣的人都知道像他这样的天之骄子，是不甘束手待毙的。事实上，朱棣也做好了破罐子破摔，与朝廷拼个鱼死网破的准备。

这时坏消息一个接一下地传来，先是朝廷派遣得力大臣到北平任职，以监视燕府动静；接着以防御蒙古入寇为名，抽调燕藩的部分亲兵出塞镇守开平，并采

^ 《道德经》插图

取措施削减了王府的护卫。其后，朝廷又增兵于山海关，并选将练兵于临清，形成对北平的钳制之势。

面对朝廷的步步进逼，朱棣正处于如何应付的十字路口，他身边的谋士也纷纷献策，敦促其早做决定。

这些谋士当中最为朱棣所信任的不是儒家学者，而是一位俗名叫姚广孝①的高僧。

姚广孝于1335年（元元统三年，至元元年）出生在苏州府长洲县的一个行医家庭中，从小接受过儒学的启蒙教育，但他既不愿继承祖业习医，也不愿做一个舞文弄墨的儒士，而是在十四岁的时候选择了出家。元代的统治阶级崇尚佛教，故僧人的社会地位与儒士相比有过之而无不及。特别是那些管理寺庙以及和上层贵族打得火热的僧官，出入扈从如云，蔚为大观，曾经给年幼的姚广孝留下深刻的印象，据说他情不自禁地感慨"原来做和尚也可以这样富贵"，因而年龄稍长便执意出家，在故乡的妙智庵当了和尚。

妙智庵并非名声响当当的寺院，也没有什么佛学名师。姚广孝为了增广见闻，便出外四处游学，拜师访友，使佛学知识大有长进，渐渐地在江浙佛教界有了一定的名声。他不但精研佛学，还涉猎儒、道，一方面与浙江的文学儒雅之士往来酬酢，写诗赋文，互相唱和；另一方面与道教名宿相交甚密。例如他曾经向比自己年长的著名道士席应真学习阴阳术数与兵法，尽得其秘术，为日后辅助明君打下了良好的基础。

姚广孝身在佛门，却不甘寂寞，广交奇人异士，胸怀济世安邦之志，难免在言行举止之间流露出自己的抱负。《明史》记载他有一次游览嵩山寺，遇见了当世有名的神算子袁珙。袁珙当场给他相了一卦，道："你是哪里来的异僧！生得

---

① 其法名叫"道衍"。由于姚广孝这个如雷贯耳的名字在历史上已经广为人知，故文中提到这位高僧时一律称作姚广孝。

一双三角眼，形状体态如病虎，必然嗜杀成性！"众所周知，佛教力戒杀生，袁珙却一言惊人地指出姚广孝是位嗜杀成性的和尚，真是不怕得罪人。不过，在随后的言谈中，这位神算子又恭维了姚广孝一番，将之比喻为历史名人刘秉忠。

刘秉忠是元朝名臣，年轻时饱读诗书，后来弃儒归释，与浮屠禅师云游四海。元世祖忽必烈在尚未登基之前广泛招揽人才。而"于书无不读"的刘秉忠因精于天文、地理、律历、奇门遁甲之类而受到赏识，被引入藩邸，成为幕僚。忽必烈称帝后，刘秉忠进入了核心决策层，参与制订国家的各项规章制度，甚至连元朝的国号"大元"也是他参考《易经》中的"大哉乾元"而提出的，最终被忽必烈所采纳。忽必烈对刘秉忠的治国才华表示满意，并对其学识进行过评价，称"其阴阳术数之精，占事可知未来。君臣相体，配合默契。这些只有朕知道，别人是不会了解的"。袁珙把姚广孝喻为刘秉忠，着眼点在于两者都是身为释道中人，却留心世事而志在安邦定国，欲成就一番伟业。对于姚广孝来说，为了达到以霹雳手段，显菩萨心肠的目的，即使以尸横遍野为代价也在所不惜。难怪多年以后，姚广孝劝说朱棣造反时说出了"臣只知天道，不讨论民心"这样铁石心肠的话来。所以，有知人之明的袁珙用嗜杀成性来形容这类傲视天下的政治人物，实不为过。

在神算子袁珙面前，姚广孝觉得没有什么值得隐瞒的，所以也就默然自许了。

元末群雄并起。姚广孝的故乡处于张士诚的控制之下，但这位名僧与张士诚

∧ 袁珙之像

∧ 刘秉忠之像

へ 姚广孝之像

的短命政权没有瓜葛，他正式步入仕途是在明朝建立之后。

洪武年间，朱元璋为了招纳人才而不拘一格，多次下旨征召高僧入仕。姚广孝在此期间也应召入京，并通过礼部的考试，也许是朝廷给予的官职不合意，他拒绝为官，仅携着朝廷所赐的僧服潇洒而还。

姚广孝入京应试的最大收获是结识了佛教界领袖宗泐。后来，宗泐做了主管全国佛教事务的僧官时也没有忘记寻找机会提携姚广孝。机会终于在 1382 年（明洪武十五年）来到，朱元璋的皇后马氏在这一年病逝，朝廷为此大举治丧，并准备召选天下高僧，分派到各地的藩王王府，为皇后诵经荐福。主持其事的宗泐顺水推舟地推荐了姚广孝，派其到北平燕王府中诵经，同时住持佛教名刹庆寿寺。时年四十八岁的姚广孝因而得以结识燕王朱棣，两人一拍即合，常常关起门来议事，开始长达三十多年的僧俗之缘。

当朱元璋死后，新皇帝执行削藩之策时，姚广孝认为这是胡作非为，故密劝朱棣起兵反抗。举棋不定的朱棣说道："现在民心向着朝廷，怎么办？"姚广孝语出惊人地回应道："臣只知天道，不讨论民心。"意思是我早已洞悉天机，提前知道结局，即使现在起兵是违反民心的，但为了最后的胜利也应该毫不犹豫地进行。根据《名山藏》记载，姚广孝为了证明自己所言非虚而专门为朱棣占了一卦，这位僧人用手将五枚钱币往地上连掷数下，接着用眼睛睨视朱棣道："臣奉送给殿下一项白帽。"这里是话中有话，因为朱棣的身份本是"王"，在"王"字上面加了一个"白"字，就成了"皇"，由此可知占卦的结果是大吉，意思是上天注定朱棣要做至尊无上的皇帝，以此为其打气。

占卦属于传统文化，求卦所用的工具以蓍草为佳，然而那时蓍草比较难以获得，故姚广孝使用钱币作为变通的手段。这种简易的办法在专业人士的眼中是不可取的，例如姚广孝的友人王行在自己撰写的《箬室记》中说过"非蓍不可以问《易》"的话，又认为"掷钱求卦，非圣人之意"。不管王行的话是否是至理名言，但据此可知，姚广孝的问卦之术是存在争议的。也许姚广孝也自知占卦并非僧人的本职工作，因而前后向朱棣推荐了其他精于此道的卜者，著名的有袁珙与金忠。

明人郎瑛的《七修类稿》称袁珙被姚广孝誉为"天下相法第一"，其人天赋异禀，好学能诗。曾经在出游海外洛伽山时，遇到名叫"别古崖"的异僧，因而学得相人之术。这种相人之术的训练方法分三个步骤，第一个步骤是练习者首先仰视天空中的太阳，直到双目尽眩为止；接着再在一间散布红豆与黑豆的暗室中，将每粒豆子一一辨别清楚；然后在夜晚又悬挂五色丝缕于窗外，通过月光来辨别各种丝缕的颜色，经过上述的训练步骤之后，才替人看相，办法是在夜晚点燃两支蜡烛观察人的"形状气色"，而参以其人的出生年月，可以达到百无一谬的效果。

《明史》记载，朱棣为了考察袁珙相术的水平，在姚广孝带着袁珙进入王府时，故意混入与自己身形相似的九名卫士之中，一起练箭、饮酒。谁知袁珙一眼便在九人里面认出了朱棣，立即上前拜跪道："殿下为何轻身到此？"九名卫士一齐起哄嚷道："错了、错了！"恶意嘲弄着袁珙。但袁珙不为所动，仍然固执己见。朱棣情知难不倒这位相士，便自承身份，并屏退左右，将其召入殿中密议。袁珙向朱棣凝神谛视，说道："殿下走路时如龙行虎步，头颅上额骨的中央部分隆起，形状如日，这是太平天子之像。只要等到年过四十，颔下胡须过脐，就可以登基了。此外，在下刚才在藩邸外面所见到的九个校卒，将来不是公侯，就是将帅！"三十已过，四十未到的朱棣听后不禁为之心动，但因府中多人见过袁珙，故害怕泄露秘密，不敢再予以挽留，便暂时打发袁珙回去，只留下袁珙的儿子袁忠彻相伴。

袁忠彻自幼从父学艺，对相术也有很高深的造诣。有一次，朱棣宴请朝廷派驻在北平的文武诸臣，请袁忠彻充作幕僚在席上作陪，暗中担任给这些人看相的任务。袁忠彻经过仔细观察，认为都督宋忠面方耳大，身短气浮；布政使张昺是国字脸，五官短小，行步如蛇；都指挥谢贵身体臃肿而呼吸短促；都督耿瓛的发鬃直插颧骨，面色黑里透红；佥都御史景清身材短小却声音雄壮，这些人都不得善终，必将触及国法获刑而死。朱棣在宴会解散后听到袁忠彻的汇报，大喜过望，起兵的意志更加坚定。

善于算命的除了袁珙父子之外，还有金忠。金忠是袁珙的老朋友，出生于浙江鄞县（今宁波市鄞州区）一个贫困家庭，年少时读过书，精通《易经》，善于占卜，壮年时因得到袁珙的资助而来到河北通州顶替亡兄的军籍当了一名普通士兵。由于军中薪水不多，金忠便利用特长时常来到北平的街市中为人算命，其所预言的大都能够应验，故被市民传为神算子。姚广孝看中金忠的相人之术，将其推荐于燕府。后来，当朱棣将要起兵时，以问疾的名义召金忠入王府中占卜。金忠一出手便得了一个"铸印乘轩"的卦，此卦有天子之象，被视为"贵不可言"。从此以后，朱棣非常相信金忠，经常唤其进入燕府，共商大事。

占卜这门学问很神秘，有些内容连现代科学也难以解释，所以人们常以信则有，不信则无的态度来对待它。朱棣身边的主要谋士都是一些善于占卜之士，这些人平日里的所作所为都是直接或间接地怂恿朱棣与朝廷对抗。即使是谣言，经过多人重复的述说，也能使人信以为真，更何况是经过占卜家们包装过的真假莫测的预言，此情此景已经不由得朱棣不信，他暗中选取精兵良将，留心召集拥有一技之长的英雄豪杰，为将来做准备。

这时候，朝廷到处搜集朱棣图谋不轨的证据，以加紧收网。建文帝在1399年（明建文元年）6月判断朱棣将有异动，下令诛杀王府官校于谅、周铎等人，并密令北平布政使张昺与都指挥谢贵、张信静候时机逮捕王府属僚，以进一步除掉朱棣的羽翼。

张信本是朱棣的老部下，他冒着杀头的风险将朝廷的阴谋告诉了朱棣。同时，朱棣也从其他的途径收到了风声，对局势了然于胸。在此期间，他一面装病，以麻痹朝廷大员；一面与姚广孝暗中商议，策划反击事宜。朱棣麾下的张玉、朱能诸将，也奉命挑选八百勇士偷偷潜入王府中，以未雨绸缪。

博学多才的姚广孝充分利用自己的知识准备开战事宜，他在王府内建起密室，锻造兵器。为了防止锤击之声传出王府的围墙外而引起朝廷耳目的注意，他专门制造出了密室。在锻造兵器的密室之上有双重瓦片，四面围以厚厚的墙壁，并把大量的口小腔大的空瓶子一层一层地砌入密室的墙内。瓶口向内的空瓶子能够有效吸收声波，从而起到消音的作用——这是密室隔音的主要原理。匠人在里面日夜锻造军器，外人也难以发觉。同时，密室之外还养了一大群鹅鸭，以家畜的叫声做掩护，可保万无一失。明末科学家方以智及其学生在《物理小识》等著作中揭示了姚广孝密室隔音的科学原理，又披露姚广孝利用同样的原理制造了"空瓦枕"，战士们把枕放于地上，再将耳朵贴于枕上便能听到数十里之外的军马之声。军队在征战中可凭这个东西侦察敌情增加胜算。

总之，朱棣经过积极布置，决定起兵，而姚广孝也卖力地出谋划策。《明史纪事本末》等史书记载，有一次正在秘议时，突然刮风下雨，致使屋檐上的某些瓦片坠于地下。迷信的朱棣以为是天意示警的不祥之兆，面色大变。姚广孝却安慰道："这是吉祥之兆，飞龙在天，必从以风雨。瓦片下坠，则是绿瓦将变为黄瓦的预兆。"根据明朝的礼制，藩王的王府用绿瓦，京城的皇宫用黄瓦，姚广孝认定王府屋顶上将更换黄瓦，就等于说朱棣造反必定成功，从而用巧妙的语词化解朱棣心中的疑虑。

忠于朝廷的北平官僚终于行动了，他们调兵控制北平九门，包围了王府，并按朝廷的要求，意图逮捕王府官属。

王府之内潜伏的护卫只有数百人，明显不能与兵力占优势的北平守军抗衡，故只能智取，不能力敌。为此朱棣将计就计，于 7 月 6 日将朝廷欲索取的王府官属用绳子绑起来，关在屋中，然而派使者出府召张昺与谢贵入内押走犯人。

张昺与谢贵最终上当受骗，步入王府，结昺被伏兵捉拿，死于非命，同时被处死的还有王府之中一些忠于朝廷的属员。《明史》称其中包括伴读余逢辰与才士杜奇，这些人受到儒教纲常理论的影响，曾经以"君、父两不可负"等理由企图劝阻朱棣，因而招来了杀身之祸。

包围王府的官兵得知张昺与谢贵被杀后皆散走，北平城内的官兵变得群龙无首。张玉等人乘夜奋勇从王府杀出，凭着以一当百的气势夺取九个城门，打到黎明时分，已克其八，唯西直门一时之间未能取下。正史对张玉在这个关键时刻所起的作用渲染了一番，据说急中生智的张玉吩咐唐云单骑前去做守军的思想工作。唐云果然不负所托，凭着三寸不烂之舌遣散了守军，他只不过把张玉的话重复了一遍："你们可不要自寻苦吃！如今朝廷已听任燕王自制一方，你们赶快撤出城门，迟缓不下城楼者，杀无赦。"无心恋战的守军听了这番话后也管不了真假，顺水推舟地一哄而散。燕军四处张榜传谕城内外军民，三日后，北平大局已定。

控制了北平的朱棣随即援引《皇明祖训》中的话，以"清君之侧"的名义起兵，表面上是把矛头对准建文帝身边的亲信大臣齐泰与黄子澄等"奸臣"，实际是要颠覆朝廷的统治。这场战争史称"靖难之役"，而朱棣的部队叫"燕军"，建文帝的部队则称作"南军"。

朱棣起兵后，立即重用占卜之士，命姚广孝辅助自己的儿子守御北平；并授金忠为王府纪善，任务是守御通州，而袁珙父子也将获得高官厚禄的酬谢。

这场战争爆发时，刘伯温等开国谋士早已辞世，再也不能左右朝政。辅助建文帝的以文臣为主，除了齐泰、黄子澄，著名的还有方孝孺，都是受儒家正统教育的儒士。也许这些人向往的是"正其谊不谋其利，明其道不计其功"的"王道"政策，欲以"仁义"治天下。在他们的眼中，姚广孝、金忠与袁珙父子这类人只不过是方外之士，所擅长的求神问卜也不过是旁门左道之术。

虽然建文帝的身边不缺乏股肱之臣，但是朝廷的百万大军却是有兵无将，因为徐达、常遇春、李文忠等开国功臣早已死去，再加上洪武一朝长期执行除掉武将的政策，军中很多能战之将已死于谋反、犯禁等罪名，幸存者已经寥寥无几。这给了朱棣这个后起之秀可乘之机。

朱棣与靖难功臣

靖难战争是一场血流成河的大规模内战，而一些战事的激烈程度甚至已经超过了开国战争。这场内战的一个显著特点是无论参战的哪一方获得胜利，都将有一批将士走上神坛，享受公祭。既然如此，那么华北平原与大江南北就成了这些神坛候选人进行角逐的竞技场。

燕军诸将中最负盛名的是张玉，但张玉与徐达、常遇春、李文忠等独当一面的开国将帅不同，他从来没有独立指挥过一场大规模的战事，而是在战争中始终直接听命于朱棣。所以，在叙述张玉这些将领的事迹时，不能不连带提到直接指挥他们作战的朱棣，唯有这样才能把靖难战争惊心动魄的一些场面完整地呈现出来。

作为燕军的灵魂人物，朱棣在镇守北平的期间，利用自身的便利条件在塞内外招兵买马，不拘一格地招纳前元将士，而张玉就是一个典型的例子，此人本在元朝军队中服役，而且曾经担任枢密知院之职。元朝灭亡时，他跟着蒙古统治者逃到了漠北，在大草原中豕突狼奔地流浪了十八年，最后觉得没出路，便改辕易辙重返塞内投降了明军，参加过捕鱼儿海之战，为歼灭北元小朝廷立下了战功，做了个副千户，待在陕西等北部边境担任防御任务。后来，由于作战需要，他转调燕山左护卫，接受朱棣的指挥。这位叛元归明的将领在别人眼中不过是一位变节者。出乎意料的是，独具慧眼的朱棣对这一点并不在意，倒是很欣赏张玉多谋善断的战斗作风，有意将之培养为自己的左右手，并迅速提拔其为都指挥同知。张玉对此感激不尽，决心效犬马之劳。燕军中招纳的前元将士不但有张玉这样的汉人，还有剽悍的蒙古骑兵。例如任职燕山中护卫千户的蒙古人火里火真，就成了军中的骨干之一。正是在这批精兵猛将的拥护下，才使朱棣有机会在战争一开始就控制北平。其后，这位藩王又用恩威兼施的手段占据了北平附近的通州、居庸关、怀来、遵化、永平、密云、开平、龙门、上谷、云中等处，杀死宋忠等不听号令的将领，而军队也得到了迅速的扩展，仅仅在短短两个月内就众至数万，已形成割据一方之势。

南方的建文帝决定召集军队大张旗鼓地平叛，不过，那些在开国战争中获得过公、侯爵号的勋臣基本凋零殆尽，尚存于人世的唯有长兴侯耿炳文与武定侯郭英两人。这两人都是在朱元璋渡江之前入伍的老将，而且在建国之初即已封侯。也就是说，如果没有发生靖难战争，耿炳文与郭英死后将顺利入祀太庙受后人膜拜，可惜这一切都被突如其来的内战活生生地打断了，不得不与燕军中的后起之秀展开新一轮的竞争。

耿炳文在军中待过的时间比郭英更长，因而在战争爆发后当仁不让地成为大将，并于同年8月带领十三万大军进至真定，号称"三十万"，声势一时无两。而徐凯率偏师十万驻于河间，联系鄚州的潘忠、杨松所部，与耿炳文互为犄角、遥相呼应。当时南军上下都有轻敌情绪，因为其统帅由全军资历最老的宿将出任，而在中下级的将士中，曾跟随朱元璋创业的也不在少数，哪里会把朱棣所部放在眼内。时近中秋，一些将领产生了松懈之心，有的在驻地准备举行宴会，有的忙于会客，备战气氛并不浓厚。

∧ 建文帝之像

谁知朱棣根本不打算龟缩于北平城内防御，而是毫不畏惧地率主力南下迎战。一马当先的张玉已经官至都指挥佥事，正以轻骑侦察南军，他回来后断言耿炳文军队因无纪律，"其上有败气"，不会有什么大的作为，而扼守南路的潘忠、杨松也勇而无谋，可先用奇袭的办法予以打击。朱棣听后，决意选择中秋节当日发起反击，意图打敌人一个措手不及。

张玉带着亲兵为前锋，秘密取道楼桑，迅速攻破雄县，顺利地歼灭南军九千人的先头部队。正在鄚州城内举行中秋宴会的潘忠、杨松听到雄县失陷，慌忙集结部队出援，想不到在月漾桥中伏，成为俘虏，鄚州失守。

燕军清除南面隐患后，转而引军向西，屯于无极，下一步何去何从，诸将众说纷纭。大多数人认为真定的南军声势浩大，稳妥的做法是将军队布置于新乐一线，以观其变。张玉却提出了不同的看法："敌军虽然人多势众，然而全是临时拼凑的部队。我军乘着新胜的锐气，杀往真定，必然一鼓而破敌。"朱棣一听此言正合自己的脾胃，大喜道："我倚重张玉，大事可济！"当即挥师于次日赶到真定。

真定位于滹沱河北岸，而南军分兵屯于城内外，有大量部队集中于城西北，沿着滹沱河南北两岸驻扎。当警讯传至，南军为了避免被各个击破，慌忙地将南岸的营垒移往北岸，安排的驻地一直从西门排列到了西山。正在人马嘈杂之际，已被突如其来的对手乘隙连破两营，锐气大挫。

在这个生死攸关的时候，不知道飞来横祸的耿炳文竟然擅自脱离了指挥岗位，原来他在此期间正忙于应酬，刚刚将客人送出真定城外，想不到竟然与燕军狭路相逢，幸而反应得快，急忙疾奔回城，一溜烟跑过了护城河。城上的南军望见后，手忙脚乱地企图将吊桥拉起来，但是已经太迟了，因为尾随而至的燕军将士已经斩断了桥索。眼看耿炳文就要成为俘虏，在这刻不容缓之际，他快马加鞭，飞也似的冲入城内，而守城士卒随即将城门紧闭，化解了一场危机。

耿炳文的随从回过神来，登上城楼指着城下的燕军大骂不已，但躲避不了燕军射来的利箭，应弦而倒，其他人均惶恐不安。

被激怒的耿炳文回到城里还没来得及缓过气来，又轻率地带兵出城，企图联合城外驻扎的南军一起反击，以挽回失去的面子。朱棣指挥张玉等将领不管一切地发起猛攻，从不同方向贯穿南军的阵地，到处分割击敌，所向披靡。轻举妄动的耿炳文大败而逃，而撤退的南军争先恐后地涌向城门，致使通道阻塞，无数士卒在自相践踏的混乱中被踩死，还有不少人为了争道而拔刀相向，彼此残杀。那些千辛万苦跑回城里的残兵败将从此紧闭城门，再也不敢出来。

燕军在城下打了一个漂亮仗，斩首三万，俘获的南军高级将领包括副将顾成、李坚、宁忠等人，其后又击败安陆侯吴杰所部，兵威大振。

此战中，举止失措的耿炳文完全不像一位久经沙场的老将，不知是不是当天会客时喝醉了酒，以致酿成大错。事实上，耿炳文的戎马生涯乏善可陈，最大的亮点不过是奉朱元璋之命在江南的长兴坚守了十年，使张士诚不能越雷池一步，而野战非其所长。如今这员老将赶鸭子上架地带着南军到华北平原打野战，胜算确实很小。正史记载，耿炳文在真定战败后，被建文帝召回南京，坐了冷板凳。

燕军与南军的第一次大规模较量就这样结束了，以耿炳文等人为代表的开国宿将已经打不过朱棣、张玉等新生力量。燕军之中最抢眼的是来自塞上的骑兵，这些人以风驰电掣的突破力勇冠诸军，也获得到朱棣的首肯。这位藩王当即决定招纳更多的蒙古骑兵。

不久，果然有许多来自辽东的蒙古军人归附燕军。起因是辽东的江阴侯吴高企图从背后插朱棣一刀，带兵从山海关直取永平，准备得手后再与从正面杀过来的数十万南军会师，共同攻打燕军的大本营北平。不料朱棣抢在南军主力卷土重来之前于9月底迅速回师永平，逼退吴高，乘胜杀出关外，从小路袭击由朱元璋第十七子宁王朱权镇守的大宁。大宁驻军与蒙古接壤，成分复杂，拥有相当多降明的蒙古人，特别是其中的朵颜诸卫，素来以骁勇善战而著名。但大宁驻军的主力在松亭关，只留下老弱及家属在城，故被燕军避实击虚而绕道攻陷。大宁失守后，松亭关的驻军不战而降。朱棣将俘获的宁王及其部属一并迁入关内，从此得到朵颜诸卫的助战，战斗力更加强大。

这时，南军发生了重大的人事变动。建文帝开始怀疑开国宿将的能力，改而使用军中崛起的新秀。李文忠的儿子李景隆因生得仪表堂堂而被看中，取代了耿炳文的主帅位置，他重新调兵遣将，以号称"五十万"的兵力进至河间。

这位年轻帅气的将军乘燕军主力远征大宁期间，快速领军包围由姚广孝辅助朱棣世子朱高炽防守的北平，想不到屯兵于坚城之下，迟迟未能得手。

燕军主力在 11 月紧急赶了回来，朱棣没有马上入城，而是驻营于城外，与李景隆大战三日。最后，城中守军鼓噪而出，内外夹击来犯之敌，打得左支右绌的南军不得不退回德州。其后，燕军再接再厉，连克广昌、蔚州、大同诸城，赢得了北平解围战的胜利。《明太宗实录》记载，此战之后，燕军在北平城外的主战场郑村坝等地"收（南军）骸骨十余万"，可见战况之激烈。

此后，燕军与南军数度交手，其中白河沟之战尤其值得关注。而郭英这名开国宿将继耿炳文之后也走上了靖难战争的前台，当了李景隆的副手。这次战事发生于 1400 年（明建文二年）4 月初，南军主力在李隆基的带领下从德州北上河间，郭英率领的另一路偏师也从真定直捣保定，两军预定在白沟河会师，总数号称"六十万"，压向北平。

此前，建文帝派中官携玺书，欲赐李景隆以斧钺等物，作为掌握军权的象征，为这位年轻的统帅打气。《明太宗实录》站在朱棣的立场上对此进行了讽刺性的记载，称中官在渡江时忽然遇上大风雨，并配有巨雷的轰鸣，致使所乘之舟被毁，玺书与斧钺皆沉于水下，暗示这样的做法违背天意。建文帝不得已，只好再复制玺书、斧钺等物让人携往前线。李景隆受赐之后，气势果然为之一振，要与燕军再度展开生死决斗。

燕军南下迎战，进驻固安。张玉所部先行出发，前往白沟河，朱棣率主力跟随在后，于 20 日渡过拒马河，宿于苏家桥，与陆续到达的燕军主力对峙。当夜下起大雨，平地水深达到三尺。雨天对装备了大量火器的南军不利，因而增加了燕军的胜算。毫无睡意的朱棣坐在胡床上等待天亮，准备决战。《明实录》《明史纪事本末》诸书记载帐中的朱棣忽然看见兵器的上端仿佛有球形火光在闪，令铁制军械发出了铮铮的响声，同时弓弦皆鸣。据今人研究，这可能是"近地雷击"的罕见自然现象所致。然而朱棣有不同的想法，他不禁冲口而出："此是胜兆！"从而更加求战心切。

4月24日中午，燕军厉兵秣马渡过白沟河，与南军前锋平安不期而遇。朱棣与平安是老熟人。他揶揄道："平安这小子往年曾经跟随我出塞，自以为知道我如何用兵，如今应当首先教训一下他。"朱棣先派百骑在阵前佯动，吸引平安军队应战，然后主力乘敌阵移动之时发起总攻，以排山倒海的优势兵力击败万余南军前锋骑兵，斩首五千多级，获马三千匹。接着，燕军乘胜向南军的大本营追击，与李景隆、郭英所部展开一场惊心动魄的野战，一直厮杀到太阳下山。南军动用了"揣马蹄"与"一窝蜂"等火器对付燕军骑兵，不过，由于夜晚使用火器射击时会发出闪烁的光亮，反而容易暴露目标，成为燕军攻击的对象，故伤亡不少。当夜深时分，战场已经漆黑一片而伸手不见五指时，两军仍未分出胜负，便各自收兵回营。

次日，朱棣令张玉领中军，朱能领左军，陈亨领右军，为先锋，而丘福带着骑兵随后跟进，以十余万兵力在黎明时分渡河再战。燕军人自为战，勇气倍增，击退了南军从侧后杀来的两万余人，随即顺风纵火，焚烧营垒。

这时突然刮起旋风，吹断了南军大将之旗，面对这个不祥的兆头，南军将士相顾失色。而南军倚重的火器也因处于逆风的位置而威力大减，不但射程缩短了，而且发射时产生的烟雾常常被风反吹回来，让射手看不清目标，结果在燕军劲骑呼啸而至的猛攻之下大败。李景隆与郭英分别率领残部向南面与西面两个方向溃退，抛弃的辎重堆积如山，甚至连建文帝在出师前夕赠予的斧钺也落入了燕军之手。

燕军一直追到雄县月样桥这个地方才肯罢手，获得斩首数万级，俘虏十多万的战果。而南军在溃退中溺死数十万，李景隆从哪里来，回哪里去，又一次垂头丧气地退回到山东德州。

趁热打铁的朱棣于5月取得德州，一直追到济南。李景隆已成惊弓之鸟，只顾往南逃。唯有南军将领盛庸临危不惧，会同山东参政铁铉在城内坚守了3个月。

其间，守臣铁铉利用国人敬仰祖先的心理，书写明太祖朱元璋的神牌悬挂于城上，让朱棣不敢轻举妄动。最后，无计可施的燕军撤回河北。

就这样，南军之中最有名的两位开国宿将耿炳文与郭英都吃了败仗，军中新秀李景隆也不堪一击，表现出了"金玉其外，败絮其中"的本质。史籍只用了十个字便概括了这名纨绔子弟的特点，即是"贵公子，不知兵，惟自尊大"。军中诸多宿将对这位新上级很不服气。南军内部不和，成了失败的一个原因。

建文帝只好改用军中那些作风务实的武将。这一年的9月，南军统帅部易将。李景隆因屡战屡败而被撤了职，取而代之的是从普通军官中提拔的盛庸，受封为历城侯，又兼平燕将军。另外，朝廷委任都督陈晖、平安为盛庸的副手。

盛庸这时已经乘燕军北撤之机从济南出击，收复了德州，而平安、吴杰诸将屯于定州，徐凯屯于沧州，以钳形之势重新威胁北平。可是朱棣也不是吃素的，他先于10月中旬放出远征辽东的风声，却在途中转而向南攻打沧州。一些初历战阵的将士询问为什么改变行军方向，朱棣故弄玄虚地说道："昨夜有白气二道，自东北指向西南，军中谋士占卜的结果是'利南'，故向南。"实际上这种战术叫声东击西，目的是让敌人摸不着头脑。燕军出奇兵昼夜兼程疾行300里，果然异常顺利地于28日袭破沧州，活捉了猝不及防的守将徐凯，清除了侧翼的威胁，然后再回师南下，经德州、临清、馆陶、大名而向盛庸的主力部队猛扑过来。

11月25日，盛庸稳扎稳打地在东昌迎战，他让南军背靠坚城，凭着火器、毒弩等武器严阵以待。

屡战屡胜的朱棣哪里肯示弱，亲率燕军精锐部队鼓噪而前，有意采取避开南军正面，专攻其侧后的战法，但在对方火器的攻击下还是受到很大的伤亡。这时平安已经率部赶来增援盛庸，而兵力得到增强的南军把朱棣所率的部分骑兵重重包围。经过一番左冲右突，与诸将失去联系的朱棣侥幸杀出重围。可是军中主将张玉不知道朱棣已经脱险，竟然舍命突入敌阵进行搜救，连杀敌军一百几十人，而自己亦在战斗中受伤而亡，时年五十八岁。

次日，受挫的燕军向北狂奔。盛庸乘机指挥各路部队追击，擒斩万余人，赢得了自战争爆发以来的最大一场胜利。

朱棣的首要谋士姚广孝在此战之前似乎已经预感燕军会受到挫折，《续藏书》

之类的史籍记载他在朱棣南下时曾经说过一句意味深长的话："师行必克，但费两日而已。"等到东昌之败发生后，他明确指出战前所说的"两日"，就是指东昌的"昌"字，把这次战败解释为天意所致，意图让燕军将士不必自责。姚广孝还当面勉励朱棣道："自此之后我军一路凯歌，直到全胜为止！"

朱棣对张玉在东昌的战死特别惋惜，曾说："论靖难之功，当以智勇兼备的张玉为第一。"为了祭奠死去将士的亡灵，他在次年2月上旬让僧人举办法会，尝试利用佛教仪式来安抚部队的官兵。他不但亲自参与法会，还声泪俱下地亲自宣读祭文。言毕，又脱下身上的战袍焚毁，以示与张玉等殒阵者同生共死之意，从而达到了激励军中将士的效果。

自从张玉死后，军中凡有大事，朱棣都转而与朱能商量。朱能虽然比张玉年轻得多，但是他出自将门之后，性格勇武刚毅而好战，有一定的军事经验，是朱棣的嫡系将领，曾经秘密参与了开战之前的决策，并在开战后亲身经历过所有的重大军事行动，也是一员值此得信赖的骁将。

战争仍在继续。南军统帅盛庸乘东昌之捷的余威，集合二十万兵力进驻德州，与进驻真定的吴杰、平安所部互为犄角。

经过养精蓄锐的燕军采取主动出击之策，于1401年（明建文三年）2月16日南下至保定一带伺机而动。朱棣没有攻击南军镇守的任何一个城池，只是率部直插滹沱河，到了3月间，他派遣的游骑在定州、真定等地往来哨探。

3月，朱棣前行至滹沱河，派遣游骑哨探定州、真定等地。南军早先不止一次打败过燕军，信心已经大增，现在见敌人迟迟不来进攻，终于按捺不住而放弃守城之策，纷纷主动求战。当时，盛庸军进至夹河，吴杰、平安军进至单家桥，到了22日，终于与渡过滹沱河的燕军相遇。两军在夹河混战了一场，等到夜色来临的时候，方才各自罢兵回营。

∧ 明代兵书《武备志》中的一种火器

次日，两军再战，燕军从东北方向进攻西南方向的南军，一直从早晨打到下午，未分胜负。双方将士你来我往、屡退屡进，皆疲惫不堪，有的人刚刚坐下来歇息了一会儿又不得不站起来再战。两军一直相持不决。忽然天气有变，刮起了东北风，尘埃满天，沙砾扑面，咫尺之间，人不见人。燕军乘着占据上风的优势，张开左右翼发起总攻，钲鼓之声顿时惊天震地。逆风的南军因不能充分发挥火器的威力而一败涂地，在互相践踏的逃亡过程中坠入滹沱河溺死者不可胜计，仅被燕军斩首者就有十多万。被打得狼狈不堪的盛庸单骑逃回了德州。

盛庸军既败，燕军的下一个目标是吴杰、平安所部。同年闰三月，进军滹沱河的朱棣在藁城碰上了吴杰与平安的部队，再次乘大风扬起之机发起进攻，并大获全胜，一直追到真定城外，杀首六万余级。吴杰、平安侥幸逃入城中，拾回了性命。

《明史纪事本末》评论："燕兵自白沟河至藁城，三捷，皆有风助之"，意思是说燕兵在白沟河、滹沱河与藁城三战三捷，皆得到上天刮风之助。世界上的事情就有这么巧合，装备大量火器的南军总是处于逆风而失利，而燕军总是能利用风向击败敌人，这虽说天意，但也与作战经验丰富的燕军将帅指挥得当有关，因为他们总是抢先一步占据上风位置，从而赢得先机。

事实上，燕军制定的战略也比南军高明。《明实录》记载，朱棣在战前与诸将讨论时认为野战容易，攻城最难，无论进攻德州还是真定，都胜负难料，不如屯兵于两城之间，引敌出来野战。而两城相距二百余里，这么远的距离可避免腹背受敌，因为"百里之外，势不相及。两军相薄，胜败在呼吸之间，虽百步不能相救，更何况二百里"！这表明，朱棣充分吸取了济南与东昌两战的教训，制定了适合燕军的新战法，只等南军中计，便在野战中将之各个击破。而盛庸、吴杰、平安等人竟然被对手牵着鼻子走而贸然出战，难怪败得这样惨！

盛庸、平安失败的消息传回南京，心力交瘁的建文帝希望与燕军休战。此前，他已公开表示愿意罢免主张削藩的齐泰、黄子澄，做出了和解的态度。但双方在如何停战的问题上还是谈不拢，战争还要继续打下去，两军在山东与中原反复争夺，互有伤亡。

靖难战争打到此时，已经差不多三年，北方哀鸿遍野，赤地千里。燕军打了不少胜仗，然而所克的城池却不能分兵固守，故很快又被南军所收复，能够长期据有的仅仅是北平、保定、永平三府而已。

朱棣正苦于打不破僵局时，恰巧有一个被废黜的太监从南京前来投诚，并带来了南京兵力空虚的宝贵情报。朱棣据此慨然地对诸将说道："频年用兵，何时停止？应当兵临长江决一死战，不复返顾。"《明史》记载，姚广孝对此表示赞同，他的建议是："沿途不要滥攻城邑，乘目前南京兵力薄弱的时机以最快的速度赶往那里，势必成功。"燕军遂以破釜沉舟的决心于1401年年底再次出师南下深入淮河流域，可是却在淝河、小河、齐眉山等地先后多次受到都督平安、何福与魏国公徐辉祖所率南军的顽强阻击。燕军将领王真战死，一时处于进退维谷的状态。大多数燕军将领都没有信心打通南下之路，纷纷劝说朱棣撤军，理由不外乎是雨天连绵、淮土潮湿以及疾疫流行。这些人的意见是回师选择一块好地方来整军饬武，准备一场持久战。

唯有朱能有不同的意见，他手按宝剑对众人说道："汉高祖十战九败，但坚持到底而终有天下。如今举事接连得胜，却因为遇到小挫折而归，任由其发展下去，接下来恐怕便要向南军投降了！"

朱棣明确表态支持朱能："如今的军事形势是有进无退，就会胜利，而从原路退回，军心会涣散，部队也会解体。你们见识短，犯了错误。"并下令："想回去的站左边，不想的站右边！"

军中诸将多数站到了左边。朱棣怒吼："你们好自为之！"统帅发了火，手下的将领们自然不敢再说什么。事后，朱棣拊掌对着朱能说："只有你的一番话，深获我心。"

万万没想到在此期间，以建文帝为首的朝廷君臣错误判断燕军将会北返，以"京师不可无良将为由"，竟然把魏国公徐辉祖的部队撤回南京，只留何福、平安诸将在前线，使整个部署被打乱。朱棣抓住千载难逢之机以孤注一掷的决心大举反攻，即将与南军展开最后的决战。

1402年（明建文四年）4月15日，何福、平安屯营于灵璧，筑起深沟高垒，打算拖垮朱棣，不料饷道被朱棣截断。六万南军在平安的带领下出外护饷，却遭到燕军精兵的猛烈冲击而断为两截，阵型大乱，渐渐不支。何福冲出营垒全力来援，也被伏兵击败，遂会同南军残部败回驻地，坚守不出。

次日，何福自知军队缺粮，不能在战场久待，便下令全军以炮声为号突围，企图移师就粮于淮河。谁知人算不如天算，燕军恰巧在这一天抢在南军突围之前发起总攻，同样也以炮声为号。当燕军发炮时，南军误为是己方发炮突围，纷纷冲向营门，致使大门的通道阻塞而进退不得，营中一片纷扰，数不清的人马在混乱时坠落于壕堑之中。燕军众将士勇气倍增，全力突击，遂大破南军之营，俘虏十万多人，生擒平安、陈晖等三十七名将领，仅有何福逃出重围。

南军一败涂地，再也无力挽回危局。燕军大举南下，杀向泗州。扼守淮河南岸的盛庸被强渡淮河的朱能、丘福所驱逐，不久重镇盱眙便换了主人。

盱眙一失，淮南处于洞开之势。很快，朱棣便率军下扬州，冒着 6 月的暑天从瓜洲渡过长江，经镇江、龙潭等地向南京疾进。守卫南京的谷王朱橞与李景隆打开金川门投降，独力难支的徐辉祖已难以挽救败局，最后只能放弃抵抗。建文帝在乱军中下落不明。

进入京城的朱棣下达了安抚当地军民的命令，以稳定大局，并捕杀了齐泰、黄子澄、方孝孺等"奸臣"，其后当仁不让，正式登基为帝。至此，打了 3 年多的靖难战争总算是结束了。

∧ 徐辉祖之像

∧ 朱棣之像

朱棣在位期间想办法让那些跟随自己在沙场上跌爬滚打的老部下成为人上人，他规定在靖难战争中获胜的武官皆为"新官"，而在此之前或在此之后的武官皆为"旧官"。新官享有一系列高于旧官的优厚待遇，就以武职世袭制度而言，新官的子弟可在十六岁时袭职，而且免于比试即可获得全部薪水。旧官的子弟可在十五岁时袭职，不过只能拿一半薪水，要想拿全部薪水要等到二十岁比试合格才行。这样做难免会有负面效应，因为新官与旧官的不同待遇不利于武官集团内部的团结，可能会影响军队的战斗力。

道教的战神玄武大帝

回顾靖难战争，从敌对双方谋士的阵营中可以看出支持者的成分。建文帝毕竟是正统之所在，有传统纲常理论的支持，受到儒家学者们的普遍拥护。相反，在帮助朱棣树立造反决心的幕僚之中竟然没有一位有影响的儒士，主要是僧、道等方外之士，金忠虽然精通《易经》，但充其量是用来跑江湖混饭吃，不是什么学者。这一点耐人寻味。

也许朱棣自知举兵同朝廷作对是大逆之罪，而且与儒家的纲常理论有冲突，所以转而推崇佛、道等教，并且有目的地宣扬一些宗教神话，向世人说明自己是受到佛、道诸神的保佑，以便为自己的造反涂抹神圣的色彩。其中，道教的玄武大帝就被认为在靖难之役中助了朱棣一臂之力。

玄武崇拜起源于中国先民的远古信仰，是天上二十八星宿中的北宫七宿，北宫七宿形似龟、蛇，故古人常常以龟、蛇作为玄武的形象代表。作为天神的玄武直到汉代才在社会上获得广泛承认，到了唐代，更被道教所利用，成了道教的四大天王之一。宋朝因为要避圣祖赵玄朗之讳而改称"真武"。在这个时期，玄武开始逐渐以人的形象出现，变成了一位披头散发，手拿宝剑，身穿黑衣，脚踏龟蛇的武士。这位神仙在元代地位更高，被统治者封为"上帝""大帝"等不同称号，被视为北方战神。

朱元璋在打天下之初曾暗示得到过玄武的协助，他在《御制西征记》中记载：

在1363年亲率水师准备与陈友谅作战时不止一次发生过异象，当时，这支部队"扬帆溯流"沿江而上，打算直捣陈友谅的营地，不料在"揽解舟行"时，水中竟然有蛇"自西北浮江趋舵"，故被朱元璋认为是神龙的化身，当成一个好兆头。次日，水师在途中泊于牛渚矶时，又有"一龟一蛇浮拟舵后"，足以令人回味。因为龟、蛇可以作为玄武的形象代表，所以它们的出现如今也被视为是玄武神为朱元璋保驾护航。

难怪朱元璋取得天下后对玄武神极为尊重，据说曾将之敕封为"玄天上帝"，并置于官祀。《明史》称在外出任藩王的朱家子弟，来朝晋见皇帝后，必祭真武等神于端门，祭品是豕九、羊九、制帛等物。同时，全国各地也建了不少玄武庙。

明朝对玄武推崇备至的极盛时期是在朱棣登基后。朱棣高调宣布自己在靖难之役中得到这位神仙的辅助，大肆宣传其显灵的事迹。比如在北京佑显宫的玄武庙内，立着一块由朱棣亲自撰写文字的《御制真武庙碑》，其中言之凿凿地说自己在内战中获胜是得到了玄武大帝的帮助。不过碑文通篇都是对神仙的歌功颂德之词，没有举出具体的例子。

相反，倒是在明清的各种书籍中，记载了朱棣与玄武大帝之间的大量奇闻轶事。例如，在《鸿猷录》《续藏书》《明书》等书籍中都大同小异地将朱棣起兵之事与玄武大帝显灵加以联系，据称事情的来龙去脉大致是这样的：

"当时朝廷责备燕藩的态度日甚一日，朱棣召见姚广孝于府中密议，并在言谈之间叹息不已，直至声泪俱下。姚广孝一言双关地安慰说：'上天所欲扶持的对象，当今世上没有任何人能够废黜！'朱棣当即顺水推舟地询问举兵日期。姚广孝回答：'时机尚未成熟，要等助战者到来再说。'朱棣好奇地问：'助战者到底是谁？'姚广孝只说了一句'我的师父'，便告辞了。"

"过了几天，姚广孝主动来到王府对朱棣说：'明日中午，有天兵接应，时机已经成熟'，他敦促朱棣依计行事，以宴会的名义设伏捕杀了张昺、谢贵。等到朱棣的心腹之将张玉、朱能率领王府卫士陆续攻克北平九门，靖难之师随即举行祭旗仪式。这时在众目睽睽之下发生了令人震惊的一幕，天上突然出现旌旗满天、兵甲密布的神奇景象，为首的是一位披头散发的道人。"

"早有心理准备的朱棣望着姚广孝问道：'来助战的是什么神？'姚广孝一

字一字地回应：'这就是我以前所说的师父——北方之神玄武。'于是，朱棣在姚广孝的教导下模仿玄武的样子，披头散发而手拿宝剑，主持着誓师大会上的祭旗仪式。"

根据上述这些绘声绘色的文字来看，朱棣在靖难之时是得到了玄武的帮助的，而且，他本人也乐意装扮成玄武的样子，极力把自己打造成这位神仙在人间的化身，因为他准备率军以北统南，故以"玄天上帝"这位北帝自居。

当然，这些书也有让人生疑的地方，比如姚广孝本是佛教中人，怎么会认一位道教神仙做师父？不过，考虑到中国古代释道二教互相渗透的现实，当中的疑问也就迎刃而解了。

明代中期的另一本书籍《闲中今古录》又称：

"朱棣以靖难的名义起兵，势如破竹。本来忠于建文帝的南方军队数目达到四十余万，按照道理是无敌之师。可是每当两军对阵，南兵便会遥遥望见天空中出现写有'真武'两字的旗帜，接着总是莫明其妙地败得一塌糊涂。"

明代中后期的《宾退录》也有相关记载：

"燕军强渡长江时，不料战船上的桅杆意外地折断了，朱棣正在手足无措之际，忽然看见岸边的一座神庙上立有一杆，便派遣士兵过去就地取材，将其移到船上做桅杆。不一会儿，归来士兵向朱棣报告那座庙是玄武庙，朱棣自知得到神仙的助战，欣然用之，果然顺利渡江。"

"当时朱棣心中暗暗起愿等到成功后，应该分别建筑一寺一塔以报恩，然而在功成之后因日理万机，遂无暇顾及此事。某一天，长江之中突然涌现一座宝塔，朱棣才猛然发觉自己的承诺尚未兑现，便在南京天禧寺旧址修建一座寺院与高达十三层的宝塔，并赐名'报恩寺'"。

上述稗官野史所载朱棣与玄武大帝之事，恐怕是经过众口相传后的作品，真实性值得怀疑。但不容否认的是，在朱棣的大力提倡之下，全国各地都建起了玄武庙，其中以北平地区最多。此后玄武庙在明清两代香火旺盛，有学者在民国期间对北京地区的这类庙宇做过统计，竟然达到三四十座，另外民间还有大量的道观供奉着玄武神。

朱棣最大的手笔是在湖北武当山建起了堪称鬼斧神工、精巧之至的玄武道

北京德胜门附近的玄武庙

北京德胜门玄武庙旧址中遗留下的玄武像

观。明朝耗费了巨额的财富，从武当山二百里外的老营口开始建立纪念碑，然后又修了一万多个"从低到高、从小到大"的道观，散布于武当山周围的山川、河流地区。每座道观里面都描述着有关玄武大帝从凡人修炼成仙的故事。最后在武当山天柱峰上建起了一座全部由铜造成的庙，里面铸有栩栩如生的玄武之像。它披头散发，身披着黄袍，袍里罩着盔甲，威猛异常。

道观于1412年（明永乐十年）起建，用了6年时间才全部建成。民间传说朱棣在靖难期间曾经模仿成玄武的样子行军打仗，所以当时有人认为天柱峰上的神像是根据朱棣的面貌而塑造的。事实上，它的确与明成祖本人流传至今的画像颇有相似之处，足以令人称奇。

而朱棣在亲自撰写的碑文中得意扬扬地宣称"朕起义兵靖内难，神辅相左右，风行霆击，其迹甚著"，再次肯定了这位天神的庇护之功。

当代美术家钱绍武对武当山的玄武道观予以高度的评价，他认为那时的湖北是处于全国的中心的位置，而武当山又是道教圣地，因而朱棣选择在这里建造玄武道观是意味深长的。他对此由衷地赞叹道："我觉得直到现在为止，世界上没有一个地区的环境艺术能达到如此精美、巧妙，规模如此宏大。"

尽管朱棣还对王灵官等道教神祇感兴趣，但始终最推崇的唯有玄武，因而玄

武也就成了明朝的护国之神。皇家的监、局、司、厂、库等衙门全部建有玄武庙，历代皇帝对玄武始终保持虔诚的态度，不时修斋设醮，遣官致祭。民间香火也非常旺盛，明神宗在位期间一位名叫刘考祖的儒者撰写了《重修真武庙碑记》一文，里面夸张地称："普天之下，率土之滨，莫不建庙而祀之。"甚至连明朝的末代皇帝崇祯帝，在改信天主教之后也不改初衷，本来，天主教禁止崇拜偶像，因而崇祯帝将隆德、英华等殿的神佛诸像全部撤走，《酌中志》记载，唯独钦安殿中的玄武之像得以保留。此神受到的尊敬程度由此可见一斑。

成则为神，败则寇

朱棣一生打过无数次的仗，死后成为入祀太庙的第二位皇帝。他入祀太庙自然少不了陪祭的武将，尽管他做了皇帝后还征战不休，其间涌现出的战将如云，但能够跻身太庙陪祭的武将却全部是在靖难战争中建功立业的。可见，靖难战争在朱棣的军事生涯中具有格外重要的意义。

在参加靖难战争的燕军将士中，入祀太庙的仅有张玉、朱能与王真这三员武将。这三人被视为诸将中最符合儒教纲常伦理的名臣。除了三位武将外，还有一位入祀太庙的文臣，他是姚广孝。

在朱棣招揽的奇人异士中，比较有名的是姚广孝、袁珙父子与金忠。到了靖难之役获胜后论功行赏时，袁珙、袁忠彻父子由于在决策起兵期间所发挥的作用不大，分别做了大常寺丞与鸿胪寺序班，官职比不上金忠与姚广孝。金忠历任工部右侍郎与兵部尚书，后来又兼东宫辅导等职，虽说是君恩厚泽，可所受的待遇还是差于姚广孝。

姚广孝在内战结束后得到"僧录司左善世"一职，管理天下佛教。虽然这个官职在僧官之中是比较高的，但不过六品而已，与其立下的功劳不符。朱棣事后觉得不妥，便下令姚广孝还俗，封其为资善大夫、太子少师。太子少师是正二品官，在永乐年间是文臣的最高秩位，如果把这样高的官职交给一个诵经念佛的和尚，对标榜以儒教治国的明朝将是一个极大的讽刺，所以朱棣不许姚广孝再做和尚，让其穿上官服上朝参与议政。姚广孝再三推辞后只能接受，但他仍然留着光头而不肯蓄发，对朝廷所赐的府第及两位美貌的宫人，则坚拒不纳。这时他已年老体迈，早已视金钱美色为粪土，把荣华富贵当作浮云了，因而平日常居于僧寺中，到朝廷议事时再披上官服，退朝后仍穿着旧日的缁衣。

姚广孝得到朱棣异乎寻常的恩宠，是因为他不但积极参与靖难决策，而且在战争爆发后也屡次建言。尽管他已年近七旬，没有跟从朱棣出外征战，而是留下来协助世子朱高炽守卫北平，可他在此期间仍不时给前线的朱棣出点子。例如，燕军在1400年4月围攻济南时，历时3月而不克，姚广孝从后方派人驰马寄书到前线，劝朱棣道："师老兵疲，请班师。"朱棣果然言听计从。类似的建议还在1400年的东昌之役与1401年年底的燕军南下江淮之役提出过。这位高僧为了扶持他心目中的真命天子上台，不惜动用一切手段，即使生灵涂炭、满目疮痍也不在话下，被世人视为"嗜杀成性"。靖难战争的整个过程都像地狱一般充满了浓郁的血腥味，但结果却峰回路转，呈现出光明的一面。朱棣上台后，明朝的国运如旭日般蒸蒸日上，政治制度更加完善，经济得到发展，并巩固了边防，开拓了疆土。新皇帝大气磅礴的执政作风令昔日文弱的建文帝黯然失色，反过来又证明眼光独到的姚广孝当初没有看错人，他把宝押在朱棣的身上是正确的选择，于国于民都有利。这一切都应了佛教的一句谒言——不施霹雳手段，难显菩萨心肠。

姚广孝在内战结束后也没有闲着，而是主持监修官书，并辅导皇长孙读书。朱棣离京出塞远征蒙古时，又留下他与太子朱高炽一起看守南京，这两个老搭档合作无间，就像过去靖难战争留守北平一样。

1418 年（明永乐十六年）3 月 28 日，姚广孝病死，时年八十四岁，以佛教礼仪治葬。悲痛不已的朱棣又按照儒教礼节辍朝二日，亲自为其写碑文，称赞其"识察天运，言屡有应"，追赠其为推诚辅国协谋宣力文臣、特进荣禄大夫、柱国、荣国公，谥号"恭靖"。过去明朝只给武人赐谥号，连大名鼎鼎的刘伯温死后都未能获赐谥号。明朝文臣死后获赐谥号，据说姚广孝是第一个。

洪熙元年，继承朱棣之位的朱高炽追赠姚广孝为少师，入祀太庙。至此，姚广孝死后所得的荣誉已经隆重到了极点。

陪祭太庙的靖难功臣都是异类人物。姚广孝是佛教徒、张玉、朱能、王真等三人按照传统的观点属于叛将，他们都获得了推崇以儒教治国的新朝廷的高度评价。他们的牌位在被儒教徒视为圣地的太庙中占有一席之地，一度成为那些效忠于新朝的士大夫们吹捧的对象。

事实上，在如何评价靖难之战的问题上确实让士大夫们伤了脑筋。

朱棣在起兵发难之初打出"清君之侧"的旗号，把矛头对准齐泰与黄子澄等"奸臣"，但最后的结果却让建文帝如同人间蒸发一般"生不见人，死不见尸"，而他自己则取而代之做了皇帝，这种鸠占鹊巢的行为无论用多么堂皇的借口也掩盖不了叛乱的实质。"成则为王，败则寇"，朱棣上台后大肆清除异己势力，很多怕死的朝臣在屠刀之下只能接受既成事实，并违心地按照新皇帝的意愿为新朝涂脂抹粉。儒家文化历来有"为尊者讳"的传统，士大夫在公开场合对朱棣的政治污点缄口不言。就这样，依靠篡位上台的朱棣慢慢地在一片歌功颂德之声中成了一位儒教的贤明之君，而靖难战争也在大臣们的笔下成了一场顺天应人的正义之战。

多年以后，明朝官方组织人员编撰了大型史书《明太宗实录》，主要的执笔者是朝中的士大夫们，他们的思想是排斥佛、道，推崇儒教，所以在书中涉及靖难战争的部分内容中，已经丝毫不见道教战神玄武大帝为燕军助阵的影子，甚至连出谋划策的高僧姚广孝也极少提及。相反，史书内容充满了儒教的"天人感应"的神迹。比如，该书记载，靖难战争刚刚爆发，燕军在北平誓师时"风云四起，人与人虽在咫尺之间却互不相见"，过了一会儿，东方云开露出一尺多的青天，太阳光从那里照下来，地面澄澈一片。"将士皆喜，以为上（指朱棣）得天之应。"1399年11月，燕军从关外经孤山冒雪回援北平时，被阻于白河之西，朱棣向天默祷，"天若助我，则河水合"。第二天，白河竟然真的结了冰。诸将渡过河后齐贺道"这是祥瑞，是上天保佑之征"，朱棣亦表示"成败唯听于天"。诸如此类的祥瑞在书中屡见不鲜，无处不在暗示朱棣是肩负天命的圣人，燕军是王者之师。协助朱棣造反的燕军文武之臣，自然也被士大夫们按照儒家思想塑造成了辅助英主的"高、大、全"式的良臣。

再说那些为捍卫建文帝的正统王朝而战的南军将士们，他们在战后地位尴尬，一些将帅的处境就像一句歇后语所说的，"猪八戒戒镜子——里外不是人"。

耿炳文是首位北上讨伐燕军的南军主将。按照正史的记载他在真定战败后返回南京赋闲在家。朱棣上台后，朝中有大臣弹劾耿炳文胆大妄为，理由是其家中的衣服等日常用品上有皇室专用的龙凤等饰物。这员老将闻讯之后因恐惧而自杀。按这种说法，耿炳文的死与违法乱纪有关，不过，这很可能是有人故意用春秋笔法往其身上泼脏水，因为其死亡的原因可能另有隐情，当代明史专家顾诚先生在研究耿炳文的外甥黔国公沐晟写的墓志铭后，得出耿炳文战死于真定的结论，而建文帝为此痛惜不已，将其厚葬。朱棣称帝后则认为其葬礼规格过高有违礼制，命人将其坟墓予以毁改。本来，耿炳文殉国的行为，符合儒教传统的价值观，遗憾的是河山骤然变换主人，致使为国捐躯的老将死后也不得安宁，连坟墓也被政治对手改头换目，倍显凄凉。

耿炳文败没后，出任南军主将的是李景隆，这位贵公子在进军北平、白沟河攻防战中连遭惨败，被建文帝解职诏还。到了1402年，燕军渡过长江进至南京金川门外时，当时协助谷王朱橞担任守御任务的李景隆见风转舵，竟然开门迎降。朱棣即帝位，李景隆因拥立新君有功而保住了原有地位。可是，不知避忌的李景隆继续厚着脸皮积极参与商议朝中大事，不但引起靖难诸将的强烈不满，而且也让昔日南京的同僚侧目，不久便连续遭到多位大臣的弹劾。朱棣认为此人声望扫地，已经失去了利用价值，便大手一挥地削除其官爵，并将其软禁在家中。李景隆一度绝食抗议，但最终没有饿死，他一直苟延性命至永乐末年才去世。

李景隆的下场不佳。而代替李景隆统率南军的将领盛庸也处境不妙，他与朱棣在前线多次较量，最终未能阻止燕军的南下之势。朱棣占领南京后，尘埃落定，忠于建文帝的军队纷纷放弃抵抗。盛庸在淮河防线崩溃后率残部转战于长江流域，他见大势已去便宣布投降，并奉朱棣之命守淮安。在朱棣登基的同一年，盛庸辞职归家。其后，朝臣弹劾盛庸心怀怨望，有异图，逼其畏罪自杀。

另外，南军之中还有很多人是曾经跟过朱元璋打天下的宿将，他们当中著名的除了耿炳文之外，还有顾成、平安与何福。

在真定之战被燕军俘虏的顾成是宿将之一，他是在朱元璋渡江之前从军的，因为膂力过人，善使马槊而做过朱元璋的帐前亲兵，以此发迹，直到在真定城下成为燕军俘虏之前已当上了左军都督。朱棣亲自为这员老将解缚，口中声称"上天赐你来助我一臂之力"，并将其送往北平，协助儿子朱高炽守城。改辕易辙的顾成在靖难战争结束后因功而封为镇远侯。他在永乐年间出镇贵州，多次平定播州、都匀等地的叛乱，而被当地百姓立生祠祭祀，后来在朱棣出征蒙古期间又被召回北京辅助太子监国。他活了八十五岁，死于1414年（明永乐十二年），死后朝廷追赠其为夏国公，谥号"武毅"。正史对其的评价是"荣不胜辱"，含有讽刺其变节的意思。除非出现奇迹，否则这种大节有亏的人不可能入祀太庙。

当过盛庸副手的平安出自勋旧之家，他的父亲是跟随朱元璋起义的老战士，在攻打元大都之役中死亡。平安丧父后被朱元璋收为养子，因天生孔武有力，

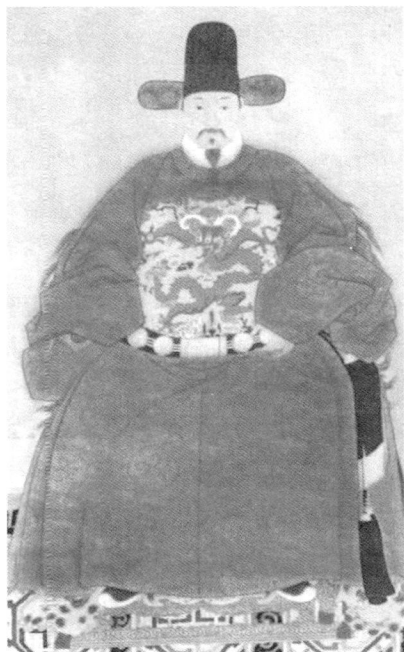

∧ 李景隆之像

能举起数百斤，故以骁勇善战而闻名于军中。他曾经跟随朱棣出塞征伐蒙古，对朱棣有一定了解，因而在靖难战争爆发后被建文帝起用，当了南军先锋。朱棣与南军作战时曾经多次亲自冲锋陷阵，所向披靡，唯独在盛庸与平安二人手中受过挫。特别是在滹沱河之战，平安指挥部队弓箭手一齐射击朱棣，致使朱棣身边的王旗上面插满了如猬毛一般的箭。战后死里逃生的朱棣派人将旗送回北平，并叮嘱儿子妥善保管于府中，以示后世不忘前人创业之艰。先后死于平安手上的燕军骁将有数人（其中最有名的是王真）。当平安在灵璧决战中成为俘虏时，燕军上下欢呼声震天动地，诸将争着在朱棣面前请杀平安。当时这位英主摆出了识英雄重英雄的高姿态，留下了平安的性命，将其送回北平。靖难战争结束后，平安在北平出任都指挥使与后府都督佥事等军职。朱棣登基后的第七年北上巡视北平，某一天在阅览奏章时看见平安的名字，便随口对左右说了一句："平安还活着吗？"这话一传十，十传百，传到平安的耳中时给他造成了巨大的心理压力，不久竟因恐惧不安而自杀。

曾与盛庸、平安一起伐燕的南军将领何福，也是跟随朱元璋打天下的将领，他在靖难战争给人留下深刻印象的一役是在灵璧与燕军相持，最后突围而逃。朱棣即位后，认为何福久经沙场，知晓兵事，先后让其镇守宁夏、甘肃等地。永乐年间北征蒙古时，朝廷亦令何福随征。何福在北征期间数次违反朱棣的作战部署，因遭到大臣弹劾而怏怏不乐，他在班师回朝后忐忑不安，结果自缢而死。

南军诸将中，形象比较正面的人物是徐达的儿子徐辉祖，他没有迎接进入南京的朱棣，而是独坐在父亲的祠堂里面拒绝出来。怒不可遏的朱棣考虑到徐辉祖的父亲是开国第一功臣，而且与自己是亲戚（徐达的女儿是朱棣的妻子），故网开一面，只是将其削去爵位，幽禁于府第之中。徐辉祖在五年后病死，不过，这名忠于建文帝的武臣虽然介入过靖难战争，但并没有发挥过什么影响，没起过什么大的作用。

总而言之，南军诸将不但在燕军诸将面前相形见绌，而且总体表现也比不上辅助建文帝的那些主要文臣。其中，李景隆号称"读书通典故"，顾成也涉猎书史，他们都受过儒教纲常伦理的教育，但在大难临来时却背叛了自己的信仰，当了让人齿冷的"贰臣"。相反，文臣们却进行了激烈的抗争，被朱棣点名为"奸臣"的齐泰与黄子澄，他们的骨头都很硬，沦为阶下囚后都不屈而死。闻名海内的大儒方孝孺当面拒绝为朱棣写诏书，并投笔于地，一边哭一边骂道："死就死，绝不写诏书。"然后慨然赶赴刑场，受凌迟之刑。与盛庸一起因守卫济南而成名的文臣铁铉，先后出任山东布政使与兵部尚书等职，协助盛庸参赞军务。他的气节远在盛庸之上，尽管不幸在南京失守后被燕军捉到，并送到朱棣面前，可他始终背向朱棣骂个不停，最后被处死，年仅三十七岁。与铁铉一起共事的文臣暴昭，也在燕军进入南京金川门时拒绝与新朝合作，守节而死。

∧ 济南的铁公祠

∧ 郭英之像

难怪《明史》评论靖难战争时，指责盛庸、平安等南军将领兵败被捉时，不能"引义自裁"，反而"隐忍偷生"，他们与铁铉、暴昭等文臣相比，"能无愧乎"？可知南军诸将贻笑千古，是咎由自取。

历史是胜利者书写的，耿炳文、李景隆、盛庸、顾成、平安、何福这些人本来都有机会流芳百世，但输了战争而从英雄变成了狗熊，只有郭英在死去多年后因阴差阳错而声名鹊起，成为矮子堆中的巨人。

郭英与耿炳文一样是开国功臣，同列侯爵，也同样讨伐过朱棣。不过他比耿炳文要幸运，原因在于他有一个善于钻营的子孙后裔，得以在百年后入祀太庙。

郭英据说身长七尺，膂力异于常人，尤其精于骑射，从十八岁起跟随朱元璋打天下。可是他在军中很少获得过独立指挥作战的机会，而在出征中原、云南、辽东等大规模的军事行动中，只是作为徐达、常遇春、傅友德、冯胜、蓝玉等人的部将或者副手而已，对开国战争的胜利没有发挥过什么显著的作用。不过，明朝建国后，郭英还是被封为武定侯，得以跻身高级将领的行列，成为新兴的军事贵族中的一员。必须说明的是，郭英的妹妹是朱元璋的侧室，后来被封为宁妃，作为一个与皇帝沾亲带故的人，官运亨通似乎是很自然的事。

按照惯例，功臣只有死后才能入祀太庙（给活着的功臣预留位置的是功臣庙，这与太庙不同）。可惜，郭英的寿命比较长，迟迟未能入祀太庙，并因为靖难战争的原因与太庙差点失之交臂。靖难战争打响之后，他站在了朱元璋的孙子建文帝一边，与朱棣几经较量，结果以全面失败收场。朱棣用武力夺取帝位后，没有对免职赋闲在家的郭英进行秋后算账。所以，他得以善终，活到了1403年（明永乐元年），辞世时六十七岁。死后朝廷念其开国有功，追赠其为营国公。

朱棣不可能把郭英这个昔日的对手送入太庙陪祭。朱棣死后即位的多个皇帝也没有这么做，毕竟太庙里面还供奉着在靖难战争中立功的四位功臣。假若真的把郭英的牌位送入太庙，让昔日各为其主的对手堂而皇之地共处一室，那场面可真有点儿尴尬。

当过了一百多年后，人们对靖难战争的印象没有那么深刻时，郭英就渐渐地具备了作为开国功臣而入祀太庙的可能。

郭英还有一个优势就是子孙后代中出了能人。他的六世孙郭勋为了能将祖先弄进太庙，可花了不少心思，首先是歌功颂德，撰写了《三世家谱》，将郭英与徐达、沐英两位开国名将相提并论，接着又利用国内兴起的《三国演义》《水浒传》等通俗小说的机会，编著了反映明朝开国战争的小说《英烈传》，利用这部小说大力宣扬郭英真假参半的丰功伟绩，例如在鄱阳湖大战中射死陈友谅；在平江之战中生擒张士诚等，为神化

∧《英烈传》插图

郭英而大造舆论声势。

郭勋最终能够如愿以偿，离不开明世宗的支持。他作为武臣与世宗的关系不一般，在皇帝与因循守旧的文官集团发生争议时，他旗帜鲜明地站在皇帝一边，故此深受宠信，被委以兴建祭坛的重任，甚至在皇帝没空时还可以代天子行祭礼。

明世宗对郭勋的卖力表现很满意，曾公开表扬道："武臣之中不可无此人。"当郭勋提出让祖先郭英入祀太庙的要求，世宗表态支持。但在朝中讨论时却有一些文臣加以反对，以致郭勋愤愤不平地埋怨文官们因为忌妒身份是武将的郭英，才滥用职权加以反对。

最后，明世宗不管他人的非议，一锤定音地批准郭英陪祭太庙，这场风波才宣告结束。

大一统之势

儒家崇尚"三代"，倡言"大同"与"小康"，力图建立一个理想社会。对居于化外之地的夷人，儒家经典也有一套教导，其中最值得注意的是《春秋》蕴含的"大一统"思想。

《春秋》的开头语是"元年春，王正月"。经学家们认为"元"是万物之始，"春"是一年之始，"王"是对诸侯发号施令的首领，而"正月"意味着诸侯要奉行王所制定的历法，王布政施教于天下，"自公侯至于庶人，自山川至于草木昆虫，莫不一一系于正月"，被王统治，以此标志着社会秩序的形成，这就是"大一统"的意义——一切统一于一个至高无上的权威。

孔子修订《春秋》之时，正是西周灭亡、东周处于大分裂与大动荡之时，因此他反对封建割据与政出多门，向往着一个以华夏为中心，以四周的夷蛮为藩属的世界。古人之所以如此重视统一，其中一个主要的原因是在中国早期的历史中，黄河流域经常洪水泛滥成灾，这往往对两岸依靠人工灌溉的农业造成了严重的打击。为了防洪，同时为了兴建人工灌溉设施与大型水利工程，需要一个中央政府统筹办理，否则各国会在制造堤防的工程中因各行其道、互相争夺水源，甚至会走向反面以至爆发战争,既破坏了水利,又使农业歉收、民不聊生。另一个原因是,由于北方的游牧民族每当不能用和平的手段与塞内的农耕民族进行贸易时,经常发动战争进行抢掠,致使各国的有识之士更加热衷于统一,以便集中力量一致对外。故此,《春秋》所推崇的"大一统"事业,最终要使"六合同风,九州共贯",中央政府要将风俗教化推广到天下各处,绝不能让四周的夷狄置身于外。应该指出,《春秋》没有直接提到"大一统",详细解释"大一统"思想的是《春秋公羊传》以及何休的《公羊解诂》等书,并对后世影响深远。

考古发现,商代的甲骨文已有"中国"一词,在古人看来中国是居于天下的中央,是世界的中心。被誉为"古今地理志之祖"的《尚书·禹贡》记载商朝王都的中心叫"甸服",外面分别是"侯服""绥服""要服"与"荒服",每一服的半径为五百里,它们如众星拱月一般围绕着中央,依次向远方延伸。最遥远的"要服"与"荒服",均属于夷而不属于夏。《周礼·职方》记载商朝之后的

∧ 边塞明军将士

周朝，领土进一步扩张，由五服增加到九服，其中，方圆千里的是位于中央的王畿。向外依次是方圆五百里的"侯服""甸服""男服""采服""卫服""蛮服""夷服""镇服""藩服"。从"蛮""夷"这些字眼可以看出，居住在外围地区的民族已非华夏。

王畿是天下文明的核心，离开王畿越远，文明程度越低，不但中国内部的诸侯要臣服王畿的中央政府，而且四周的"东夷""西戎""南蛮""北狄"，都要臣服于中央政府。由此形成儒教经典中理想的社会秩序。这一切，都像《诗经·小雅·北山》所描述的：

普天之下，莫非王土；

率土之滨，莫非王臣。

主张"托古改制"的孔子，他在生前始终看不到一个"大一统"国家的出现。孔子死后，鼓吹统一的学者除了儒家的孟子、荀子，还有法家的韩非子与杂家的吕不韦等，到了春秋战国末期，经过这么多思想家长年累月的宣传，中国的统一大业终于不孚众望，接近实现了。秦始皇自公元前230年至公元前221年，先后灭掉韩、赵、魏、楚、燕、齐六国，废除了各地的封建制，实行郡县制，把权力进一步集中到中央，他统一了各国的文字、货币和度量衡等，官府的公共工程部门已有能力进行大型的工程建设，初步完成了大一统的事业。

严格地说，秦朝的统一与儒教"大一统"事业还有一段距离，因为秦始皇未能制服匈奴，不能令这个北方实力最强大的游牧民族臣服中央政府，未免美中不足。直到后世的汉朝采取剿抚并用的手段才消除匈奴的威胁，从而完成了"大一统"的伟业。

世事多变，沧海桑田。秦汉之后，中原战乱频繁，周围不少民族乘虚而入在内地建立政权，到了13世纪，崛起于蒙古草原的蒙古统治者在1271年（宋咸淳七年，元至元八年）成立了被视为中原正统王朝的元朝，并致力于统一中国。

明朝取替元朝后，这个新兴的汉人王朝重新获得完成"大一统"伟业的机会。朱元璋、朱棣父子在位期间，相继对活动在边陲地区的女真、畏兀儿、哈萨克、藏、苗、黎等多个民族进行招抚，同时与朝鲜等国确认了隶属关系，逐渐按照儒家传统建立起朝贡体系。最显著的例子是在1409年（明永乐七年）设立奴儿干

∧ 元代的和林地区曾盛极一时，元朝灭亡后已急剧衰落；图为该地区的著名景点"银树喷泉"

都指挥使司（简称"奴儿干都司"）。这个新机构位于奴儿干这个元朝东征元师府的旧地，它直属中央政府的兵部职方清吏司，管辖的范围从东到库页岛；西到斡难河；北到外兴安岭，南到图们江。其全盛时设置卫所的数量达到了四百多个。由于这里生活着蒙古、女真、苦兀、朝鲜、吉里迷等大批少数民族部落，明朝便按照各个部落的活动范围设立了卫、所这类带有军事色彩的机构。卫、所头目通常由少数民族部落领袖出任。

对外夷的统治是否有效，也主要视其是否奉中原王朝为"正朔"，同时还要常常朝贡，以示忠诚。然而，在明朝建立之初，重返塞外的残元势力既不奉中原王朝为"正朔"，更不会进行"朝贡"，而是互为敌国。

自从元朝灭亡，逃到塞外的北元小朝廷先后以元顺帝、爱猷识理达腊与脱古思帖木儿为主，在此期间元帝从全中国的皇帝逐渐变成了蒙古这个局部地方的大汗。不过在蒙古人的眼中，蒙古大汗作为元帝的后裔仍然具有至尊无上的地位。脱古思帖木儿于1388年在捕鱼儿海之战惨败，其后在逃亡时被部下弑杀，从此蒙古草原便四分五裂，互相混战。一些割据政权各自拥立过不同的蒙古大汗，但大多昙花一现，甚至在历史上没有留下什么确切的事迹。

对于游荡在蒙古的北元政权，明朝开始是打算化干戈为玉帛。例如明太祖朱元璋在1378年（明洪武十一年）给去世的爱猷识理达腊撰写祭文时，称："君（指爱猷识理达腊）主沙漠，朕主中原。"他这样说，似乎愿意在某种程度上承认对方平等的政治地位。可是，双方关系始终未能恢复正常。

朱棣即位时，蒙古已经主要分裂为鞑靼与瓦剌两大势力，彼此水火不容。朱棣最初也是企图承认蒙古政权的存在，他于1419年（明永乐七年）给鞑靼可汗本雅失里寄信，里面说："朕主中原，可汗王朔漠，彼此可相安无事。"然而，事与愿违，双方的关系越来越僵。这意味着，朱棣打赢靖难战争后并不等于和平降临，战争仍然在局部地区顽固地存在，只不过厮杀的场所从中原移到了塞外的蒙古草原。这场你死我活的较量是元明战争的继续，朱棣注定要完成朱元璋未竟的事业。

鞑靼长期游牧于斡难河与克鲁伦河一带，现任大汗虽然是本雅失里，但掌握实权的却是阿速人阿鲁台。瓦剌最早的根据地在叶尼塞河上游，到了元末明初这个改朝换代之际时，乘机南下发展，势力范围东到和林，其边界地区与鞑靼的地盘处于犬牙交错的状态。瓦剌的实权人物是马哈木、太平与把秃孛罗这三个人。值得注意的是，阿鲁台、马哈木、太平、把秃孛罗等人都不是成吉思汗的后裔。这表明，异姓封建主正在尝试取代成吉思汗家族而成为争霸草原的新兴力量。

最初，朱棣对蒙古诸部的政策是以拉拢为主，陆续将归附的蒙古部落设立为羁縻卫所，当作屏蔽边境的藩篱。不过，其中的一些卫所却在明朝、鞑靼与瓦剌之间摇摆不定，叛服无常，最显著的例子是设立在辽东潢水以北至黑龙江以南的兀良哈三卫。鞑靼与瓦剌对待明朝的态度也各有区别。瓦剌善待明朝的使者，并与明朝确立了朝贡关系，而鞑靼人不但时不时南下骚扰明境，甚至悍然杀死了明使，以至和明朝的关系完全破裂，双方大打出手只是时间上的问题。

酝酿已久的战争于 1409 年爆发，这年 7 月，朱棣派出靖难有功的丘福为总兵官，率师十万北征鞑靼。然而仅过了一个月左右，出塞的丘福由于轻敌在克鲁伦河战死，以惨败告终。

怒不可遏的朱棣开始准备亲自动手收拾鞑靼。当时间转眼到了次年的 2 月，明朝便组织了号称"五十万"的军队，在朱棣的带领下由北平启程出塞，同行的还有三万辆武刚车，运载着二十五万石粮食。这一行人马浩浩荡荡地向蒙古腹地挺进，于 5 月 1 日顺利到达了克鲁沦河。

不久，明军的前锋从捕获的蒙古探子口中得知鞑靼上层统治者发生分裂的消息。大汗本雅失里不愿意跟随太师阿鲁台向东逃窜，而独自率领部分亲信向西，现在已奔逃到兀古儿扎河（即克鲁伦河北）一带。

朱棣采取"敌变我变"的战法，果断分兵，将大本营留在新建成的"杀胡城"中，自己率领精干部队携带二十日粮草，向西追击。明军日夜兼程地越过兀古儿扎河，在 5 月 13 日这一天赶到斡难河畔，追上并重创了逃至此地的敌军，但是未能杀死或俘虏本雅失里，因为这位大汗与七名亲信已渡过斡难河，乘乱逃脱了。

从斡难河凯旋而回的明军重返克鲁沦河旁边的大本营，接下来的任务是解决向东逃窜的阿鲁台所部，一场龙争虎斗又即将展开。

上文已经提到过，明军首席战将徐达于1372年上半年率领五万大军在蒙古土剌河以北受到残元势力的拼死阻击，惨败而归。前文提过，根据蒙文史籍《蒙古黄金史纲》的说法，元朝末代皇帝元顺帝的接班人必里克图（即爱猷识理达腊）在战前亲自祭天祈雪，如愿以偿地引来了大风雪，将进犯的明军士马冻死殆尽。在这里，统帅的作用竟然与萨满教巫师无异。

事实上，相似的事难免会再次发生。28年后，在朱棣首次亲征蒙古草原之役中，又遇到了鞑靼巫师的阻挠。当明军进至双清源这个地方时，有不少人目睹蒙古萨满教巫师施法时留下的痕迹。据军中内阁大学士金幼孜所写的《北征录》所载，1410年（明永乐八年）5月28日，"明军随征人员在渡河时得到了一块木板，上面有蒙古文字，遂将其上传到皇上面前。经过翻译官破译后，乃知内容全是祈雨之词。蒙古语称之为'扎达'，汉语意思为诅祝风雨，这种法术存在于蒙古部落中"。

巧合的是，在那前后，的的确确下起了连日大雨，明军也由于道路泥泞而增加了进军的困难。也许蒙古人会以为雨水是鞑靼巫师召唤来的，似乎因此而达到了一定的战略目的。不过，大雨始终未能起到阻止明军前进的作用，而胜利的天平也没有倒转过来。

总之，从流传至今的蒙文与汉文史籍都可以知道萨满教的巫师在蒙古军队中的地位一度极为重要。这些人进行的各种宗教活动，不应视为单纯的迷信行为，因为这已经成了稳定军心、提高士气的手段之一。

明军好不容易于六月初九来到静虏镇（兀儿古纳河一带），但仍迟迟捕捉不到敌军的主力。是继续前进，还是班师？就像鞑靼人遇事会求助萨满教的巫师那样，举棋不定的朱棣只好求助于随军的术士。

不过，当时姚广孝、金忠、袁珙等奇人异士均没有在朱棣身边，姚广孝与金忠留京辅助太子监国，而袁珙因为年事已高，在朱棣首次北征的同一年死亡，故也未能随征。《震泽纪闻》《明史》记载，当时军中著名的术士只有袁忠彻与皇甫仲和两人。袁忠彻曾经参与过靖难举事，现在是朱棣的随军扈从。皇甫仲和则是睢州人氏，史称其精通"天文推步学"，也就是能够利用天文来预知世事，如今此人正欲利用自身的本领为帝王效劳，作为进身之阶。

朱棣既命皇甫仲和与袁忠彻占卜，以定进退。很快，两人便得出了答案。皇甫仲和的回复是："敌人将于今日午后至傍晚时分从东南方向打过来。我军开始稍为退却，最后必胜。"袁忠彻的应答与皇甫仲和相同。

朱棣听见敌人有可能露面的消息后，当即打消了撤军的念头，留在当地等候。然而，一直等到日上中天仍然看不见敌人的踪影。他等得有点不耐烦，便叫来皇甫仲和与袁忠彻，质问两人是否计算有误？两人对答如初。

按捺不住的朱棣终于发火了，强行下命左右将士给这两名术士戴上刑具，并当场指示如果预测的结果没有得到应验，要将两人处死。正在朱棣暴跳如雷的时候，中官从外奔跑进来报告："敌军已经来到！"至此，误会冰消雪释，皇甫仲和与袁忠彻马上得到释放。

不一会儿，明军阵营前的山谷里出现了大批鞑靼人马。很快，游牧骑兵就如决堤的洪水般涌了过来，冲破明军阵前数百名尖兵的阻挡，杀向明军的右哨。右哨将士在武安侯郑亨的带领下用血肉之躯拼命堵塞了阵线的缺口，化解了游牧骑兵的第一波攻击。然而鞑靼人没有罢手，数千名游牧骑兵在阿鲁台的亲自带领下发动第二波攻击，争先恐后地冲向朱棣所在的御营。这一切正如皇甫仲和与袁忠彻所预言的那样，敌人将从东南方向发起攻势，而明军也在接战时稍为退却。

对局势了然于胸的朱棣亲自登上山冈俯瞰着战场，指挥神机营进行阻击。

神机营是专门装备火器的新式部队，其中比较厉害的火器是据说从安南引进的神枪，这种火器的特点是枪管装填上火药后再垫上一块硬木块来防止泄气，因而有增加射程的效果，既能够发射弹丸，又能够发射利箭，射程为三百步（古代一步约等于五尺）。而鞑靼军队主要的远程武器是弓箭，它用桑榆、野牛羊之角、鹿皮胶、皮条等物制成，其射程只不过为五十步，比起神枪差得远。

此时此刻，有机会大显身手的神机营在其他兵种的配合下，用各种火器轮番射击，打得鞑靼军队人仰马翻。

山冈上的朱棣如释重负地松了一口气，他明白反击的时机已经来到，便当机立断冲下山冈，带着数以千计的精骑如旋风般飞奔向前。各路部队随后跟进，众将士奋力用长刀斩敌，迎头痛击敌人。

无力抵挡的鞑靼军由进攻转为防御，接着全线溃退，手忙脚乱的阿鲁台在逃跑时竟然坠于马下，不过没有摔死，还有体力攀上战马狂奔。

双方正在你追我赶之时，变幻莫测的草原上突然刮起疾风，尘土飞扬，能见度亦随之降低，鞑靼人乘机溜走。

深入敌人腹地的朱棣想乘夜班师。《明史》记载，袁忠彻与皇甫仲和再次提出反对意见，声称："明天会有敌人来降，请姑且等待一下。"现在的朱棣对这两名术士的话已经是言听计从。不出所料，果然有部分鞑靼军队在次日来降。

至此，两名术士被军中将士奉若神明。这时袁忠彻已升为中书舍人，而皇甫仲和则由白身晋升为钦天监正，如愿以偿地成为朝廷掌管天文历法的长官。

此役，明军获得了最后的胜利，并在班师的过程中歼灭了一些零星的鞑靼军队，沿着兴安岭西麓，经开平于 7 月 17 日返回北平。从朱棣首次出征蒙古的全程可以看出，他仍然重用精于奇门占卜的术士。至于战神玄武大帝，据说也曾经协助明军与鞑靼交战。《北游记玄武出身传》称朱棣所部在 1405 年（明永乐三年）与鞑靼作战时遭到挫败，处境不利。突然间天空有披发仗剑的神人带着三十六员天将以及龟蛇等物现形，从北方杀过来，让朱棣转危为安。这种说法与史实不符，因为朱棣在 1405 年没有亲征鞑靼，所以也不可能存在玄武救驾的事。显然，在明朝与鞑靼的战争中，玄武大帝的表现没有像靖难战争那样抢眼，也没有被史籍大肆吹捧。理由可能是明朝主要以儒教治国，如今朱棣既然已经登基，那么回归传统的首崇儒教就成了必然的事，而玄武作为道教的战神，难免有时会受到史官的忽视。

在一些儒教学者的笔下，袁忠彻与皇甫仲和等奇人异士的作用也大大降低，朱棣则被涂上了更多带有宗教性质的神秘色彩，并按照儒学理论成了辅助上天治理人间的天子，连他的对外军事征伐也带有按照天意行事的意味，正如《尚书·泰誓》所称的"恭行天罚"。

根据儒家"天人感应"的理论，皇帝贵为天子，如果广施仁政，那么人间会出现种种吉祥的征兆，而且这类征兆还可以帮助本国的军队战胜敌人。从这个意义上说，皇帝无异于儒教的战神。过去朱元璋曾经显示神迹，现在朱棣继承先父遗志，而人世间亦水到渠成地多次出现吉兆。

朱棣亲征期间的确出现过吉兆，这些记载陆续出现在儒家学者的书中。例如随军而行的内阁大学士金幼孜写过一本叫《北征录》的书，书中记载他在征途中不止一次目睹土地涌出甘泉的奇迹。首先是在 1410 年（明永乐八年）3 月 30 日这一天，明军驻于兴和以北的清水源，在距离军营六七里远的地方，地上忽然涌出了甘泉。金幼孜亲自前往观看，发现溢出的泉水弥漫在周围，达到数亩之宽，足够部队饮用。两天后，金幼孜将所见所闻写成一篇《神应泉铭》，内容不外乎是充满了歌颂天子施政得当，天降祥瑞之类的辞藻。

这样的吉兆又在四月初七日发生，当时大军来到玉雪冈之北一个名叫玄石坡的地方，朱棣雅兴大发，登上一座小山的山顶，写下了"玄石坡立马峰"六个大字，令随行人员刻于石上。石碑刻成的当天晚上，有一股泉水冷不防地从地上涌出，"如神应泉，足饮人马"，被军中将士唤作"天赐泉"。金幼孜与尚书方宾、侍郎金纯等人奉朱棣之命前往察看，只见泉水周围密密麻麻地挤满了饮水的士卒与马匹。令人称奇的是，这股泉水在满足明军的需要之后，又神秘地壅塞了。

此后，地上涌泉的奇迹不断发生，12 日，明军驻在归化甸附近的山谷，有泉出现在军营的西南方向，人称"神祝泉"。到了 22 日，清冷泊这个地方再次涌出泉水，人称"瑞应泉"。这样的事迹太多了，看来，明军来到人地生疏的蒙古草原，总是经常受到缺水的困扰，将士们每当在地上发现可以饮用的泉水，往往把这归功于皇帝积下的厚德。天子有德，便会得到上天的保佑。

在朱元璋执政的年代里，这样的事发生了不止一次。而到了朱棣主持大局的时代，天降祥瑞的事继续接二连三地发生。朝廷乐意通过宣扬这类事迹来证明当今圣上确实是真命天子。

总之，对于明军为何会打胜仗的问题，无论是军中的江湖术士还是儒家学者，都按照自己的那一套理论做出了解释，而且，这些理论都得到了大多数人的认可。

明军首次北征顺利地结束了。鞑靼实力遭到削弱，傀儡大汗本雅失里在逃亡途中被宿敌瓦剌杀死。

鞑靼实权人物阿鲁台在明军撤军后的 1411 年（明永乐九年）表示服软，遣使到明朝朝贡，称："元氏子孙已绝，欲率部属来归。"1413 年（明永乐十一年），朱棣册封阿鲁台为和宁王。明朝终于成了鞑靼与瓦剌两大势力的宗主国。从此，朱棣再也不承认蒙古草原上还存在着与自己对等的蒙古大汗，这是历史的转折点。他称："华夷本一家，朕奉天命为天子，天之所覆，地之所载，皆朕赤子，岂有彼此。"这一观点多次在不同的场合向海内外宣扬，朝鲜《李朝实录》收录了朱棣阐述对蒙古政策的诏书，其中反复宣称"朕只奉天命，抚驭华夷"，可见这位皇帝确实认为自己不但是中原的帝王，也是蒙古之主。

朱棣首次北征之后，蒙古草原的大、小封建主基本上已经和明朝建立了隶属关系，主要形式有封王和设卫。封王，是指明朝给归附者册封王爵及印信，同时将部民与牧地封授给归附者。那时，瓦剌与鞑靼的实权人物马哈木、太平、把秃孛罗与阿鲁台等人，都已相续接受明朝的封王。设卫，一般而言，就是明朝给归附者封官及颁发敕书印信，并设立各类卫所。《明实录》记载，洪武、永乐年间先后成立的蒙古卫所有：忙忽军民千户所、失宝赤千户所、五花城千户所、斡鲁忽奴千户所、燕只千户所、翁吉剌千户所、武靖卫、河州卫、靖南卫、高昌卫、西宁卫、察罕恼儿卫、安定卫、阿端卫、全宁卫、泰宁卫、朵颜卫、福余卫、罕东卫、赤斤蒙古卫千户、沙州卫、赤不罕卫、坚河卫、哈密卫、曲先卫、竦和儿河千户所、只陈千户所、斡难河卫等等。

接受分封的蒙古部落，当然要奉明朝正朔以及向其朝贡。而明朝主政者亦以"给赠""回赠"等名义赏赐来贡的蒙古大、小封建主，实际相当于中央政权利用经济利益来笼络外夷，以为已用。这时候的朝贡已经演变成了一种贸易关系。因为游牧经济与农耕经济有很强的互补性，所以双方在和平时期经常进行这种经济交流。与朝贡并行的一种贸易方式是互市，一般情况下，不允许在互市时交易兵器、铜、铁等违禁品。此外一些部落还须向明朝纳粮、马等贡赋。归附的蒙古部落具有以下军事义务：第一，在一定程度上保障明朝边境的和平与稳定。第二，为明朝诏谕未附夷人。第三，做明朝的耳目，经常汇报虏情。四，从征。而明朝对蒙古藩属，也是有保护的义务的。具体的方式是救济，为归附者平定内乱，帮助他们抵御外敌侵扰，以及允许他们在面临危难时迁移到明朝的势力范围内避难。

明朝在蒙古实行分封制，在中原实行中央集权制。这两个地区在制度上呈现出如此巨大的差别，因而总是有一些人认为，明朝从来没有统一过蒙古。可是，如果人们承认元朝统治过蒙古，那么，就不应该否认明朝也统治过蒙古——因为元朝也和明朝一样，在蒙古实行的是分封制，在中原基本上实行的是以行省制为基础的中央集权制。元朝与明朝出现这种二元政治制度，是由于蒙古属于游牧经济，适合分封制；而中原属于农耕经济，适合行省制。归根到底是经济基础决定上层建筑——答案就这么简单。

元朝与明朝都在蒙古实行了分封制，两者都有不少相同点：元代诸王汗国的独立性非常强，诸王可以在自己的汗国内任命官员，汗国的军队一般不入国家的正式军籍等等。而明代的蒙古大、小封建者在自己的封疆内也拥有类似的权力。

当然，元明两代在蒙古的分封制也有很多不同之处，显著的例子是元代分封的诸王均为同族贵戚，所以他们可以参议朝政，对中央朝政施加影响。元朝廷也有管理诸王贵戚事务的专门机构，例如：内八库宰相等，这些都是明朝对蒙古的政策所没有的。

总之，无论是元朝还是明朝，要想与桀骜不驯的蒙古封建主维持长期的宗藩关系，必须以强大的国力为后盾，并时常以各种借口对塞外的封建主进行赏赐，否则，游牧部落是会放弃与农耕民族进行和平经济交流的政策，而改用武力入塞掠夺的。

明朝即使在朱棣主政期间国力蒸蒸日上，瓦剌等归附的蒙古部落也还是背叛无常。1413 年，阿鲁台上奏明朝，称瓦剌擅立答里巴为新大汗，朱棣亦以此为理由公开指责瓦剌，蒙古政局变得波谲云诡，乌云再次笼罩在长城内外。1414 年春，朱棣的第二次北征又开始了，这次出师的理由是瓦剌扣留明朝使者，企图骚扰明境。号称"五十万"的大军出塞之后，于六月初七日深入到位于克鲁伦河及斡难河之间一个叫忽兰忽失温的地方，在这里终于遇上了瓦剌的主力三万多人。两军经过一天的苦战，以瓦剌的失败而告终。

瓦剌首领马哈木、太平与把秃孛罗等人向西奔逃得无影无踪，而获胜的明军没有穷追不舍，随即撤回了塞内。

惨败的瓦剌向明朝遣使谢罪，表示改过自新之意。而鞑靼却利用瓦剌中衰的机会再次兴风作浪，威胁明朝国防的安全。朱棣于 1413 年干脆将首都从南京迁到了北平（北平改称北京），执行"天子守国门"之策，放手经略蒙古。这位雄才大略的君主分别于 1422 年（明永乐二十年）、1423（明永乐二十一年）、1424 年（明永乐二十二年）连续三年对鞑靼的地盘发起了犁庭扫穴般的攻势，作战的范围主要集中在东蒙古的阔滦海子（即呼伦泊）、大兴安岭山脉等地。不过，阿鲁台采取避战之策，抢在明军到来前就带领部属撤往极北的苦寒地藏匿了起来，虽然在东迁西徙的逃难过程中遭到一定的损失，但总算保存了部分实力。如入无人之境的明军扫荡了鞑靼的根据地，还顺便打击了一些亲近鞑靼的兀良哈部落。

若论作战的激烈程度，明军的后三次北征比不上前两次，可仍然给蒙古地区的经济生产带来了很大的破坏，很多牧民为了逃避战乱也被迫背井离乡。这一切让朱棣深有感触，据说在他最后一次深入蒙古草原时，于 1424 年 5 月驻跸于开平，其间做了一个奇怪的梦，并在梦醒之后叫来随军的大学士杨荣与金幼孜两人问道："朕昨晚三更时分，梦见一位神人，其形状与俗世所画的神像一模一样。这位神人当着朕的面多次告诫说'上帝有好生之德'，这是不是祥瑞？难道在塞外逃亡的敌人也会受到上天的关注吗？"

杨荣等人回应："上天很清楚陛下'好生恶杀'的品德，讨伐敌寇是为了除暴安良，然而战火一开，有时难免会玉石俱焚，殃及无辜，陛下唯有多加注意就是了。"

"众卿家之语正合朕意，朕岂能以一人之罪，而殃及无辜。"朱棣深以为然地对这次谈话进行了总结。其后，他在行军途中专门召集诸将训话："古人认为'禁暴诛乱'是武德之首，又有'止戈为武'的说法，含有阻止杀戮的意思，而非滥加杀戮。朕为天下之主，无论华夷，皆是赤子，不分彼此。如今有罪之人只有阿鲁台一个，其他的全是胁从之辈，可从轻发落。从今以后凡是来投降的敌人，都应该加以善待，不能让其流离失所。那些没武器，不敌视我军的平民，绝对不能伤害。

∧ 明军将士

这样才显示出朕上体天心，下爱人民之意。"

上面这段记载出自杨荣亲笔所作的《北征记》，在这位儒士的文章中丝毫看不到江湖术士的影子。不过，朱棣发了怪梦而不找术士占卜，似乎与他过往迷信的作风不符，至于当时事实的真相到底如何，现在已经很难搞清楚了。

有一点可以肯定的是，杨荣与金幼孜等儒士决心竭诚辅佐朱棣，使其成为明君，并按照传统的儒家理论共同努力将部队建设成为一支仁义之师。

北征大军进至答兰纳木儿河、白邛山一带，不见敌踪而还。朱棣取道归勒里河、洮儿河回撤，并指挥部队顺便扫荡了这一苛的残敌，不料在途中突然染病，于 6 月 18 日病逝于榆木川（即乌珠穆沁部东南一带）。统帅部为了避免军心动摇而秘不发丧，文武大臣们奉着朱棣的灵輀返回塞内，经过居庸关于 8 月 1 日回到了北京。

为了稳定边区、巩固统一，朱棣作为一国之君，不惜跋山涉水、栉风沐雨地五次亲征漠北，最后死在征程上，这种呕心沥血、肝胆涂地的行为在中国古代帝王之中是比较罕见的。明史专家孟森先生对此一针见血地说道："朱棣五征漠北，皆亲列行阵，假使建文继承祖业，必不能有此。"这个评价非常中肯，也符合历史事实。

走上神坛的皇帝是军队的头号偶像。明代总共有十六个皇帝，但是真正冲锋陷阵浴血沙场，建立不朽功绩的只有太祖朱元璋与成祖朱棣两人，以后便一代不如一代了，大部分在位者都是生于深宫之中，长于妇人之手的娇生惯养之士，而敢于御驾出征、亲冒锋镝的只有明宣宗朱瞻基、明英宗朱祁镇、明武宗朱厚照等寥寥数人，不过战绩也远逊于开国、靖难二祖。总体而言，时间越往后，明朝皇帝越来越文质彬彬，与文臣们拥有更多的共同语言。

第四章

承前启后

信仰的危机

自从朱棣死后，明朝与蒙古一度保持了较长时间的和平。而随着岁月的流逝，蒙古的政局起了重大的变化，具体的表现是鞑靼的衰落与瓦剌的崛起。当初朱棣对蒙古发起了五次亲征，有四次是针对鞑靼的，致使其根据地受到严重的破坏。鞑靼诸部颠沛流离，从此陷于内外交困的处境而一蹶不振。

朱棣死后，明朝调整了政策，更加注重于休养生息，不再轻易对外大规模用兵。乘机坐大的瓦剌肆无忌惮地扩张势力，经过将近二十余年的努力，陆续使用武力吞并鞑靼、兀良哈三卫等部落，基本统一了蒙古，接着又将手伸向了明朝。

战火于1449年（明正统十四年）4月上旬在平静多年的长城沿线重新剧烈燃烧起来，明朝与蒙古的全面战争一下子爆发了。一位名叫也先的瓦剌封建主决意分兵四路进犯，原因之一是他发现与明朝进行和平经济往来不能满足自己日益增长的物欲，因而付之武力。在这次精心策划的大规模的入侵行动中，他亲自率领部属杀向大同，受他操纵的傀儡大汗脱脱不花则转战辽东，阿剌知院准备攻打宣府，此外，还出动一路偏师骚扰甘州。

这几路兵马中，以也先所部的两万人马最为强悍，以迅猛之势在通往大同的猫儿庄打死了明军驻防大同的右参将吴浩，接着又于7月15日在阳和口重创了一股前来阻击的明朝援军。西宁侯宋瑛与武进伯朱冕等人殉国，只有监军太监郭敬与都督石亨等少数人得以逃生。在此期间，脱脱不花也闯入了辽东镇静堡、广宁等地，闹得鸡犬不宁，俘虏大批军民，抢走无数物资。同时，阿剌知院在宣府附近的独石四处掳掠，肃州等处也受到瓦剌偏师的袭扰。

前线的败讯不断传回，举朝震惊。明英宗在亲信太监王振的教唆下，企图效法祖先犁庭扫穴的壮举，尽快把敌人赶回草原深处，他经过短短两天的准备，于7月17日迫不及待地率领号称"五十万"（真实兵力为二十余万）的军队离京，取道居庸关、怀来、宣府等地向大同前进，途中栉风沐雨，经过艰难的跋涉于28日来到阳和。在这个刚刚受到战火摧残的地方，遗留着一具又一具的尸体，军中将士目睹种种战败的惨状，士气难免受到影响。

针对明英宗的大举出击，也先所部巧妙地暂时采取避战措施，隐蔽了行踪，

∧ 明英宗

打算用灵活机动的战法与之周旋。当明军大部队于八月初一来到大同时，突然得知宣府侧翼的独石等据点在敌人的攻击下失陷，操纵实权的王振惊慌失措，担心后路被切断，不敢再执行"御敌于国门之外"的原定计划，匆忙挟持明英宗回撤。

还没有等这支绕道宣府的部队撤回北京，尾随的也先所部已于8月13日追了上来。明军负责殿后的恭顺侯吴克忠、都督吴克勤等人在雷家站战死。明英宗得知战况不利，紧急命令成国公朱勇、永顺伯薛绶率四万明军赴援，谁知又在雷家站附近的鹞儿岭中伏，全军覆没。

在一败再败的情况下，明军剩余部队只盼尽快离开这个危机四伏之地，早点返回京师。当他们退到距离怀来仅有二十余里的土木堡驻营时，处境已经非常不利。由于地势高亢，将士们掘地两丈也找不到水。紧追不舍的瓦剌先头部队偏偏在这个时候现身了，并控制了土木堡十五里外的一条河流，致使明军将士因得不到饮用水的补给而人困马乏，饥渴难忍。随着时间的推移，越来越多的瓦剌骑兵从土木堡西北的麻峪口冲过来，聚集在明军大营附近，摩拳擦掌，准备发起最后的攻击。到了15日，也先侦察得知明军企图移营向水源靠近，并观察到对方的队形散乱，果断下达了总攻击令，指挥瓦剌骑兵从四面八方一齐杀过去，结果没有遭遇到什么顽强抵抗，就将明军打得全线溃败，尸横遍野。太监王振死于乱军之中，一大批随军的文武大臣殉国，明英宗也成了俘虏。

蒙文史籍记载，明英宗被捉的过程有点意思，《黄金史纲》称明军大溃时，除了三百人不曾离开阵地外，"余者俱遭屠戮"，瓦剌军生擒了一人，问："你们何以不动？"那名俘虏回答："我等系大明皇帝臣子，岂可弃君逃跑？"当瓦剌军追问"哪个是你皇帝"时？那个俘虏便把掩藏于地下的皇帝指了出来，于是，瓦剌军从坑中拽出皇帝，并拔刀用力砍去。奇怪的事发生了，据说瓦剌人的刀不但砍不伤皇帝的身体，而且自己的环刀也一段一段地落刃了，而将皇帝捆绑起来抛入水中，又浮而不沉。瓦剌人既然无法加害明帝，只好将其作为俘虏收容。在这里，蒙文史籍显然按照草原上带有神话色彩的政治文化习俗而对明英宗做了不切实际的神化。因为那时有一种传说，称明成祖是被朱元璋俘虏的元顺帝后妃所生，因而在一些蒙古人的潜意识中，明英宗便成了成吉思汗后裔的一分子，天生具有神圣性。

汉文史籍记载，明英宗实际上是束手就擒的，根本没有显示出什么神迹。事实上，汉文史籍经常神化中原的君主，但在"土木之变"中这类事却付之阙如。前文提过，在朱元璋与朱棣执政的年代里，明军在塞内外作战时经常出现"地涌甘泉"的神迹，可是到了明英宗亲征的关键时刻，这一套不灵了。正如前文所提过的那样，明军屯于土木堡时拼命挖井也找不到水源，致使饥渴交困，这是其一败涂地的重要原因。官修史书之所以没有像以往那样吹嘘"地涌甘泉"之类事，也许与当时明军痛失地利而束手无策有关，史臣想用春秋笔法粉饰也无从下手。

由于"天人感应"在开国之初受过官方的热情吹捧，并成为元明易代的理论依据之一，因而具有某些神圣的色彩，可如今明英宗的低劣表现，似乎证明上天不再眷顾大明天子，那么，过去受到此学说影响的人，就难免会在朱家王朝到底还能统治多久的问题上产生疑虑了。事实上，根据儒教"天命靡常"的思想，自古以来不存在永远不会灭亡的王朝。而"五德始终说"的理论也认为改朝换代是合理的，每个旧朝与新朝都依据五行的次序而有规律地轮回着，无论是哪一个朝代的天子，都可能会因施政不当而被上帝革去所受的天命，取而代之的是新的真命天子。过去，朱元璋以这一套理论证明元顺帝气数已尽，而自己统治天下是合理的，那么，现在明英宗兵败被俘是否也是冥冥中早已注定的呢？值得注意的是，一些史书在提及土木之变时，充满了天意难违的宿命论的观点。《震泽纪闻》记载曾经跟随朱棣北征蒙古的皇甫仲和对天文历数深有研究，土木之变发生前，他年纪已老，但仍然对国事忧心忡忡，在与内阁学士曹鼐私下商讨时认为肯定没有官员能够谏止皇帝亲征，因为他夜观星象，发现"紫微垣（指天帝居住之处）诸星皆动"，但为了稳妥起见，他建议先在京城"立储君"以代理国政，然后皇帝再出发。曹鼐回答道:"东宫(指太子)年纪尚幼,不容易履行代理国政之事。"皇甫仲和已经对即将到来的危局有所预感,无可奈何地说:"恐终不免于立。"意思是皇帝此去会有不测之祸,到时必将另有他人挺身而出代理国政。《明史》也有类似的记载,侍讲徐珵以熟悉天文而著称,他在土木之变期间夜观星象,发觉了"荧惑入南斗"的罕见现象,便得出了"天命已去"的结论,因为传统的占星理论认为荧惑(火星)进入二十八宿中的斗宿,将不利于国家与君主。有鉴于此,他建议朝廷应该放弃北京而迁都于南方,以渡过难关。此人对自己的研究成果深信不疑,并提早把妻室送往南方避难。

总之,天文历数学说,有时候会不利于明朝的统治。而儒教的一些观点就像一把双刃剑,既可以用来打击政敌,可也存在伤及统治者自身的可能。无论是儒教"天命靡常"的思想,还是"五德始终说"的理论,在负面影响上常常比不上"天人感应",因为"天人感应"的结果在现实世界中是一目了然,难以遮掩。开国皇帝朱元璋对此似乎有所察觉,因而在位时曾公开表示对"天人感应"不太理解,尽管在表面上仍旧推崇这种传统理论。随着时光的流逝,执政者对这种理论的负面影响体会更深,故有时对这种理论倡导的灾异观念显得意兴索然。例如日食不再被视为灾异,而当作一种不可避免的自然现象,也取消了一些人为的消灾仪式。从1413年开始,朝廷君臣即使逢正旦日食,也不再像以往那样罢朝会。这种新思维在很大程度上得前益于天文历算的进步。统治者在施政时时常会对灾异观念进行淡化处理,皇帝在改元易号方面的热情也显得降低了,每个皇帝只沿用一个年号,不再像前朝一些皇帝那样,遇上祥瑞事件就进行改元,以示重新接受天命。

知识界对"天人感应"以及祥瑞、灾异学说的自相矛盾之处没有熟视无睹,不少人进行了批评。例如明代中期儒学大师王廷相认为这种学说是胡说八道,理由是日食、月食以及彗星行踪等天文现象都可以依靠天文历法推算出来,指出人们不应该再把它们视为祥瑞或灾异,他揶揄道:"假如上天真的为民着想,为何不直接惩罚世间那些作恶多端者,反而要用水、旱、蝗虫等灾害告诫国君,从而导致无数百姓因农作品歉收而处于饥饿状态,直至死于非命,天会这样愚蠢吗?所以所谓的'天人感应'学说,绝对不可相信!"

由于在现实生活中，好人没有好报，恶人没有恶报的事层出不穷，彰显出"天人感应"于善恶报应的问题上不能自圆其说，故不可避免地遭到其他宗教思想的强有力挑战，其中佛教的影响比较大。根据佛教的说法，人的命运需要经过前世、今生与来世的无数次"轮回"，个人的善恶报应即使不在今生兑现，也必定兑现于来世。佛教的"前世""来世"等观念虽然得不到经验的证实而神秘莫测，可是很多精神上无所皈依的人还是采取宁可信其有，不可信其无的实用主义态度，成为信徒。佛教的报应观念弥补了"天人感应"理论仅仅关注现实生活的缺陷，也满足了大多数信徒潜意识中好人有好报，坏人有恶报的良好愿望，尽管在不同的历史时期，始终有不少儒者对佛教理论不服气。

在"天人感应"等传统学说受到质疑的同时，也不断出现了新的观点，而在时间的长河中，一些博采众长的儒家学者对佛教各种流派学说进行了有益的借鉴，因势导利地提出新的主张，使之在各个时期又有了不同的特色，甚至连明朝推崇备至的程朱理学，也受到影响。其中，"天人合一"的新提法广受瞩目，早在北宋年间，出入佛老、学有所得的张载在《正蒙·乾称》篇中明确提出了"天人合一"的新概念，在学术界起到震耳发聩的作用。张载认为人与万物在天地之间生生不息，都源于宇宙中无所不在的浩大元气，彼此已经融贯成为统一体，本质上都具有同一性。由于"天人合一"，所以"天意"与"人心"也具有一致性。故此，他认为要了解"天意"，可以采取"求诸内心"的捷径，而观察外在的天象反倒是次要的了。这种仅靠"内心的省悟"就可以有一番成就的理论，显然得益于佛教禅宗"吾心即佛"的学说。禅宗认为"人人皆有佛性，人人皆可成佛"，而张载的"天人合一"也蕴含着"人人皆可知天"之意，而这种思想反映到宗教仪式上，就是人人皆可祭天，从而与唯有天子才可以祭天的传统思想迥然不同。张载对"天人感应"所导致的善恶报应问题也有标新立异的看法，他认为每一个人秉承的天地元气并不相同，因而自身的素质以及际遇也不一样，无论高贵与贫贱，都是天意，都要安之若素。他倡言若有人具备尧、舜那样的才华，就应该当仁不让地把天下治理好，如果不幸碰上申生那样多舛的命运，就应该毫不犹豫地面对死亡。他在《正蒙·太和篇》中指出天地元气"聚亦吾体，散亦吾体"，故"死而不亡"，从而没有什么好畏惧的。显然，他承认"天人感应"，也说过"上天之载，有感必通"

∧ 张载

的话，不过，却不关心天道报应这类问题，认为普通人做好自己的本分就行了，正所谓"死生有命，富贵在天"。但是圣人应该"尽人谋而知天命"，做到既"知人"，又"知天"，这样就可以"黜怪妄、辨鬼神"，以达到利用神道来教化百姓的目的。

张载的"天人合一"理论，对后世盛行的程朱理学产生了影响，例如朱熹综合各种"天人感应"的学说而提出"天地万物本吾一体，吾之心正，则天地之心亦正"，"吾之气顺，则天地之气亦顺"，承认这种修道之教是有"效验"的。在此基础上，朱熹对祭天这种神圣的仪式也有了新的想法，反对人们随便烧香拜天，宣称"天只在我，更祷个什么！一身之中，凡所思虑运动，无非是天。一身只在天里行，如鱼在水里，满肚子都是水"。这是一种注重"修身"，反对虚应宗教仪式的观念。

不过，基于政治上的原因，朱熹对"天人感应"所导致的善恶报应问题采取了灵活的态度，并经常在公开场合对传统的"天人感应"思想进行肯定。他曾经以"上帝震怒，灾异数出"为由，列举"秋冬雷雹、苦雨伤稼、山摧地陷，无所不有，皆为阴盛阳衰之征"等现象，公开奉劝当时的皇帝要"克己自新"，以修德消灾。由此可知，在奉朱熹的思想为圭臬的明初，"天人感应"的观念有时仍旧大行其道，不是毫无原因的。

辅助朱元璋夺取天下的一些股肱之臣对善恶报应之类问题也有自己独特的想法，例如刘伯温在秉承张载、朱熹等前辈学说的基础上，说过一番话，"人也者，天地之分体，而日、月、木、火、土、金、水之分气也"，"夫气，母也；人，子也。母子相感，显微相应"，是不可废除的"天人之理"。而针对现实生活中好人不一定有好报，坏人不一定有恶报的现象，刘伯温也尝试解释说这并非完全是天降祸福所致，而是阴阳变化无常，令世间"邪正二气"乖戾所致，因为正气"福善祸淫"，邪气"福淫善祸"。他认定"邪气"虽然会"行于一时"，但"天之气本正”，而邪最终必不能胜正。即使人世间发生了有悖于“天人感应”的事，也不过是天理的暂时权变而已，绝非常态。

随着“天人感应”学说的改良与发展，越来越多的学者沿着张载、朱熹等前辈的路，提倡“上不怨天，下不尤人”，只需做好自己的分内事，唯求“无负于天”即可。

然而，出于“神道设教”的目的，经过改良的儒家学说不可能完全杜绝宗教仪式，基于“人人皆可知天”的观念，因而每个人都可祭天。故李文忠在明初率部出塞打到桑哥儿麻这个地方时，便以主将的身份向天祈祷，促使“地涌甘泉”的神迹出现。而朱元璋也不认为李文忠的所作所为属于僭越，当然也不会在事后追究。可见，就算是传统的“天人感应”观念，也潜移默化地带上了新时期的特色。

由于“人人皆可知天”，因而每个人都天然地蕴藏神圣的基因，到最后，又发展成为“人人皆可为圣人”。由于对圣人人格的追求意识使得很多士大夫毫不畏惧地用道德伦理作为武器批评皇帝，而拒绝毫无原则地进行愚忠，特别是在明朝中后期，君臣政见不同而互相抵牾的事常有发生，见怪不怪。

“天人感应”学说受到知识界的质疑，而传统的占卜之术也遭到不少人的抵触。朱熹对《周易》的一番论述很有代表性，他认为“上古民淳”，不像后世的士人那样通晓“理义”，故遇事往往搞不清来龙去脉，以致无所措手。因而圣人作《易》，教上古之民占卜，以“吉”“凶”两种结果做办事的参考。到后来，由于“理义”等学问在世间的传播，因而世人遇事自然以“理义”作为是非的标准去判断，不必再占卜了。正如舜对禹所说的那样，“朕志先定，鬼神其必依，龟筮必协从”，正人君子行事吉祥如意，没有必要事事依靠占卜定吉凶。

但对于《河图》之类的谶纬之书，朱熹还是承认其有阐释天意的作用，后世儒者对这类书越来越采取“可通者存其理，不可通者存其说”的灵活态度。

回顾朱元璋创业建国期间，的确招揽了一批江湖术士，让这些人以占卜定“吉”“凶”的方式参与决策，这可能是因为军中充满了文化水平不高的低下阶层人士，需要使用这种神秘手段来稳定军心以及鼓舞士气。在这种风气下，连刘伯温等大知识分子也不能免俗。然而，凭着占卜来定“吉”“凶”，总有不灵验的时候，知识界对此质疑之声不断。随着大量文人在明代中后期通过科举入仕而得以染指军事，占卜在军中所受到的重视程度也相应下降了。

应该指出的是，如果把明军在土木之变中的失常表现与"天人感应"或者占卜算卦的影响联系在一起，那便在很大程度上会犯本末倒置的错误。越来越多的人已经认识到，军队在战场上无论胜负如何，都与部队长期积累的各种现实问题有关。当时，各级军官以明初功勋集团的子孙为主，除了少数精英之外，大部分是滥竽充数者，这类依靠世袭制度得以任职的纨绔子弟，在太平岁月里过惯了悠悠的生活，不再像父辈那样久经战火的考验，因而疏于战阵，成了名副其实的少爷兵。其显著特点是既有"骄气"，又有"娇气"。所谓"骄气"，是纸上谈兵式的骄傲自满，而"娇气"是娇生惯养，百无一用。他们虽然位居要职，但指挥能力与其祖先相比不可同日而语。此外，将领吃空额、士兵逃亡等积弊一直未能得到纠正，种种腐化现象使这支军队难以应付日渐严峻的国内外形势。

土木之变促成了明初功勋集团的急剧衰落，也成了士大夫集团强势崛起以及加大对军队的控制力度的契机。土木之变后，北京保卫战紧接着打响。朝廷之中士大夫集团的代表——兵部尚书于谦临危受命指挥各路部队于10月间与来犯的瓦剌军队对峙，誓保江山社稷。《震泽纪闻》这类书在后来追述此役时按照惯例有意显示皇甫仲和的先见之明，据说他在瓦剌包围京城时登高瞭望，对家人说道："云头南向，大将气至，这是敌人被迫退兵的迹象。"杨洪、石亨等名将果然从宣府、大同等处回援，对瓦剌军队起了一定的牵制作用。

瓦剌的野战能力比较强，但攻城能力却有限，在塞内到处碰壁，捞不到太多的油水，又加上连番作战损失不少人马，最后只能退回蒙古草原。不久，双方展开谈判，恢复了正常的贸易往来，而被俘的明英宗也于1450年（明景泰元年）8月得到释放。

明英宗回国后伺机发动政变废黜了在北京保卫战期间上台的明代宗，重新执政。

∧ 于谦

为了替英宗洗刷土木之变的耻辱，一些文官把战败的责任推给了王振，而"天人感应"派上了新的用场。以吏部文选郎中身份跟随出征的李贤，后来在《古穰杂录》中就是这样说的，他称自从太监王振专擅以来，"上干天象，灾异叠见"，比如浙江与陕西等地出现地动山移、黄河改道等种种异象，可是这位太监不思改过，而且"讳言灾异"，没有及时施行善政进行补救，结果"盗不可遏，蝗不可灭，天意不可回矣"。土木之变前夕，王振不与大臣商议，挟天子率师亲征，一路上天时、人事极其不顺，非风则雨，人畜惊惧，而王振不能妥善解决后勤补给问题，致使缺乏粮饷的军队饥渴不堪，最终一败涂地。

可是不管怎样文过饰非，也改变不了明英宗曾经被瓦剌俘虏的屈辱事实，这一事件让人不免把"天人感应"与皇帝的举止失措联系在一起，有时会起到不利于明朝统治的反作用。虽然张载、朱熹、刘伯温等大儒相继企图对这一学说进行修正，可是也难以从根本上改变儒教的"天命靡常"思想。深受儒家思想教育的统治阶级对此洞若观火，后来多位明朝皇帝出于巩固政权的目的，有时不得不借助儒教以外的宗教信仰。思想观念改变的事实早在建国之初已经有所显示，注重"三教合一"的朱元璋除了研究"天人感应"的善恶报应观之外，也重视佛教的因果报应说，认为这些都对百姓有教化作用，他甚至在亲自撰写的《修教说》中称："定业难逃，果报昭然。"随着时间的推移，这些思想观念的改变与儒教信仰的危机息息相关，这种信仰的危机在皇室内部一日比一日明显，而在儒家正统学者的眼中，离经叛道的事情也越来越多。皇族之中本来存在的拜佛求仙风气越演越烈，最后一位皇帝明思宗甚至有一段时间干脆改信了来自欧洲的天主教。

信仰危机最典型的表现是不少皇帝热衷于在宫中设斋建醮以及修炼旁门左道之术，而明光宗、明熹宗等皇帝的死亡均与误服术士的丹药有关。有意思的是，一些皇帝对藏传佛教的兴趣大增，继明英宗之后登基的明武宗等人对藏传佛教的态度已经产生了微妙的变化。《国榷》称明武宗喜欢外族文化，"尝习胡语"，自号"忽必烈"，同时对"西番教"也很感兴趣，"佛经梵语无不通晓"。他又自号"大庆法王"，在禁宫内搞了一个豹房，身穿僧衣，与番僧出入其中。这些行为当时就遭到群臣的交章谏阻，后来又被文人们一一记入《明实录》中，以昭示于世。毫无疑问的是，这类修行方式与儒教的纲常伦理道德理论不符，而不止一位明帝沉溺于此的事实正好生动地说明了传统的信仰正在遭遇前所未有的挑战。

然而，直到明亡为止，朝廷都没有彻底放弃"天人感应"以及祥瑞、灾异学说，并在政治上加以利用。例如，《明史·云南土司传》记载，1502年（明弘治十五年）正月，景东卫一带"云雾黑暗，昼夜不别"，前后长至七日。明孝宗命令廷臣"议考察，以射天变"，南京刑部、都察院等相关职能部关承旨，"考黜"文武官员，数量达到一千二百员。在这里，"天人感应"成了整顿吏治的借口。

∧ 明武宗

神圣家族与塞外新政教

明代中后期，蒙古草原的局势也发生了翻天覆地的变化。

虽然明军在洪武与永乐年间多次出塞，对残元势力进行穷追猛打，并取得丰硕的战果，但却未能彻底解决蒙古问题。其后，蒙古部族分分合合，直到1438年（明正统三年），瓦剌才用武力统一了蒙古诸部。然而，瓦剌权臣也先历来有觊觎汗位的意图，他违心拥立成吉思汗后裔脱脱不花，只不过是为了收买人心的权宜之策，等到土木之战胜利后，这位枭雄的自信心进一步膨胀，打算在声威日隆的情况下开始篡位，因而必然会与脱脱不花发生龃龉，导致兵戎相见。《明实录》记载也先在1451年（明景泰二年）抓到机会给了脱脱不花致命的一击，"尽收其妻妾太子人民"，令脱脱不花死于逃亡途中。至此，作为异姓封建主的也先于1453年（明景泰四年）自立为汗，终于完成了多年的夙愿，这时距离元朝灭亡已经85年了。

然而，在蒙古传统社会中，有一种根深蒂固的迷信观念认为蒙古大汗必须要由成吉思汗父系氏族出身的后裔来担任。《黄金史纲》说得好，"成吉思汗是受天命而生的"，那些在草原上生活的牧民普遍信仰天神，称天为"腾格里"，极之敬畏，正如，《译语》所载，这些人"每闻雷声砳磕，辄走匿，瞑目屏息，若将击己"。这表明，尽管成吉思汗的后裔们影响力每况愈下，但是他们作为"天之骄子"，却仍然具有不可忽视的威望。有意思的是，就连一度被蒙古诸部奉为宗主的明朝皇帝朱棣，《黄金史纲》等蒙古史籍也认为他是元顺帝的后妃所生。这位后妃虽然因大都失陷而落入朱元璋的手里，可是在被俘前已怀孕，故朱棣天生而具有成吉思汗的神圣血统。

就连成吉思汗遗下的宫帐也成了圣物。这就是著名的"八白帐"，这是由成吉思汗生前住过的斡耳朵（斡耳朵是宫帐的意思）及其遗物发展而成的，总数达到八座白色的大毡帐，组成了成吉思汗的灵堂。"八白帐"迎合了蒙古人对成吉思汗崇拜的情绪，因而一些蒙古大汗为了表明其继承汗位的立法性，纷纷在帐里举行即位仪式，到后来，这种仪式成了汗位继承者合法性的标志。蒙文史籍中关于明代蒙古大汗在八白帐即位的记载，最早是成吉思汗的后裔阿台汗，时间在1425 年（明洪熙元年）。逐渐形成风气之后，即使是图谋篡立的也先，亦选择在这里即汗位。显然，这位异姓封建主找不到合适的篡位理论，企图向传统的成吉思汗信仰靠拢，可是这类不伦不类的行为难以服众，因而在某种程度上注定了其统治是不稳固的。

为了防止成吉思汗后裔卷土重来，也先竟然大开杀戒，《名山藏》称他"杀元裔几尽"，很多人在这次大屠杀中惨遭毒手。这种残忍嗜杀的行为搞得人人自危，每个部落内部都议论纷纷。也先没有及时消除蒙古各部之间的鸿沟，反而继续采取高压政策。他因猜忌阿剌知院，便暗中在宴会上下毒鸠

∧ 成吉思汗

杀其子，老谋深算的阿剌知院佯作不知，隐而不发，等到 1454 年（明景泰五年）8 月，便伺机对正在打猎的也先发动突然袭击。据史料记载，阿剌知院在杀也先前，数落其滥杀无辜的罪行，称："天道好还，今日轮到汝死矣！"

正如《蒙古源流》所记载的那样，全体蒙古人认为"圣主（指成吉思汗）不仅仅是蒙古的主上，而是收服了整个五色四夷的皇天之子"，谁冒犯了成吉思汗的神灵，谁就会"招灾引祸"，书中接着描述也先的父亲瓦剌太师脱欢因为在成吉思汗遗下的宫帐中举止悖谬，结果被成吉思汗的神灵用箭射死。关于类似的传说，诸多蒙文史籍均有记载，反映了蒙古人对企图篡位的异姓封建主的诅咒。故也先的被杀，是他在政治时机尚未成熟时贸然夺取汗位而致使的必然结果。

在此期间，一些蒙古封建主利用世人视传国玉玺为"天命符瑞"的心理，经常打着献宝的幌子，企图在与明朝打交道时渔利，可惜往往难以如愿，因为明朝君臣对此玺的重视程度下降了。这种情况早在明朝开国之初就已出现，虽然朱元璋念念不忘传国玉玺，可是国子生周敬在 1392 年（明洪武二十五年）已提出不同的意见，《国榷》记载了他质疑军队连年远征塞外的行动，认为这是"忽略三代之大宝"（泛指儒家提出的以仁义治天下等被视为是王道的政治主张），而求秦始皇遗留下的"小玺"，不值得称道。多年求玺无果的朱元璋也不得不表示周敬说得有道理。到了朱棣在位时，有传闻称瓦剌权臣马哈木弑杀鞑靼大汗本雅失里时，乘机夺取了流落在蒙古草原的传国玉玺。为此，有一些人大做文章，挑拨明朝与蒙古诸部的关系，朱棣适时表明了态度。《明实录》记载，他公开说自己"未尝重此宝"，因为尧、舜、禹、汤、周文王与周武王等圣人在位时，均没有此宝，这证明了"帝王之宝在德，不在此"。假如有人坚持此为宝物，那么元帝后裔得到此物时应当"永保天位，福及子孙"才对，为何会衰败凋落呢？可见此非宝物。明宣宗在位时亦有蒙古部落首领以献宝为名进行政治试探，宣宗认为帝位能否"传世久近"与有没有玉玺毫无关系，故谢绝了蒙古人的好意。到了明英宗在天顺年间复辟时，又有蒙古部落扬言要献宝。明英宗的答复比较有意思，他指出玉玺即使是真品，也是秦始皇所造的不祥之物，非尧、舜等圣人所传。"况我朝自有祖宗所传真正之宝，亦不用此"，因而献与不献，由蒙古人自行决定。不管明朝诸帝上述这些话是否言不由衷，都反映了他们逐渐忽视"天命符瑞"这类传统的思想观念。而所谓的传国玉玺，随着蒙古诸部内讧的加剧而最终长期下落不明（直到两百多年后才重现于世），再没有那么多人去关心以及过问了。

自从也先在内讧中被杀后，成吉思汗的后裔们开始陆续重返政治舞台，那时鞑靼的大小封建主为了与瓦剌争雄，需要重新树立代表正统观念的大汗，以收拾人心。因而相续出任大汗的成吉思汗的后裔们便利用有利的政治形势而逐渐巩固了汗位。而瓦剌人在鞑靼诸部的军事压力下被迫西迁，逐渐远离政治斗争的中心漩涡。草原混乱的政治局面一直持续到 15 世纪中后期，直至达延汗执政为止。

达延汗也是成吉思汗的后裔，他的历史功绩是在有生之年经过不屈不挠的努力而完全统一了鞑靼诸部，结束了异姓封建主们在上述部落中的世袭权，并分封诸子，重振了成吉思汗家族的汗统。

那时，鞑靼分为左右两翼，共有六个万户。左翼三万户包括察哈尔、喀尔喀、兀良哈；右翼三万户包括鄂尔多斯、土默特、永谢布。不过，达延汗没有为鞑靼左右翼设立一个中央机构，仅仅凭着自身的地位实行家长式的统治，随着他的逝去及时间的推移，各部封建主一代传一代不断分封下去，封地越封越小，各万户诸多封建主之间的血缘关系也日益疏远，越来越多的人不再服从继任大汗的号令——封建割据的局面又开始在蒙古本部出现，最具影响性的事件发生在 1547 年（明嘉靖二十六年）左右，达延汗的曾孙打来逊大汗受到鞑靼右翼的排挤，为了避免自相残杀，不得不率领察哈尔、内喀尔喀二部迁徙到辽河河套，他在漠南的牧地被鞑靼右翼所占据。这次封建割据与过去不同的是，称霸一方的部落头目全部都是成吉思汗的后裔，而不再是异姓封建主，这一点，具有承前启后的历史意义。

右翼首领俺答是继达延汗之后又一位在草原上顾盼自雄的政治人物，他虽然在政治地位上屈居于左翼的历任蒙古大汗之下，但风头之盛，可谓有过之而无不及。他独断专行，根本不买左翼的帐，而且正式称汗，所作所为无异于独立王国。

俺答希望与明朝互通贡市，这样不但可以获得自身不能生产的生活必需品，还可凭借明朝的政治、经济力量与左翼的大汗争雄。明朝出于对鞑靼部落的不信任，经常对右翼提出的通贡请求不加理睬，甚至进行经济封锁，结果导致右翼诸部入塞抢掠的行为越演越烈。特别是 16 世纪的嘉靖年间，右翼企图达到用战争来胁迫明朝通贡，在长达三十多年的时间里不停地在明朝北部边境烧杀抢掠，内犯的鞑靼军队少则两三骑，多则成千上万，让长城沿线烽烟四起。就拿俺答汗来说，他最早入侵明境是在 1523 年（明嘉靖二年）3 月骚扰大同地区，但在他的戎马生涯中，影响最大的一次作战是 1550 年（明嘉靖二十九年）针对北京的军事行动。

俺答针对北京的军事行动早就蓄谋已久，因为这可以抚慰一下蒙古人的大都情结。自从元亡后，被迫重返塞外的蒙古人对大都仍旧念念不忘，成书于 17 世纪的《黄金史纲》《蒙古源流》等蒙文史籍都描述元朝末代皇帝元顺帝在撤离大都时，吟唱着一首"歌声既哀继之以泣"的诗歌，特别要注意的是，诗中反复提到大都，这生动地反映了元朝即使灭亡了二百多年，北京这座前朝的首都依然是蒙古人津津乐道的话题。明朝出于怀柔塞外蒙古诸部的目的，曾颁发"敕书"给一些归附的部落，以作彼此贸易往来的凭证。怀旧的蒙古人把这些"敕书"称为"大都"。《明英宗实录》记载，就连瓦剌首领也先在土木堡大捷后乘胜进军北京时，也喊出了"与我大都"的口号，虽然这位枭雄的愿望最终没有实现，可从中不难看出蒙古人心中的故国之情。如今，俺答汗将要步也先的后尘，展开针对北京的军事行动，而史籍把此役称作"庚戌之变"。

庚戌之变发生于 1550 年 6 月，俺答经过精心的策划，以迅雷不及掩耳之势南下，从大同的小莺圪墩口突入明境，打死赶来救援的大同总兵张达与副总兵林椿，从明军的防线中撕开了一个口子。到了 8 月战火重燃。俺答会合右翼鄂尔多斯的封建主吉能与自己的弟弟老把都等，指挥数十万的人马，向东疾进，从独石边外的金字河进犯宣府的两河口，驻营于大兴州，迫使沿边诸镇的明军纷纷转入防御。

为了保护北京的安全，明朝在居庸关以南驻扎了重兵进行拦截。想不到鞑靼军队没有取道居庸关，而是突然改变行进方向，从蓟镇间道南下，快马加鞭地冲向百余里之外的古北口，

△ 俺答汗

接着绕道西黄、榆沟等处拆毁边墙，避实击虚成功突入京畿地带。

鞑靼军队以骑兵为主，游牧骑兵的作战特点就是速度特别快，他们用不了多久就经密云、怀柔、顺义，于 8 月 17 日一下子扑到了北京外围的通州。

从通州前往北京需要通过白河，鞑靼军队一时找不到舟楫引渡，便驻营于东岸的孤山一带，纵兵四出劫掠密云、怀柔、三河、昌平各州县。一些零星骑兵竟然杀到了距离北京仅二十里的村落，警讯传来，京城戒严。

这时的北京自从土木之变后，享受了百余年间的和平，因而战备疏松，仅有四五万人守城，士兵当中有不少老弱之辈，无力应付繁重的作战任务，还有部分精壮人员在提督、大臣之家服役，一时之间归不了队，令兵力更加不敷使用，形势到了火烧眉睫的地步。

明世宗听了兵部尚书丁汝夔的紧急报告后，大惊失色，马上命令文武大臣分守北京的各个城门，并在临郊的街口挖掘壕沟、树立木栅，修筑各种应急工事以防鞑靼骑兵突入城中。与此同时，朝廷十万火急地召令诸镇勤王，先后共约五万地方部队赶来支援，人心稍定。

战火终于从通州燃烧到了北京。8 月 20 日，俺答经过充分准备，带领大队人马渡过通州的白河，直杀了过来。明朝布置在通州西岸的两万军队没有做出正面的抵抗，任由鞑靼人马浩浩荡荡地通过，只是在白河孤山击毙一些敌人的殿后部队，斩首十三级，夺得十匹战马。用不了多久，由七百余名骑兵组成的鞑靼先头部队就先声夺人地闯到了北京安定门外的北教场，并在郊外肆掠。鞑靼主力随后汹涌而至，西山、黄村、沙河等地马上鸡飞狗跳，哭声震天，成了重灾区。

京城之内又开始人心惶惶。兵部尚书丁汝夔在首辅严嵩的授意下紧闭城门，以守御为主。外地来援的军队也偃旗息鼓，袖手旁观，对敌人在城外大肆劫掠的行为听之任之，而鞑靼的俺答成为继瓦剌的也

︿ 明世宗

先之后又一个兵临北京城下的蒙古封建主。

不过，俺答兵临北京城下的目的不是为了打下这座城，尽管他像很多蒙古人一样，对北京这座曾经做过元朝首都的城市念念不忘，但他仍然没有胆量发起强攻。因为，惯于野战的鞑靼军队尚未具备对这样坚固城市的攻坚能力，故此，他这次入塞的目标之一是尽可能地搜刮更多的财物。除此之外，他还想用武力向明朝示威，以达到通贡的目的。

俺答让俘虏携书入城求贡，虽然没有得到明朝君臣的明确答复，也一时达不到通贡的目的，可是经过在北京周围地区的数天抄掠，入塞的鞑靼诸部已经盆满钵满，便饱掠思归了。8月23日起，这些风尘仆仆的不速之客陆续经高崖口、镇边以及昌平东北、古北口旧路出边。

根据事后的统计数据，从鞑靼军队于14日入塞，到28日出塞，包括北京周围地区在内的多个州县，在半个月的时间里被残害与掠走的人口、牲畜，总数达到二百万，损失不可谓不严重！

庚戌之变后，明朝为了减轻鞑靼右翼施加的军事压力而在边境重开马市，这种城下之盟式的奇耻大辱使朝廷君臣难以长期忍受下去。另一方面，鞑靼内部有部分桀骜不驯之徒一时也改变不了抢掠的习惯。双方互不信任，沿边马市在1552年（明嘉靖三十一年）9月停止，短暂的和平结束，明朝与鞑靼右翼的关系破裂，重新恢复了战争状态。从此在将近二十年的时间里塞内外几乎每一年都有大战，老百姓的生命与财产处于朝不保夕、水深火热的状态中。

在这段动荡不安的时期里，鞑靼右翼再也没有兵临北京城下，他们吸收了庚戌之变的教训，不再浪费时间去威胁一座根本不能攻克的城市。他们专门抢掠长城沿线的河北、山西、陕甘等边塞地区，偶尔深入辽东。采取的进攻方式通常是东打一枪、西打一棒，显得琐碎而杂乱无章，平日里各部落是各自为战，甚至是人自为战，根本看不出任何深思熟虑的战略部署。可是，鞑靼诸部在每一年之中也会进行几次规模比较大的联合行动，并且经常以万人以上的规模进犯。边关的明军大多数是头痛医头，脚痛医脚，仿佛成了救火队，哪里出了问题就跑向哪里，这种治标不治本的办法只能使病情拖延下去，充分反映出漫长的明蒙战争史中残酷的一面。

△ 长城

俺答汗与那个时代的很多蒙古部落领袖一样，对宗教有着异乎寻常的兴趣，他开始信奉本土的萨满教，在进行重大的政治与军事行动前都要请巫师预测凶吉。《明实录》记下了很多这方面的例子，例如 1541 年，俺答派遣使者前来明朝求和，理由之一是"神官"（巫师）认为该年有利于和谈。这方面相同的记载，在 1546 年（明嘉靖二十五年）、1547 年（明嘉靖二十六年）都有。遗憾的是，当时在位的明世宗始终固执己见，拒绝与鞑靼达成全面的和议。因而萨满教巫师乐观的预测一一落空。

俺答慢慢地不太相信萨满教巫师，他有一段时间尊崇中原的宗教信仰。平心而论，他如果真的有志于光复元朝在塞内的故土，那么就应该想方设法招纳汉人儒士，为将来统治中土百姓做准备。事实上，他的确重视塞外的人才，不过，招来的并非儒士，而是白莲教徒。种种迹象证明俺答与他的祖先爱猷识理达腊一样，对儒教并不了解，而真正感兴趣的始终是佛教。

投靠俺答的白莲教徒主要来自山西。由于明朝中后期的边政日益败坏，边境逐渐出现内乱迹象，而白莲教也死灰复燃。一些白莲教徒因逃避官府的缉拿而陆续越境投靠塞外的鞑靼部落，以取得栖身的处所。他们中著名的有丘富、萧芹、赵全等人。

江山易改，本性难移，栖身异域的白莲教徒也免不了搞些宗教迷信，为俺答汗出谋划策。这类记载在《万历武功录》等汉文史籍中写得惟妙惟肖，例如白莲教徒萧芹曾经在俺答面前夸下海口："吾有神术，咒人，人死；喝城，城崩。"那时的鞑靼军队缺乏攻坚能力，入塞时往往对明军坚守的城池束手无策，俺答被这个难题长期困扰着。据说他听见萧芹竟然拥有"狮子吼"一般的神力，仅靠呐喊就可以让对手的城墙崩坍，不禁大喜过望，如获至宝，便派出三百骑兵跟随萧芹进入山西，来到长城沿线的破虏堡之外，让萧芹一显身手。萧芹似乎对自己的那一套很有信心，他径直走到破虏堡的城墙下面，连续卖力地吆喝了三日三夜，喊到喉咙嘶哑失了声，而城墙也没有崩下一小块。醒悟过来的俺答后悔被萧芹玩弄，遂传令部属不得相信这类人的胡言乱语，一律将他们送到山西边外地区的丰州滩种田。

明朝与蒙古右翼诸部在漫长的战争中被折磨得精疲力竭，和平的转机终于在明穆宗登基后来临，这位新皇帝允许与俺答进行全面和谈，并送还了一些因擅自进入明朝境内而遭到扣压的鞑靼人。俺答汗作为报答，也将赵全等一批白莲教首领捆绑起来作为礼物押往明朝，同时承诺约束部属，尽量避免骚扰边境的事情发生。双方一拍即合，于1571年（明隆庆五年）达成了和平协议，共同在河北、山西、陕甘等边塞地区进行经济贸易往来。俺答汗被明朝封为"顺义王"。不过，迁移到辽东的左翼（察哈尔、内喀尔喀二部）诸部在土蛮汗的率领下仍然獗强犹昔，与驻扎于边境地区的明军冲突不断。

鞑靼右翼与明朝达成和平协议而使经济迅速发展。蒙古贵族在物质生活得到满足后更需要宗教做精神上的支柱。看来，无论是本土原始的萨满教，还是来自中原的白莲教都适应不了时代的要求。不过，俺答即使不太相信白莲教徒，也没有对佛教失去信心，他早在鞑靼右翼与明朝达成封贡事宜之前的1570年（明隆庆四年），已经向宣大总督王崇古索取西藏佛经与蒙文佛经，并请求明朝向塞外派遣僧人以及提供可以建筑寺庙的材料和工匠，这一切表明，他准备在自己的地盘推广佛教。明朝对这些要求基本予以满足。《明实录》记载，宣大总督王崇古在向朝廷上疏中称北虏欲"事佛戒杀"，这是"悔过向善"的苗头，我方要顺应形势以维持封贡的局面。

然而，俺答最终倾心的是藏传佛教。恰巧此时，15世纪初在西藏兴起的格鲁派此时此刻已经传到了青海地区，并与扩张至此的俺答侄孙切尽黄台吉取得联系。《蒙古源流》记载了切尽黄台吉对俺答的建议，他说："如今汗年事已高，渐渐衰老。而据先贤们的意见，有益于今生以及来世的唯有佛教，听说西方雪域地方（指西藏）有观世音萨菩以真形（指格鲁派领袖索南嘉措）出现，可以遣使迎来，依照从前忽必烈皇帝与八思巴喇嘛两人携手合作的先例，建起政教二道，难道不是美事吗？"

俺答对此"心有戚戚焉"。他也许明白自己有生之年不可能完成颠覆明朝的复元大业，也不太可能有机会取代左翼领袖的正统大汗的位置，唯有指望倡言"前

>八思巴

>忽必烈

生"与"来世"的佛教，以达成唯我独尊的凤愿。据《阿勒坦汗传》的记载，此时他强烈怀念、向往忽必烈与八思巴建立的政教二道，达到了昼不以忘，夜不成眠的地步。正如三代（主要指夏、商、周在禹等贤明君主统治时期）经常成为儒家典籍中的理想时代一样，元朝也成了漠南蒙古诸部的理想时代。在流传至今的各种16、17世纪的蒙文史籍中，无不交口称誉忽必烈与八思巴实施的政教二道，热切期望蒙古诸部能像元朝那样在草原恢复崇佛制度。

不久，传播格鲁派教义至右翼土默特部的阿兴喇嘛与俺答见了面，向其讲授了生死轮回、因果报应等教义，指明俺答如果能做到敬奉三宝（指佛、法、僧）等一系列弘扬佛教之事，那么，必将如"圣转轮王"般遍地扬名。

"转轮王"是佛经中声名显赫的人物。[①]此王的传说源远流长，最早产生于西亚、南亚、中东、中亚等地方。佛教兴起后，借用了转轮王的传说，将其塑造为佛教中的理想世俗君主。这位君主以慈悲和佛法统治百姓，并扶持佛教，以此教化百姓。《修行本起经》称，佛陀若在世间，将为转轮王；若出家修道，则成佛，由此可知，转轮王在世间的地位。这反映了佛教初起时不但不是一种超越现实的"出世"宗教，而且具有强烈的介入政治的意识，试图通过宗教重新改造现实世界。根据一些佛经的描述，转轮王统治的世界风调雨顺，五谷登丰，百姓衣食无忧，福寿安康，人人心怀善意，摒弃贪念，就连金银珠宝散落于地上也无人拾取。整个社会安定祥和，完美的程度比起儒教的"大同"世界有过之而无不及。同时，号称"转轮王"

---

① 有一种说法，"转轮"是战车车轮的意思，故转轮王也算是佛教的战神。

的君主在非常时期还有责任讨伐那些未降服的政治对手，以维护国家的统一。

古印度摩揭陀国孔雀王朝的阿育王，就被视为是典型的转轮王。不过，《大般若波罗蜜多经》称，世间君主能够成为转轮王的极其罕有，因其不可能凭着血缘关系而世袭得到，必须要遵照佛法进行修行，并且积聚足够的功德才行。这种需要"业报"方可为王的佛教思想与天子受命于天的儒教思想迥然不同。

佛教是一种世界性宗教，因而世界很多地方的君主都曾经号称转轮王。此王可分为金、银、铜、铁等几种，其中铁轮王的统治区域是南瞻部洲（佛教四大洲之一）。由于中国的位置正好在南瞻部洲的范围内，所以在中国历史上，不少崇佛的君主都曾经自命为转轮王，著名的有隋文帝、武则天等。[1]

当藏传佛教在元朝盛行后，元世祖忽必烈便被高僧八思巴赋予转轮王的称号。《析津志》记载，元朝还在皇宫附近崇天门之旁竖起了高数丈的铁柱，四面系以铁炬，上面安装了一个金轮（转轮王的信物之一），象征"转轮圣王""统治天下"。此外，忽必烈还于1267年（宋咸淳三年，蒙古至元四年）依照八思巴的吩咐在御座之上安装了一把圆圆的白伞盖，上面有"金书梵字"，包含着"镇伏邪魔护安国刹"的意思。《元史》称，元朝皇帝经常在每年的2月25日让侍从把白伞盖从御座取下，进行周游皇城内外的盛大仪式，以举行"被除不祥，导迎福祉"的佛事，而白伞盖亦被视之为"转轮圣王"的象征。

转眼间已是百年，世间起了沧海桑田般的变化。明朝颠覆蒙古人的政权后，先后在位的多位皇帝对转轮王不感兴趣，所以这一称号在中原的影响力日渐式微。可是草原上的蒙古人仍然被一些传统的思维所左右，其中俺答对这一称号特别在意，因为他虽然不能在现实中把鞑靼左翼领袖的蒙古大汗称号夺取过来，但如果能够像忽必烈那样获得转轮王称号，那就意味着被藏传佛教格鲁派承认为忽必烈事业的真正继承者，无异于被视为是元帝的正统传人。随着格鲁派在将来的广泛传播，势必将有越来越多的教徒认可这一结果，而在教徒的心目中，俺答也就无异于真正的蒙古大汗了。

---

[1] 由于隋唐两代初起时国土辽阔，境内各民族的宗教信仰非常多，其中佛教徒的数量更是恍如恒河沙数，而中土皇帝抬举佛教这种普世性宗教并且自称为转轮王，显然可以增加佛教徒的向心力。

综上所述，俺答要想真正继承忽必烈的转轮王称号，就必须在宗教界中寻找到类似八思巴那样的人，并得到他的全力支持，而现在的格鲁派领袖索南嘉措无疑是最好的人选。

在阿兴喇嘛的指导之下，俺答偕同爱妻于 1578 年（明万历六年）亲自前往青海，与格鲁派杰出的领袖索南嘉措在青海湖边的仰华寺内举行了历史性的会见。索南嘉措在会面时即刻为俺答解决了一个切身的问题，使用医术使这位右翼领袖的痛风得到缓解。

宗教利用医术作为传教的手段之一已有先例，早在 13 世纪，那时横跨欧亚的蒙古帝国正处于四处扩张的崛起阶段，蒙古六汗窝阔台的次子阔端途经陕、甘、蜀而多次进军西藏地区，并于 1247 年（宋淳祐七年）初首次与藏传佛教萨迦派的高僧萨斯嘉·班第达在凉州举行了历史性的会见。六十三岁高龄的萨斯嘉·班第达凭着精湛的医术治好了阔端的足疾，这给蒙古的王公贵族们留下了佛法无边、能够妙手回春、化腐朽为神奇的好印象，为日后藏传佛教在蒙古统治阶级中广泛传播铺平了道路。此时，索南嘉措给俺答汗治病的过程仿佛是历史又一次重演了，有利于藏传佛教在蒙古统治阶级之中复兴。

为什么藏医对蒙古贵族的疾病这样有效呢？这可能是因为西藏与蒙古的经济生活、风俗习惯具有相似的地方，就以饮食为例，两地的百姓都常吃牛、羊肉及其奶制品，还特别喜欢饮茶，而很少食用蔬菜. 因而两地百姓的体质颇有一致之处，故疗效显著。

西藏的文化比蒙古先进，藏医也比萨满教那些用"跳大神"来治病的巫师更有疗效，因此总是能顺利地在大漠南北找到立足点，作为传教的先导而牢牢地站稳脚跟。

《蒙古源流》还记下了一件有意思的事，索南嘉措会面时一语惊人地对俺答说："我们并非第一次见面，而在很久以前就见过多次了。"原因是他认定俺答的前世是忽必烈，而自己的前世是八思巴，故说出了这句得到俺答认可的话。昔日忽必烈与八思巴互相结为施主与帝师，这已经成为千古佳话。如今俺答汗有意模仿祖先忽必烈的事迹，尊称索南嘉措为"达赖（蒙古文'大海'的意思）喇嘛"，正式确定其为八思巴的转世。索南嘉措回赠给俺答"转轮王彻辰汗"的称号，视之为忽必烈的化身。这一切，仿佛元初的历史又在塞外重演。

俺答汗得到"转轮王"称号后，毫不避讳地在施政时把自己视为元帝的继承者。《阿勒坦汗传》记载，他于 1572 年（明隆庆六年）仿照昔日元朝首都大都的模样在丰州滩修建了一座城。为什么这座新城市要仿照大都而建呢？这是因为既然拥有"转轮王"称号的忽必烈是大都城里的主人，那么，俺答要想成为大家公认的第二个忽必烈，最好的办法之一是重新拥有大都。从这一点来说，蒙古人原来存在的大都情结更加强烈了，因为随着藏传佛教在塞外的传播，这座曾经做过元朝首都的城市又有了新的象征意义，隐约成了宗教圣地。可惜，大都现在已经成了明朝的首都北京，俺答要想重占此地，无异于痴人说梦。但是，难以恢复故地的俺答却有办法另辟蹊径，让大都城出现在蒙古草原之上。因而到了 1572 年，一座与元大都非常相似的城市开始拔地而起，即将奇迹般地展现在漠南。

索南嘉措与俺答会面时，公开提出了"将血浪涌动的大江，化作乳浆澎湃的澄海"的和平口号，以迎合苍生的厌战情绪。在两人会面的仰华寺附近，共有十余万来自汉、藏、蒙、畏兀儿等地的信众聚集在那里进行见证，同时，一大批跟随俺答汗而来的蒙古贵族当场在那里剃度出家，显示诚意。索南嘉措还要求执行忽必烈与八思巴制定的"政教二道"，其中四种喇嘛可以不用当兵上战场，以及免除狩猎等差役。《安多政教史》记载，格鲁派教义在草原传播后，规定信徒不得再抢掠汉族、藏族，想要把蒙古风俗变得像"卫藏"（泛指西藏）一样，力图让和平深入人心。①

经过努力，一座新城市终于崛起于丰州滩。这是俺答汗在丰州板升的基础上修建的，名字叫"呼和浩特"。呼和浩特从此成了漠南地区的佛教根据地。为了让这座城市更像昔日元朝的首都大都，俺答汗多次向明朝索取佛像、经文等物用以粉饰城里的佛寺，一心一意地让元初崇佛的盛事在草原上重演。格鲁派在右翼风行后，殉葬以及杀生祭祀死者等陋习遭到禁止，而传统的萨满教也开始被取缔。过去，草原很多地方是没有祠庙的，牧民按照萨满教的传统以毛毡、布、皮，以

---

① 明朝对俺答崇佛的行为采取乐见其成的态度，后来还在万历年间封索南嘉措为"灌顶大国师"，以示尊崇。

及木块、铁片等为原料制成人形，称为"翁公"，悬挂在帐篷或竿上，作为祭祀的对象祈求保佑。现在，推崇格鲁派的蒙古封建主把这些"翁公"当作"魔道神像"，下令每家都要一律烧毁，并以乳、酪、酥油供养的六臂观音像代替，每月斋戒三日，以示虔诚。

俺答汗接受明朝的封授后，在辖区内使用过"大明金国"的国号。例如在保存至今的内蒙古土默特右旗美岱召（灵觉寺）太和门门额汉文石刻铭文中，落款署有"大明金国丙午年"等字样，时间即是万历四十三年。这个国号的含意可能与佛教有关，正如当代明史学家杨讷所认为的那样，明太祖朱元璋将国号定为"大明"，源出于佛教的《大阿弥陀经》，经中赞颂阿弥陀佛是"光明之王"，"其光明所照"，天下"幽冥之处皆常大明"。朱元璋这样做显然与其出身白莲教起义军有关，他登基后虽然禁止白莲教，却继承了白莲教徒倡言的"明王出世"的口号，并隐约以"明王"（即阿弥陀佛）自居。而上文已经提到过，俺答在信奉藏传佛教格鲁派之前，与来自塞内的白莲教徒有过密切的接触，同时还向明朝请求佛经与乞派僧人，很可能在那时已经受过阿弥陀佛信仰的影响，故将国号定为"大明"。在此期间，蒙古右翼的地盘内亦供奉白莲教徒信仰的弥勒佛。此佛亦同时被藏传佛教所推崇。例如《蒙古源流》记载 17 世纪初，格鲁派有一名著名的迈答里法王，又叫"强巴活佛"，"强巴"即是弥勒的意思。在根据俺答汗亲自指示而翻译成蒙古文的《金光明经》中，跋语说道："在那雪域吐蕃之正东方，有一座吉祥圆满的'兜率陀庙宫'，这里百鸟飞翔，果树茂盛，有满足诸欲望的田野和森林。法王阿勒坦汗（指俺答汗）驻锡其中时，以无比清静无垢之心降旨：'为一切众生之利乐，将《金光明经》刻版刊行。'"其中所谓的"兜率陀庙宫"，是供奉弥勒佛的地方。据说此佛生活于彻底光明的"兜率天"，凡人若皈依弥勒佛，死后也可往生于"兜率天"。基于上述原因，"大明金国"中"大明"二字，与佛教的渊源甚大，至于"金国"的意思，也许与此国的统治者俺答汗有关。[1]

俺答汗虽然以"大明"为国号，但不一定会像朱元璋那样自诩为"阿弥陀佛"

---

[1] 俺答汗出自与成吉思汗有血缘关系的黄金家族，而他的汗名又译"阿勒坦汗"，即蒙古语"黄金"之意。

下凡，理由是按照某些佛经的理论，一个人不能同时并称"阿弥陀佛"与"转轮王"，因为前者是佛，后者则是世俗的君主，这样做有违于政教二道。尽管在中国历史上，也有君主同时并称"佛"与"转轮王"，例如唐代的武则天，就曾经短暂拥有过"慈氏（梵文意思是'大慈大悲'之人，也就是弥勒）金轮圣神（指转轮圣王）皇帝"的头衔。

也有专家认为俺答汗把国家号为"大明金国"，代表着归附明朝的意思。自从俺答封贡之后，蒙古右翼在每年的冬至日都会接受明朝使者颁布的"大统历"，以示奉正朔。而大明一词在蒙文中逐渐演变成"伟大的，包括一切的意思"，显然，蒙古人在使用这个词时已经不仅仅限于表示国号，例如：《黄史》《蒙古源流》等蒙文史籍就把这个词加于成吉思汗的头衔上，称之为"大明·索多（含有'福荫''神圣'威力'等多种意思）·成吉思汗"。

值得一提的是，蒙古地区原有的对成吉思汗的崇拜也佛教化了，这位早已死去的君主被教徒们视为转轮王。由格鲁派史观撰写而成的蒙文史籍中，形成了从成吉思汗、忽必烈到俺答汗的转轮法王世系。俺答汗也终于如愿以偿地借助佛教树立了自己的至尊地位。

俺答汗自从封贡之后潜心向佛，此举有助于鞑靼右翼与明朝达成的和平协议长期保持下去。与右翼接壤的宣大等地区战火已经平息，可是从漠南迁徙到辽东的左翼却照旧与明朝处于敌对的状态中，继续受到明朝的经济封锁，被排斥在明蒙贸易的大门之外。故此，与左翼相邻的蓟辽那一带仍然硝烟弥漫。

鞑靼左翼也受到藏传佛教的影响。自从左翼诸部迁移到辽东后，在土蛮出任大汗期间，于1577年（明万历五年）接见过藏传佛教噶玛噶举派的高僧，皈依佛门，他又令人拜谒格鲁派领袖，献上金银珠宝与驼马牲畜等物以示友好。格鲁派没有忽略左翼地区，也派遣僧人在土蛮汗的孙子林丹汗执政期间来到其驻地察哈尔万户宣传教义，不过，林丹汗最终决定选择藏传佛教萨迦派的高僧为自己的宗教导师，亦获得了"转轮王"的称号。

当时，在鞑靼左翼传播的无论是噶玛噶举派，还是萨迦派，都与鞑靼右翼的格鲁派不同。因为格鲁派的教义早已经与时俱进，认为无论是王公贵族，还是普通老百姓，都具有修成正果的"根基"，都可以成佛，故又称"新教"。因而在右翼，包括上流社会与普罗大众，人人都向往戒佛，沉迷于宗教的世界。而未经改良的藏传佛教认为只有上层贵族才有趋善的根基，才会在学佛的过程中修成正果，因而只在王公贵族之中流行，对普通老百姓没有多少影响。就此而言，左翼的军民仍然保存着更多原始彪悍的作风。

需要特别注意的是，林丹汗这位"转轮王"与晚年厌战的俺答汗不同，他比较好战。而随着藏传佛教对左翼的影响与日俱增，藏传佛教的战神重出江湖，取代"萨满教巫师战神"的位置已经是尘埃落定的事了。

第五章

一代新人换旧人

文官集团的崛起与战神的更新换代

回顾明初，军队在征战时总兵官之职的权力最重，一般由公、侯、伯等贵族勋戚专职出任，这些武臣的地位皆列于文官集团的各部尚书之上。土木之变成了一个转折点，文官集团在明代中后期的地位不断提高，朝廷中形成了以文统武的风气。中央政府经常派遣文官以巡抚、总督的军务头衔出征，这些人有权节制地方上包括总兵官在内的一切文武官僚，而地方上的各级文官还以兵备道、监军道等名目插手军权，对驻防武官形成掣肘。

文官负责决策，并统筹一切，而武官只负责作战，这使武官在文官面前不再敢飞扬跋扈，甚至在文官的耳提面命之下只有低声下气地唯唯诺诺。其中，总督的权力比巡抚更大，常常管辖数个省份的军政，即使由勋戚武臣出任的总兵官在总督面前也要毕恭毕敬，更不用说那些在明代中后期以流官身份镇守地方的总兵官了。《万历野获编》指出"总督与巡抚到任之初，当地身披战袍的总兵官要执行叩首之礼。只有当总兵官脱下战袍，换上峨冠博带式的儒服，督抚才会以礼相待"。

明朝在土木之变后，暂时度过了一段和平时期，但朝廷内外已是危机四伏。此后，便是四境不宁，迎来了大大小小、各种各样的战乱。其中时间拖得比较长、影响比较大的外患主要有嘉靖年间的"北虏南倭"[①]。

朝廷采取打谈结合的策略，一方面任用得力将帅加强南北边防，抵御来犯之敌；另一方面采取安抚的政策，尝试化解矛盾。到了明穆宗在位期间，终于在北方与鞑靼右翼达成和平贸易的协议；而在南方，随着倭患的逐渐平息，亦实行了有条件的开放海禁之策。

只有辽东是例外，那里的游牧部落继续为患不已。明朝长期在关外驻屯重兵，而且还从 1592 年（明万历二十年）起与入侵朝鲜的日本军队打仗，经过七年的努力，最终让朝鲜半岛的日军知难而退。

朝廷在长年累月的边防压力之下，不断做出重振武备的努力。文官的权力好

---

① "北虏"是前文所述的势力日益强大的鞑靼诸部。"南倭"是指异常猖獗的倭寇，这些由远涉重洋的日本人与明朝沿海海盗组成的大小不等的团伙，不断骚扰东南沿海。

∧ 明穆宗

∧ 明代禁卫部队

像架屋叠床一般地膨胀，除了巡抚、总督头衔之外，到了万历年间的抗日援朝时又增设了经略一职。经略的权势炙手可热，达到了那个时期的巅峰，据说，"凡文官知府以下，武官副总兵以下，如违军令，任自斩首"。文官手上既然有了先斩后奏的尚方宝剑，指挥起武官来就更加如臂使指，得心应手。

在明朝开国之初，通过科举考试步入仕途的文官，能够调入军队中转当武将的毕竟是少数。后来，文官统军的人数就如过江之鲫，不可胜数。在不重视出身，唯才是举的历史潮流之下，武学与武举相继恢复。明英宗于1441年（明正统六年）恢复了武学。二十年后，明宪宗于1464年（明天顺八年）推行武举。诸生在武举考试中能够金榜题名，一样有机会受到重用。

军队中科举出身的人急剧增长，书卷味一天比一天浓郁。众所周知，古代读书人拜的是大名鼎鼎的孔子。孔子作为儒教中公认的"至圣先师"，被历朝历代的帝王加以多个封号，其地位不断提高，从"圣"到"王"，甚至用"天子冕"，时间越往后而尊崇之礼越隆重。从唐代起，天下郡县皆立孔子庙以祭祀，到了明代也不例外，孔庙成了读书人心中的圣地。负责统领军队的那批文官，他们整天打打杀杀，手上染有敌人鲜血，因而再到主管文事的孔子庙拜祭似乎已经有点不合时宜，故此，主管武事的姜太公庙势必要顺天应人，呼之欲出了。因为姜太公在儒教的传统中是比较有影响的武神。

姜太公原名姜尚，字子牙，又可呼为太公望。他生活在商周交替的时代，曾经辅助周文王，与周武王创业。作为战神，他的军事生涯当然与精彩的战争摆脱不了关系，其代表作是牧野之战。

牧野之战的带头人是继承周文王之位的周武王。武王在姜太公的辅佐之下经过长期的准备，正式讨伐恣意横暴的纣王，打算推翻天厌人怒的商朝。但他在出兵前夕按照惯例占卜时，结果却不吉利，这对军心士气无疑是一个打击。当军队出动到牛头山这个地方时，突然风雨骤至，鼓旗被强雷闪电击中，无不损毁与折断。武王的座驾动弹不了，因为拉车的马匹在混乱中被活活吓死了，此情此景恰恰与不吉利的占卜结果一致。随军的群臣大多数面露难色，皆有退意。

根据《六韬》记载，唯有姜太公坚决不同意退兵，这位年龄最老的股肱之臣铿锵有力地说："用兵之人，虽然顺应天意，但是行事无道，不一定吉利。反过来不顺应天意而行事有道，也不一定是凶兆。然而可以肯定的是，如果没有搞好人世间的事，则三军必败。天道与鬼神，看又看不见，听又听不闻。有智慧的将领不必害怕它，只有愚蠢的将领才受它的拘束。如果国家能够任用贤能，不失时机地行事，那么不用选择良辰吉日而万事自然顺利，不需要卜筮而万事自然吉利，不用祈祷与祭祀而万事自有福气相伴。" 说罢，敦促武王马上挥师前进。武王犹犹豫豫道："今年星象示警，可能会有灾祸，而用灵龟之壳与蓍草之茎进行占卜，结果全是不吉利，我看还是回师吧？""如今纣王滥杀忠臣，宠信奸臣，我军对其进行征伐有何不可？乌龟的朽骨与这些枯萎的草，能懂得什么？"姜太公大怒而争辩道。话刚说完，就立即动手将龟壳烧毁，将蓍草折断，接着一把拿过棒槌，敲起鼓来指挥进军，带着自己的亲信抢先渡过河去，武王只得从后跟随。大军在牧野誓师后，彻底击溃商朝的军队。纣王逃回鹿台，被追兵所杀。武王灭商，成为天下之主，便把齐国封赏给了姜太公。太公到齐国后因俗而治，发展经济，将其建设成为凌驾各诸侯国之上的大国。太公一直活到一百余岁才去世。

西周前期因为建立起比较完善的封建制度，所以在儒家典籍中被视为已经实现"小康"的理想社会，即将进入"大同"社会的门槛。这种古代的理想社会在千百年来一直受到历朝历代的敬仰。而辅助明君建功立业的姜太公，在后世的儒家学者

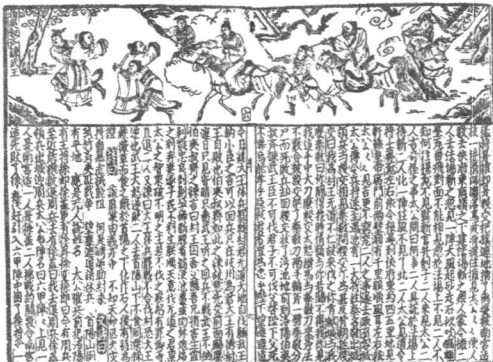

^ 元代的武王伐纣平话插图

的眼中足以成为千百代的楷模人物。他有充分的资格成为儒家的战神，受到后世儒将的顶礼膜拜。

中国古代著名的兵书《六韬》《三略》相传便是姜太公所著，这两套书于北宋年间与其他五套书一起被官方列为军事教科书（即《武经七书》），成为军队教学与考选武举者必读的书。其中《六韬》记载了姜太公反对迷信天道与鬼神，拒绝以占卜来左右军事行动的言论，这与后世一些儒家著名学者重视以仁义之师济世救民，反对依靠术士、卜者而侥幸于一时的正统思想是一致的。问题是后世迷信的政治家太多了，以致无数的儒士为了推销自己的政治主张有时不得不以术士、卜者的面目出现。不太迷信鬼神的姜太公亦被后人捧上神坛，在唐代，他已被朝廷封为主掌武事的武成王而加以祭祀，祭祀的典礼照抄儒士祭孔那一套。天下到处建立太公庙，与主掌文事的孔子庙并列。到了宋代，姜太公所受的典礼更加隆重，太公庙也更加多。宋朝武学（古代军事学校）的学生在学习《六韬》《三略》的同时不忘到庙中拜祭姜太公，就像手持《春秋》《论语》的儒生需要祭孔一样。元代虽然不设武学，却仍然保留了太公庙，每年的春秋二季，枢密院（当时的中央军事指挥机构）都要派人到太公庙致祭。

明朝刚建立时，朱元璋按照传统，在出师征战之前都要祭告太公庙。然而在建国二十七年后，朝廷的政策改变了，朱元璋反对礼部提出的设立武学，举行武举考试的建议，甚至废除了官祭太公庙的典礼，将姜太公的牌位移入历代帝王庙之中，作为名臣从祀。

朱元璋对自己的政策做出了种种解释，据《明实录》所载，其中最有说服力的一个理由是将文、武二科分开来设立学校，分别举行考试将得不到国家需要的文武双全的人才，因此他一面要求武臣读书，一面要求学宫里的儒生习武，以培养传说中文武兼备的全能人物。但是，实施这种政策的真实目的是为了保护军队中武臣的世袭制度，即是为了照顾在开国战争中立下汗马功劳的各级武将，让这些人的子孙后代顺利接班，使之避免与民间人士在武举考试中进行竞争。那时，依靠科举考试步入仕途的儒生主要是当文官，能够当武将的仅是极少数。

武学、武举与太公庙相应的典礼被朱元璋废除后，要到近五十年后才恢复，因为文官集团在军队中的影响逐渐增大。而化身为神的姜太公在武夫当道的明朝开国之初并不显眼，直到此时才越来越光彩夺目。

太公庙的祭礼也在嘉靖年间获得解冻，1536年（明嘉靖十五年），朝廷借"改建武学"之机按照唐代制度独立祭祀武成王庙。军队主将在出征之前要到武成王庙中上香，拜祭姜太公，而协助主将作战的副将、参将、游击等，也要向那些在武成王庙中陪祭的历史名人行礼，因为庙中之神不限于姜太公，还有许多陪祭者。

原来，从唐朝开元年间起，官方就选择一些历代名臣陪祭姜太公。明朝也按照这个传统挑选汉唐以来的名臣进入太公庙陪祭，具体有孙武、吴起、司马穰苴、尉缭子、黄石公、张良、韩信、李广、赵充国、诸葛亮、邓禹、冯异、关羽、张飞、李靖、李勣、郭子仪、曹彬、韩世忠、岳飞，明代的徐达、常遇春、张玉、汤和也名列其中，总数共有二十四人。这些人或者以忠义著名，或者建立起卓著的功

∧ 明代状元

∧ 年画中的姜太公

勋，全部都在军事史上占有一席之地。朝廷每年在春秋两季对其致祭。

在陪祭人员的全部名单之中，既有文臣，也有武臣，还有文武双全、出将入相的风云人物。在文官集团把持话语权的时代，陪祭太公庙的人员中绝对不会再出现由清一色的武臣组成的局面，这与明初在功臣庙与太庙中独尊武臣的作风已有天壤之别。

明朝开国武臣的地位比文臣要更加高，身份更加尊贵，待遇也更加好。例如获封公、侯、伯的开国功臣共有三十六人，其中文臣仅有三人，而能够入祀功臣庙与陪享太庙的绝大多数是武将，非武将的仅有姚广孝一人而已。然而这种情况没有永远保持下去，当到了明朝中后期，文官集团对武官已经形成了压倒性优势的时候，就开始在太庙的陪祭人员中"挖墙脚、掺沙子"，煞费苦心地安插文官的形象代言人，打破推崇武官的局面。1531 年（明嘉靖十年），举朝文臣一致赞成将刘伯温入祀太庙，并厚赠其后人，有关待遇向徐达等武臣看齐。就这样，刘伯温不但成为唯一入祀太庙的开国儒臣，并且成为继姜太公之后又一位时来运转的历史人物。

刘伯温能够入祀太庙与姚广孝被黜退有关。

靖难功臣姚广孝去世后，于洪熙年间得以入祀太庙。至此，其所得的荣誉已经隆重到了极点，此后便走下坡路，主要原因是受到势力日益壮大的文官集团的排斥。

由于姚广孝晚年始终没有忘记自己的佛教徒身份，并用位高权重的便利弘扬佛教事业，写了一本反对程朱理学诋毁佛教的《道余录》，无形中挑起了儒释之争，引来了儒生们的攻击以及朝中士大夫的贬斥。朱棣的孙子朱瞻基做皇帝时，朝中文臣已公开对姚广孝有微词，并刻意贬低他在靖难战争的作用与历史地位。在太子少傅杨荣、杨士奇等人编撰的《明太宗实录》中，淡化了姚广孝在靖难战争的功绩。而杨士奇为武将顾成所写的《顾成墓铭》里面更认为协助朱高炽守卫北平的主要功臣不是"不习兵事"的姚广孝，而是顾成[1]。铭文称南军围城期间，

---

① 前文介绍过，顾成原是南军将领，在真定之战中成为燕军的俘虏，被朱棣送往北平协助朱高炽守城。

顾成的守城方法与姚广孝往往不合，而朱高炽总是采纳顾成的意见，冷落姚广孝。总之，在文官集团眼中，姚广孝变得越来越无足轻重。

到了明代中后期，文官集团之中同情南朝建文君臣的言论越来越多，这股翻案的风气逐渐成为主流，并得到了最高统治者的默认。万历年间，明神宗甚至允许在南京修筑建文忠臣庙，进行祭祀。文官集团在朱棣死后仍然不敢对这位篡位上台的皇帝有微词，可是对姚广孝的贬斥却与日俱增，使之成了被公开攻击的对象。据《明实录》所载，在嘉靖年间，醉心道教而采取灭佛政策的明世宗终于把姚广孝从太庙中扫地出门，主要理由当然避免涉及靖难战争，而是认为姚广孝始终以佛教徒自居，让其陪祭太庙既不符合儒家礼仪，也是对祖宗不敬。此举得到了朝中文臣的一致赞成，尚书李时，大学士张璁、桂萼等人提议把姚广孝转移入祀佛教名刹大兴隆寺，春秋致祭。

由谁来代替姚广孝在太庙中的空缺位置就成了众人关心的话题。刘伯温便成了文官集团心仪的对象。

有关刘伯温的事迹前面已经提到过，这位儒生出身的官员精通天文、谶纬之术，在明太祖朱元璋打天下的时候以谋士的身份出过不少好主意，其后被封为诚意伯。

不管刘伯温的占卜之术水平如何，也不管他到底有没有传说中的那样高明，反正他已经被朱元璋用"神机妙算""预知天命""能使三军避凶趋吉"等一系列的词句定性为擅长术数的大师。

不过，朱元璋竟然也有看不起刘伯温的时候，原因是儒士出身的刘伯温曾经通过科举考试而做过元朝的官，成为元朝统治阶级中的一员，后来却公然违反儒家的纲常伦理而背叛了元朝，成为"不忠"的人。这种背叛的性质和那些因拉夫而被迫入伍，最后不得不当逃兵的元朝普通士卒显然不一样。

尽管刘伯温叛元的行为曾经被很多人视为是弃暗投明，但是到了明朝建国之后，朝野上下大力提倡忠贞气节时，背负"不忠"的名声无疑会成为一个读书人身上抹不去的污点。

朱元璋灭掉元朝后，对儒家的君臣大义更加重视，他越来越不想掩饰自己对"不忠者"的厌恶之情。《明太祖实录》记载的一件事最能说明这一点，那是在新王朝成立的第三年，当元顺帝死亡的消息传到南京，朱元璋立即让礼部贴出一张奇怪的榜文，公开宣布："从现在起，凡是有北方战场的捷报传来，那些曾经在元朝做过官的人，都不许称贺。"刘伯温不是唯一的叛元者，但却是在明朝中任职最高的叛元者，自然容易成为众矢之的。他在同年突然被朝廷免去御史中丞之职而隐归故里一事，可能与此有联系。

那时，谁也没想到晚景落魄的刘伯温会在死去百余年后入祀太庙。

明代中期的政治环境与明初独尊武臣不同，由于文官集团的地位早已超越武臣，文官们当然不会容忍他们在太庙中仅有的位置自姚广孝被黜退后而化为乌有，因而尽快再补选一个文官代表进去就成了当务之急。

如果按照排名，在明初的开国文臣中，刘伯温的地位只能排在李善长、汪广洋等人的后面。虽然在朱元璋赐给刘伯温的诰书中，将其比喻为诸葛亮、王猛式的人物，可是这不可以作为刘伯温出类拔萃的证据，因为其他大臣也同样从皇帝那里获得过类似的溢美之词。例如，《明实录》记载，朱元璋曾经高度评价汪广洋在开国时的作为，将之等同于张良、诸葛亮等历史上的名臣。后来，朱元璋变得多疑猜忌，而李善长、汪广洋等人亦因先后触犯法律而被杀，其功绩也逐渐被时间埋没。刘伯温作为硕果仅存者总算幸存了下来，到了明代中期反而成为开国文臣的最佳代表，他的事迹在民间广为流传，而且在众口相传的过程中被吹捧得越来越离谱，成为"前知五百年，后知五百年"的军师，而他曾经叛元的"不忠"行为则被刻意漠视了。

1531年，也是姚广孝被扫地出门的第二年，朝中的文臣向明世宗提议由刘伯温补入太庙，理由是其辅助朱元璋开国，运筹帷幄而功照千秋。明世宗在举朝"翕然顺从"的情况下予以批准。

就这样，众望所归的刘伯温得以跻身于太庙，在陪祭的开国功臣中找到了自己的位置。

这样一来，得以入祀太庙的开国功臣，随着刘伯温与另一位幸运儿郭英的加入，从原来的十二位增加到了十四位。如果加上在靖难战争中扬威的张玉、朱能、王真等三名武将，陪祭功臣的总人数为十七人。

明朝从开国到灭亡，历朝的文武大臣成千上万，但最终能够入祀太庙者，只有在开国战争与靖难战争立功的十数人而已，可谓千军万马过独木桥，成功者是凤毛麟角。

通过明朝在嘉靖年间恢复了太公庙的祭祀与将刘伯温入祀太庙这两件事，可以看出文官集团是如何试图一步步将传统的"武尊文卑"的思想观念扭转过来，以适应"文尊武卑"的现实。姜太公与刘伯温这两位沉沦已久的古今人物现在经过文官集团的重新发掘与包装，以全新的形象成为儒教的战神。两人共同成为军队中的文官所欲仿效的偶像。

姜太公与刘伯温隐隐扮演"为帝王师"的角色，也是文官们历来所憧憬的。孟子曾经引用过《尚书》的话，称："天降下民，作之君，作之师，惟曰其助上帝，宠之四方。"意思是管治国家的不仅要有君主，还要有"师"，所谓"师"，就是国家的导师，而历史上的伯夷、伊尹、管仲等贤臣也肩负着导师的责任。孔子更被誉为"至圣先师"，至于明代中后期推崇的姜太公，也被朱子视之为导师。刘伯温在明代中后期实际上也逐渐被打扮成同类的人物，与姜太公一起恭奉在庙中。而在现实世界里，与此相对应的是文官的权力逐渐膨胀，突出的例子是内阁学士。内阁制度本来是朱元璋在明初废除丞相之后设立的，主要是辅助皇帝处理政事，以备顾问。而入阁的学士不止一位，这些人在明初的官衔只有五品，低于六部尚书等朝臣，可说是位卑权轻。自从朱元璋、朱棣父子谢世后，内阁学士日益得到那些在宫中深居简出的皇帝的倚重，并获得了代替皇帝在朝臣的奏疏中起草批文的权力，从而掌握了所谓的"票拟权"，分享了皇室部分的决策权力。许多入阁的学士身兼尚书、太保、太傅等衔，变得今非昔比，位高权重起来。虽然内阁的权力在不同时期经常受到内监、六部尚书等机构的牵制，但到了明代中后期，在部分皇帝的纵容下，一度出现了政归内阁的局面，而在内阁诸学士中，又以首辅的权力为最大，以致不少出任此职者"专权擅政"，出现了与皇室争权的迹象，隐然成为丞相。其中最具代表性的是张居正这位令明神宗言听计从的权臣，竟成了名副其实的帝王师。这样一来，明代中后期那些得以染指兵权的首辅，难免自许为姜太公与刘伯温之类的人物，尽管他们的实际施政能力参差不齐。

军队之中根深蒂固的占卜文化也更加引人注目了。出任总督、巡抚等要职的文官很多是进士出身，他们学识渊博，比起大多数武官更能胜任用天文地理、卜筮占星等方术来干预战事的任务。例如据朝鲜的史籍《宣宗实录》记载，出任经略的宋应昌，在援朝抗倭之役时曾经以"符咒之术"指挥战事，至于效果如何那是另外一回事了。就连肚子里有点墨水的武将，也在这种风气的影响之下对奇门遁甲之术加以研究，例如出自将门之家的戚继光，撰写了很多军事著作，其中《纪效新书》专门收录入《将军到任宝鉴》一章，内容涉及如何依靠星象推测时辰吉日，以便在战时避凶趋吉。

朝廷的以文驭武之策是为了能够有效监督武将，防止武将拥兵自重，造成尾大不掉的后果。因而文、武官员能否和谐共处，对部队的战斗力影响很大。

∧ 以文驭武

不容讳言，文武结合的制度令军队打过不少胜仗，例如嘉靖年间抗击倭寇骚扰的战争中，科举出身的文官谭纶在出任福建巡抚时，与福建总兵俞大猷、广东总兵刘显、浙江副总兵官戚继光等武将精诚团结，为平定沿海倭乱而屡建奇功。又比如万历年间奉命经略朝鲜、蓟辽等处军务的文官宋应昌，也与提督蓟、辽、保定、山东诸军的武将李如松进行了较好的合作，在朝鲜半岛多次击败气焰熏天的侵朝日军，先后收复了平壤、开城、汉城等地，赢得了首次抗倭援朝的胜利。

凡事有利必有弊。文官掌军的缺点之一是容易降低军队的战斗力。为什么这样说？因为文官毕竟是儒士出身，很多人没有什么军事经验，即使是饱读兵书者，也还是处于纸上谈兵的阶段。这样的人一旦直接"空降"到部队担任指挥员，产生的后果往往难以预料，甚至弊大于利。

不过，文官掌军之后，可以利用上级的身份，在各种场合用各种方式向官兵们反复灌输包括忠孝思想在内的各种纲常伦理，这种做法是统治阶级一直以来孜孜以求的。明初，朱元璋经常让儒士给武臣们讲授儒家理论，以便在军中树立忠君爱国的风气。据《明史·职官·武学》诸书记载，后来朝廷更是硬性规定军队中的武学教官要向学生们传授各种儒家典籍，目的是把这些准备顶替父辈位置的军官子弟培养成为未来的儒将。然而，最精通儒家典籍，最正宗的儒将就是那些经过十年寒窗式的刻苦读书而从科举场上一路拼杀出来的文官。就此而言，武官功勋集团的子弟们相形见绌。

事实证明，在维持一个政权所起的作用上，笔杆子有时胜过杀人刀。文官集团推崇儒学中的程朱理学，并以此统一军队的思想，力图使军人们步调一致，从而有效地维护朱家统治。然而，物极必反，笔杆子产生的破坏力有时也不亚于杀人刀，它有时会起到负面作用，可以解除人们思想上的武装，使人们陷入思想混乱、无所适从的境地。

在明代中后期，随着城镇工商业的繁荣以及社会上贫富悬殊的日益加剧，传统农业社会的风气也发生了剧变，越来越多的人热衷于"向钱看"，奢侈享受的潮流席卷了各阶层人士。这时的程朱理学也受到了"心学"的严重挑战。

"心学"的领军人物是王阳明，此人旗帜鲜明地反对朱熹的"心与理为二"，而支持"心即理"的不同观点，主张人心才是天地万物的主宰，他在《传习录》

等著作中认为"无心外之理，无心外之物"，同时，又进一步强调"良知"是心的本体，而所谓"良知"，也就是孟子所说的人人皆有的"是非之心"。由此，得出了"良知即天理"的观点。据说"良知"具有"不待虑而知，不待学而能"的特点，人们只要从内心中领悟"良知"的内涵，就可以"知行合一"，有助于道德的完善，甚至成为圣人。

但是，后人比王阳明走得更远，有些离经叛道的学者认定 "良知"归根结底属于"人欲"，如果把这样的逻辑推导下去，那么就会得出"人欲"等同于"天理"的结论，从而使得"人欲"具有天然的合理性，持这种看法的代表性人物是另一位"心学"大师王艮，相关论述可在他的《语录》中看到。

重视"心学"以及受此影响的一些儒者反对理学家们静坐于室中的修身办法，转而提倡以"自然为宗"，例如，《白沙先生生行状》称首倡"心学"之说的陈献章常常"浩歌长林，或孤啸绝岛，或弄艇投竿于溪涯海曲"，过得逍遥自在。到了明代后期，各种异端思想已经发展到极致，最突出的例子是李贽，他不但公开扬言不能以"孔子之是非为是非"，而且完全否定了理学那一套禁欲的清规戒律，直言"穿衣吃饭即是人伦物理"，因而在生活中赞美自私自利，并敢于肯定纵欲的行为，周应宾的《识小篇》记载他公开宣称："本心若明，虽一日受千金不为贪，一夜御十女不为淫。"

∧ 王阳明

∧ 李贽

也就是说，由于每一个人都受到生活环境的限制以及文化知识各不相同，因而与生俱来的"良知"（是非之心）也是不一样的。假若人人都按自己的标准行事，那么世间必定充满私心与贪欲。故此，"心学"虽然追求个性解放，破除了天理只有一个标准的紧箍咒，可惜却带来了人欲横流的副作用。

回顾历史，王阳明、王艮、李贽等一大批离经叛道的思想家挥舞着手中的笔杆子，先后倡言"人人皆可以为尧舜"，"二千年帝王皆盗贼"等震耳发聩的言论，在社会上引起了很大的反应，得到了许多士大夫的随声附和。这股鼓吹思想解放的气息不可避免地影响了朝廷文武大臣，并对军队的价值观与伦理观造成冲击，无形中起到了瓦解朱家统治秩序的作用。"礼崩乐坏"的结果是逐渐使明帝从神还原为人。连徐达、常遇春、李文忠等这些供奉在太庙里的神，在军队之中的影响力也比不上来自民间的讲究江湖义气的"关帝"。

心学流派众多，利弊参半。其中信奉一些异端思想的人容易变得消极、颓废，这些人整天空谈心性，居家则恣意放纵，从军则尸位素餐，做官则祸国殃民，加剧了明代后期的政治、经济与军事危机，而受到有识之士的侧目而视。

呼啦啦似大厦将倾，昏惨惨似油灯将尽。在明王朝由盛转衰，走向灭亡的岁月里，尽管有成千上万的文官殚精竭虑地奋战在全国各地的各个战场，也出了不少名将，然而没有一个文官成为姜太公与刘伯温这样殿堂级的人物。

多数文官不改"平时静坐谈心性，临危一死报君王"的书生本色，据清朝乾隆年间编撰的《胜朝殉国诸臣录》的不完全统计，明朝灭亡前后殉国的官员人数是历朝历代最多的，达到一千六百余人。其中军队的文官所占的比例不少，例如，曾经出任南明隆武吏部兼兵部尚书、武英殿大学士的黄道周，在战败时始终拒绝投降敌人而从容赴死。当然，一种米养百样人，军队中的文官也有向敌人屈膝投降的，最显著的例子是蓟辽总督洪承畴因战败而投降清朝政权，后来成为清兵入关逐鹿中原的引路人之一。吕思勉先生指出这些变节者"甘为胡虏鹰犬，以博噬父母之邦，其用心岂不异哉"？简直就是枉读圣贤书的衣冠禽兽。

明代边塞将门之家与关羽崇拜

文官虽然把持了军政大权，但在防御蒙古诸部的边塞，始终不乏独当一面的武将。

明初，朱元璋为了把军权从功臣宿将手中夺过来，陆续将自己的儿子们分封到边塞或内地当号令一方的藩王。继位的建文帝企图削藩而加强中央集权，但以失败告终，连皇位也被镇守北平的藩王朱棣夺了过去。历史的发展总是不以人的意志为转移，朱棣登基后并没有像人们所预料的那样维持藩王镇守制度，反而模仿建文帝的削藩之策，按部就班地把军权从那些镇守军事要地的藩王手中收回来，改授予自己的亲信。其后，辽东、山西、陕西、甘肃、广西、云南、广东、福建等地的总兵一职不再像过去那样是临时任命，而是改为常设。总兵辖下还有副总兵、参将、游击等名目繁多的军职，上述担任作战任务的军职按规定不能世袭，要由流官出任。不过，在动荡不安的边疆地区，需要一批熟悉地方事务的武将长期镇驻在那里主持大局，随着时间的推移，地方的武将慢慢地变成了"地头蛇"，这些家伙在朝廷的默许之下实际上把军职搞成了"父子相继、兄终弟及"的变相世袭形式。

就这样，明朝集结重兵防御蒙古的边塞地区逐渐产生了以武将为主的军功集团。在军功集团的内部形成了大量的"将门"。典型的"将门"，是指一门之内，有父子兄弟多人佩挂将印，家族的内部人员成了边防部队的骨干，彼此之间的隶属关系是用血缘亲族的纽带来巩固的。例如在正统年间从游击将军一路升为总兵官的杨洪，长期镇守宣府。他的几个儿子也很争气，杨能与杨信两人凭战功历任宣府、延绥、大同等地的总兵官，另一个儿子杨俊也出任游击将军。故《明史》称"其时称名将者，推杨氏"。

明朝中叶以后类似杨氏这样的将门之家还有很多，再举一个例子，在正德年间为宁夏总兵官的姜汉，他的儿子姜爽在嘉靖年间出任甘肃总兵官，后来改镇大同。他的孙子姜应熊在嘉靖年间出任宁夏总兵官。他的曾孙姜显在万历年间出任总兵官，先后镇守山西、宣府。姜显的儿子姜弼在天启年间也曾经出任援辽总兵官。

总而言之，"老子英雄儿好汉"式的将门之家在边塞的很多地方起到了中流砥柱的作用。

到了明代中后期，随着国策的剧变，对边塞将门之家的壮大起了推波助澜的作用。

这次国策的剧变发生于 1536 年（明嘉靖十五年），当时的礼部尚书夏言上疏恳请皇帝恩准官民在祭祖以及确立家族庙制方面举行新的礼制。此前，明世宗在议定生父的主祀及封号等问题上与部分臣子发生冲突，需要得到更多中立者的支持，故为了拉拢人心而同意了夏言的请求。一石激起千层浪，这场礼制的革新竟然在基层社会与地方秩序上带来了翻天覆地的巨变。

众所周知，民间历来存在着祖先崇拜信仰，这在某种程度上相当于一种宗教情结，而此前明朝秉承的是朱熹在《家礼·祠堂》中的祭祖方案，一般只允许军民奉祀高祖、曾祖、祖父与父亲四世，在这样严格的限制之下，各地的同宗之族很难以祭祀共同始祖的名义形成血缘纽带，凝聚力也得到削弱，故很少产生对皇权有潜在威胁的强宗大族。然而，当自诩"以孝治天下"的明世宗同意夏言的请求后，"天下大姓"无不顺应潮流进行"联宗"，建立共同的"宗祠"，以祭祀始祖，从而使得各地的宗族以祭祖的名义统摄在共同的宗祠之下，互相之间纷纷攀缘为嫡亲骨肉，并通过修订族谱、经办族田等具体事务，使这种血缘关系变得更加密切，最终形成了一个以宗族利益为核心的巨大关系网。随着宗祠的普遍化，很多膨胀化的宗族竟然拥有千丁以上，成为地方上不可忽视的力量。宗族的族长一般由赋闲乡居的官僚士人担任，并扮演着在国家与宗族间上下沟通的角色。越来越多的宗族制订了族规，而族长可以名正言顺地依据族规管理族人，率领族人共同维护宗族的利益。同时，地方政府的权力相对下移，而征税派役、维持基层社会治安以及保甲、教化百姓等过去由乡官承担的职责，逐渐改由乡居的族长代办执行。在全社会血缘意识日渐浓厚的情况下，越来越多的老百姓效忠于自身所在的宗族更甚于效忠国家，就连深受儒家纲常礼节教育的士大夫，不少人也在"族规"与"国法"发生冲突时感到难以取舍。这样一来，皇权的根基终于受到了如雨后春笋般出现的强宗大族的严重侵蚀。

强宗大族的现象也出现在边塞地区，壮大了上述地区原本就存在的"将门"势力，使这些"将门"统率的军队具有更加浓重的"私兵"色彩。

为了满足日益扩大的军事需求，许多将领一方面依靠具有血缘关系的宗族人员，另一方面又收养人数不等的养子义儿，让这些人冠以自己的姓氏。企图用虚拟的血缘关系来加强内部的凝聚力。

《国初事迹》记载，明朝开国皇帝朱元璋打天下时，就收养了二十多个义子，让他们跟随自己姓朱，倚重他们为左膀右臂，使之监视军队及镇守要地。类似的例子在其他的开国功臣中也时可见到。由此可知，明军作为一支由朝廷供养的正规军，早在崛起之初就存在将帅拥有私人武装的现象。朱元璋建国之后为了集中军权而对此种现象加以限制，并收到了一定的成效。然而到了明代中后期，正规军的战斗力已日渐衰退，各级将领为了自家的利益，纷纷组建战斗力强于一般正规军的私人武装。这种私人武装的成员大多数是将领豢养的家丁，家丁们实际相当于将帅的养子义儿。将帅们以家长的身份让家丁冠以自己的姓氏，用这种虚拟的血缘关系来壮大实力，例如明朝中期宣府总兵杨洪的军队中有杨钊等十六名家丁做了军官。

同样是在明代中后期，随着祭祖政策的改变而导致各地的强宗大族的纷纷涌现，血缘关系在社会上得到了进一步的重视，就连一些原来没有血缘关系的同姓，在此种世风之下也自愿联合为一族，而结为异姓兄弟姐妹与异姓父母子女的风气亦方兴未艾。特别是商品经济的繁荣昌盛与当时土地兼并浪潮越演越烈，各地出现了大量背井离乡的流民，这类人身在异乡为异客，必须要互相依靠才能更好生存下去，加剧了在社会上流行异姓之间结拜兄弟的风气。这些虚拟的血缘关系总是在利益驱动下进行的，这种新的社会风气必定会对当时的社会文化产生影响。明末著名的思想家黄宗羲在《明文海》中收录时人顾大韶的新颖看法，就认为应该把传统的君臣、父子、夫妻、兄弟、朋友等五伦顺序改变排列，改为朋友、父子、兄弟、君臣、夫妻。朋友关系远在君臣关系之上的观念反映了当时结拜风气之盛。在市井流民之中，"出外靠朋友"已是常态。

边塞一些将领本身存在着收养义子的传统，现在则更加肆无忌惮地在军队内部培养私人势力。例如明朝后期辽东名将李成梁收了大量养子义儿式的家丁，其中出了李宁、李兴、李平胡等军官。而明末辽东皮岛的守将毛文龙旗下竟有数以千计的家丁改姓了毛。由此可知，大量在将帅家中打杂的家丁，摇身一变成为军人。而情况发展到这种地步同样与明代中后期的军屯受到破坏有关。

《俨山集》记载，明太祖朱元璋非常重视军屯，曾在开国之初自豪地宣布"吾京师养兵百万"，不费"百姓一粒米"，这位雄才大略的君主下令各地的卫、所等军事组织机构派出一部分人屯田，作为解决给养问题的一个办法。最初，各地驻军派出屯田的人数从三分之二到一半不等，没有统一的规定。直到1392年，朱元璋才要求天下卫、所的军人"以十分七屯田，十分之三守城"，作为定例。①各地驻军在政府的减征、免征以及提供耕牛农具等一系列优惠政策之下积极开垦，不断扩大军屯面积，力求能过上自给自足的生活（对于粮食不能自给的边塞驻军，政府采取各种手段进行支援），不至于忍饥挨饿。

然而，随着明代中后期商品经济的日益发展，全国各地的大地主庄田越来越多，使自耕农占有很大优势的传统小农经济日渐衰败，而明初制定的经济政策也受到极大的冲击。皇室、贵族以及官绅地主利用政治与经济上的特权不断进行土地兼并，不可避免地产生了侵占民业等大量问题，加剧了社会矛盾。这场席卷各地的土地兼并浪潮也不可避免地对军屯造成影响，各部队的武官功臣凭着职务管理上的便利，使用各种手段竞相占田，欺凌士卒，使军队的屯田遭到了极大的破坏。军屯的破坏与士卒逃亡之风的盛行，无疑会对卫、所等军事组织的战斗力造成影响。朝廷的对策是更加倚重募兵，以应付战乱。

作为边疆地区的"地头蛇"，各级将领普遍在驻地拥有自己的产业，其中包括朝廷的赐田，但更多是假公济私、巧取豪夺而兼并的田产，特别是随着土地兼并浪潮的长盛不衰，集中于各级将领手中的土地需要大量人员来耕种，为了凑足人数，他们私役士卒，收容逃兵、流民，让这些人种田以谋利。同时，因为边区与塞外接壤，常常受到游牧民的骚扰，所以，在野外耕种之人要全副武装，久而久之，这些人就自然而然地沦为将帅们的私人武装，跟着将领在战场上冲锋陷阵。甚至一些不懂耕田的塞外降民（蒙古人）也被收编为家丁，以冒险出境捣巢（乘隙偷袭蒙古部落的营盘）以及赶马（抢夺或盗窃蒙古诸部的马匹）等方式获利，

---

① 朝廷鉴于边塞的一些地形险要之处的情况特殊，允许当地驻军可以适当增加守城人数。

例如宣大总兵马芳、赵岢的营中，就有不少这样的人。俺答封贡后，朝廷禁止再擅自出境捣巢、赶马，因而以按月发饷的办法养活他们。

将帅们私人武装里的家丁享有很高的待遇，最初由将领以私人出钱的方式供给粮饷，其中佼佼者领的薪水比普通士兵高二倍至十倍不等。在万历年间，朝廷为了与将帅们争夺家丁控制权，抢着出钱供养家丁。这使一些家丁左右逢源，他们左手公开拿朝廷的饷，右手私底下拿将帅的钱，进行事实上的双重效忠。不过，一些将领不肯将所有的家丁名额上报朝廷，还留下一些人专门由自己提供生活费用，以作心腹之用。

军队的文官集团也入乡随俗，很多总督、巡抚、兵备道员都有了隶属于自己的家丁。因而那时的军队，四处都是义父义子、义兄义弟，比如明末辽东祖大寿旗下的很多异姓将领，都与祖大寿的外甥宁远总兵吴三桂结为兄弟。将帅之间存在异姓兄弟，家丁之间也存在异姓兄弟——家丁们共同承认一个将领为义父，那么彼此之间自然便成了义兄义弟。在这种注重虚拟血缘关系的时代背景之下，兴起了崇拜关羽的狂潮。

关羽是三国时期蜀国的名将，生得"相貌堂堂，威风凛凛"，史称"万人之敌"。他在汉末天下大乱之际，跟随汉室的后裔刘备起兵南征北战，为建立蜀国的事业立下汗马功劳。后来在镇守荆州时被盘踞江东的孙吴政权伺机出兵偷袭而不幸被害。关羽死后，备受崇敬，他在正史之中专门有传记，也是小说、戏剧等各种文艺作品的热门人物。他的事迹千百年来脍炙人口，上至达官贵要，下至市井小民无不敬仰而交相赞誉。不管是位列中国古代二十四史之一的《三国志》，还是汇集宋元平话以及各种民间戏剧、传说而编撰的明代文学巨著《三国演义》，都记载了大量与关羽有关的英雄事迹，有些是基于活生生的史实，有些是来源于

∧ 关羽

民间的传说，还有的干脆就是经过后人添油加醋的演义。时间越往后推移，关羽的轮廓就越来越清晰，形象也越来越丰满，最终被塑造为一个具有忠、义、勇、烈等优越品格的高大全式的理想人物。

关羽死后，其形象被后人神化，并且在隋唐以后日渐受到儒、佛、道三教的大力推崇。最早将关羽捧上神坛的是佛教，《佛祖统纪》与《高僧传》等佛教典籍记载，隋朝开皇年间，天台宗智顗大师向隋文帝请求封关羽为佛教护法的"伽蓝神"。因而在一些佛寺的大殿中便摆上了关羽的神像，与另一"伽蓝神"韦驮做伴。①

道教推崇关羽的时间比佛教晚，但却使关羽拥有了至高无上的地位。《广见录》记载，北宋末年解州盐池干涸，认为是邪神作怪，有道士到玉泉山祈祷，恳请关羽显灵，驱逐邪神。而朝廷遂应龙虎山著名道士张继先的要求封关羽为"崇宁真君"。明朝建国，皇室与道教的关系一向密切，关羽便连带沾了光，交上了好运。在万历年间，因道士张通元之请，明神宗将关羽的爵位由王升为帝，号称"协天护国忠义大帝"，不久又改称为"三界伏魔大帝、神威远镇天尊关圣帝君"。明思宗在位时又封其为"真元显应昭明翼汉大天尊"。关羽的封号越来越长，也越来越拗口，所以世俗之人干脆将其简称为"关帝"。

儒教也正面宣扬关羽的忠义精神，按照儒家的礼仪对其进行祭祀。唐代贞元年间，位居荆南节制使的尹裴均，是最早为关羽在江陵地区单独建立庙宇进行祭祀之人，但这只不过是地方公祭，不算国家公祭。当关羽作为历代名将之一进入姜太公庙陪祭时，才算与国家公祭沾上了边。到了宋元时期，关羽继续受到统治者的追捧，先被封为忠惠公，后又获得武安王、英济王、字济王等爵号。关羽由公爵升为王爵，与姜太公的"武成王"都是属于王爵，差不多平级。但是，官方并没有把关羽庙提升到姜太公庙那样的崇高地位，另外，在姜太公庙中，关羽仍然是陪祭者，尽管其身份卓尔不群。到了明朝建立，统治者依旧保持着对关羽崇

---

① 不过，随着后世之人对关羽的敬仰之情与日俱增，有反对者认为佛寺将关羽当作"门神"是贬低了关羽的地位。

拜的习俗，朱元璋于 1394 年（明洪武二十七年）在南京鸡笼山为关羽建庙。当朱棣迁都北京之后，又在京城建庙祭祀。后来，仅在北京城内外大大小小的关羽庙就达到近百座，而地方上的关羽庙更是不计其数，不过在官方的祭祀礼仪中，关羽庙的地位仍然要比姜太公庙低。另外，在明代中期重新得到朝廷重视的姜太公庙中，关羽也是陪祭者之一。

当道教人士请求朝廷将关羽的爵位由王升为帝，朝中的士大夫们对此是乐见其成的。一些民间人士竟然用关羽来取替姜太公的位置，将其抬举成为"武庙"的代表，与孔子的"文庙"相提并论，并得到地方官的默认而受到官祭。

民间的老百姓在各种戏剧、通俗小说的影响下，兴起了一浪接一浪的关羽崇拜热潮，士大夫们对此加以接受，那是因为这种崇拜现象有符合儒家价值观的地方。原来，这与中国古代史中的"正统"之争有关。在魏、蜀、吴三国之中，究竟哪一个国家才是最有资格继承汉朝的正统王朝？有人认为是魏国，理由是魏国不但拥有汉朝的大部分面积，而且占有汉朝的旧都长安与洛阳。但也有人认为是僻处西南的蜀国，因为蜀国君主刘备是汉朝皇帝的子孙后裔。最值得注意的是，南宋的理学大儒朱熹强烈支持后一种观点，他借古讽今，以蜀国为兴复汉室的正统，贬魏国为篡汉的伪政权，这种思想隐喻当时的南宋为正统，而将入侵中原的金国贬为伪政权，故也是符合儒家经典《春秋》中所阐明的"尊王攘夷"之义，因而对后世造成了深远的影响。而关羽为复兴汉室流尽了最后一滴血，自然成为理学中伟大、光明而正确的正面人物。

明朝统治者用宋儒的理学来统一人们的思想，朱熹的著作成为科举考试的教材。朝廷很多文臣就是读着朱熹的书而长大成人，并依照儒家的纲常理论作为处世的原则。朱熹所处的南宋王朝，受到金国的威胁，而明朝的北部边境地区二百多年来也始终受到蒙古部落不同程度的骚

∧ 明代的《三国演义》

扰，这让明朝士大夫们对"尊王攘夷"的春秋大义有了更加深刻的切身体会。另外，在明代广为传播的《三国演义》这部通俗小说中，关羽被塑造成为夜读《春秋》的儒将，无形之中让关羽又在读书人的心目中加了分，因而像他这样符合理学观念的英雄人物自然容易让士大夫们接受。

很多文官心仪的偶像是姜太公与刘伯温，而军中的将士们更加偏爱的是关羽。关羽具有义父与义兄弟的双重身份，他既与刘备、张飞两位结义，成为义兄义弟，又与关平结为义父义子，因而"义气"便成了关羽身上很重要的一种优良品质。"义气"这个词的概括性很强，既可以与报效国家的"忠义"扯上关系，也可以把私人感情的"情义"蕴含于其中。总之，在家、国难分的中国古代，个人的所作所为要适合那个特定时代的行为规范，必要的时候要为家族或者国家的整体利益而做出牺牲。

《三国演义》描述，关羽的一生为了"义气"而不管个人的荣辱得失。作为刘备的义弟，他身在曹营心在汉，为了寻找义兄而抛弃了唾手而得的富贵。他过五关斩六将，为了护送义嫂而将生死置之度外。作为关平的义父，他身为表率，在义子面前任由医生刮骨疗毒而面不改色。他败走麦城，父子同陷囹圄时挺身而出怒斥敌酋，充分表露出了一个军人的勇气，维护了家族的荣誉。明代将门之家为了巩固军事集团内部的秩序，需要提倡关羽邦样的"义气"。无论是作为家长的将帅以及作为养子的家丁，还是作为义兄义弟的同僚，关羽都有他们值得学习的一面。

关羽在军队中的影响力逐渐超过了姜太公、刘伯温，比起开国皇帝朱元璋与开国武臣徐达等人有过之而无不及。因为他早年扬名立万，丰富多彩的阅历胜过晚年发迹的姜太公。他武艺高强，亲历战阵而不同于文质彬彬的刘伯温。他对君主自始至终忠心耿耿，没有朱元璋那样问鼎天下的野心。他享誉千古，不像徐达等开国武臣那样传出功高震主的流言蜚语。

在明代，《三国演义》的广泛传播，使关羽的故事家喻户晓，而且这些故事早已被改编为各种戏剧，更加深入人心。据不完全统计，当时以关公为主角的戏曲作品有《关云长大破蚩尤》《关云长祝寿》《义勇辞金》《关羽却印》《夜读春秋》《单刀赴会》《关羽显圣》《千里独行》《华容释曹》《云长训子》《寿亭侯怒斩关平》《关云长闻讣权降》《云长护河梁会》等。

历史上的关羽现在经过重新包装被塑造为军人的模范，已适合时代的需要。关羽的传奇经历使不少武将产生了很强的代入感，幻想自己代替小说或戏剧之中的主人公，而与主人公产生同喜同悲的感觉。连明朝皇帝也崇拜关羽。永乐年间，《明实录》记载朱棣曾经在北征蒙古时勉励随行诸将道："关羽、张飞皆是三国时期的熊虎之将，生时忠诚可贯日月，死后百世被人祭祀。古今人才不相上下，你们可要努力啊。"到了万历年间，南京吏部主事蔡献臣写的《清白堂稿》称，信奉道教的明神宗每当遇到难题时，便令道人扶乩，恳请道教的"三界伏魔大帝神威远镇天尊"的"关帝圣君"显灵，解决疑难。

明代社会普遍相信关于关羽显灵的传说，在很多军队驻扎的地点都有关帝庙，信徒们虔诚地祈求着，希望得到化身为战神的关羽的保佑，军人们临阵前到庙里上两炷香，盼望会起到神灵附体，无往不利的效果。明代继续流传着关羽显圣的神话，例如倭寇在东南沿海四处捣乱期间，官方特意在苏州附近的要害地点浒墅关重修了一座关帝庙，以求其永镇海疆。庙中专门刻有如下铭文："铁马嘶齿，金戈后先，再战歼倭，云旗俨然。"这段文字的主要意思是请求关羽显圣，发挥神力消灭来犯的倭寇。

∧ 戚继光之像

真正平息倭患的当然不是依靠关羽显圣，而是在前线浴血奋战的将士。在东南沿海的平倭战争中立下汗马功劳的将门之家比较多。其中最杰出的将门之家不但名将辈出，还同时养育着能征善战的家丁，这些人以血亲为纽带团结在一起，组成带有强烈宗族色彩的军事集团，被人们约定俗成地称为"家军"，并在这个称号前冠以将帅的姓氏，以示区别。其中名震遐迩的有"戚家军""俞家军"等。

戚家军的主帅是戚继光，辖下的名将有戚金、吴惟忠等，这支军队以在浙江义乌地区招募的数千人为骨干，长期战斗在浙江、福建、广东等地，

> 《正气堂集》中的边关车兵

﹀ 戚继光所著《纪效新书》中的插图

先后歼灭倭寇与海盗数万，为倭乱的最后平定立了首功。

俞家军的主帅是与戚继光并称为"俞龙戚虎"的俞大猷，他长年累月地活动在苏、浙、闽、粤等地，多次与戚继光并肩奋战在平倭战争的第一线，两人共同为沿海地区的和平安定做出了不懈的努力。

在与从事游牧、渔猎等部落接壤的北部边境，矫健勇猛、人才济济的将门之家就更多了。自 1571 年起，明朝与宣大、延绥等边外地区游牧的鞑靼右翼诸部达成了和平协议，双方都将注意力集中于经济贸易，令长期剑拔弩张的局面得到了改观。但是山海关以外地区的鞑靼左翼与女真部落却始终没有停止对明朝的骚扰，致使这场漫长的冲突一直持续到明亡为止。结果，关外成为关乎国家安危而导致举国瞩目的火药桶，在那里镇守的将门之家中，起过重大作用的有"李家军""毛家军"与"祖家军"。

李家军的主帅是李成梁，他出生于军人家庭，但因贫穷一直到四十岁才得以继承父职，出任铁岭卫指挥佥事，开始了四十多年的军旅生涯。他从嘉靖年间起在关外与鞑靼、女真部落作战时立下无数战功，仅斩获的敌人首级就过万，成为边陲地区首屈一指的武将。他官至辽东总兵，被朝廷晋升为宁远伯，得以跻身于功勋武将集团中，成为最耀眼的明星，并组建了一支以铁岭李氏家族为核心的军队。其子李如松等四个亲生儿子出任总兵官；还有李如梓等四个儿子当了参将，就连他的亲弟弟李成材亦官至参将。

此外，李成梁手下还有数千家丁，义子李宁、李兴、李平胡等人也一路攀升，做了参将、游击等官。

李家军名震中外，对关外局势非常关心的朝鲜人也在本国的史籍《光海君日记》中记下："成梁崛起行间，名闻四海，亦一时豪杰也。久握强兵，专总重镇，威行夷夏，缔结中外。三子皆为名将，诸侄遍据参（参将）、游（游击），山东镇堡，大小将官，半是家奴与幕客。辽广之人，知有李大爷而不知有他人。"

李家军除了镇守关外，还被朝廷抽调到宁夏参与平叛，其后又进入朝鲜抗击入侵的日本军队。然而，在一系列残酷的战争中，李如松等名将亦以身殉国，将星凋零的李家军逐渐在关外的战争中表现不佳，最终销声匿迹。此后，关外又接连出现了毛家军、祖家军等善战之师，继续叱咤风云。

总之，明代中后期的将门之家虽然出现了戚继光、李成梁等功勋显赫的名将，但由于受到军中文官集团的掣肘，很多人难以充分施展手脚发挥自身的军事能力，其地位始终未能与开国、靖难时期的诸武臣相比。太庙之中没有一名明代中后期的将领陪祭，就说明了这一点。

一个有趣的现象很值得注意，就是明朝的边塞将门之家崇拜关羽，而作为他们的对手，那些游牧、渔猎部落以及各种境外政权，也崇拜关羽。既然关羽都同时被敌对的双方所崇拜，那么无论哪一方最后获胜，对这个战神的敬仰都会与日俱增。也就是说，崇拜关羽的现象不会随着明朝灭亡而消失，只会继续下去。

第六章

草莽英雄

明末大起义

尽管关外强势崛起的女真人开始四处攻城略地，在万历年间逐渐取代鞑靼左翼诸部成为辽东地区最大的外患，并对明朝的统治构成重大威胁，不过，最终颠覆明朝的却是关内风起云涌的农民大起义。由于政治上腐败以及经济削剥的不断加重，日益贫困的老百姓对明政府怨声载道，各种反抗此起彼伏。到了天启、崇祯年间，频繁出现的各种天灾使社会矛盾更加尖锐，最终酿成了西北地区的农民起义浪潮。

1627 年（明天启七年，后金天聪元年）2 月，陕西澄城农民不堪官府的横蛮征税而竖起反旗，各地饥民纷纷响应，并得到部分边塞饥兵以及驿站贫困驿卒的有力声援，一时之间发展迅速，呈现出群雄并起的势头。各路义军遍布陕北，不少人伺机渡过黄河而进入山西，仿如脱缰之马，声势更为浩大。当时，著名的起义领袖有王嘉胤、王自用、高迎祥、罗汝才、张献忠、李自成等，他们在四处流动作战中，注意招揽同党，共组建了三十六营，而从者号称"百万"，攻克的城

∨ 万历年间的京城，表面祥和，实际危机四伏

∧ 明代《流民图》局部

池有河曲、大宁、泽州、寿阳等处，对整个明帝国形成了极大的震撼。

明朝君臣虽然已经被关外的女真人搞得焦头烂额，但还是竭尽所能地抽调重兵应付关内局势，杨鹤、洪承畴、卢象升、孙传庭等文官相继出任总督、巡抚等职，会同麾下诸将，几经反复，先后剿杀了王嘉胤、王自用、高迎祥等。纵横秦、晋、冀、豫、川、楚各省以及一度突入京畿地区的各路义军在官军的追剿下处于东奔西逃、各自为战的状态，起义形势逆转，陷入低潮。

高迎祥等人死后，西北义军中最负盛名的李自成、张献忠都想方设法保存自身的实力。其中徘徊在豫、楚地区的张献忠囿于形势，于1638年（明崇祯十一年，清崇德三年）初表示愿意接受朝廷的招抚，随后获得了难得的喘息机会，率部进驻谷城，静待东山再起之机。而转战于陕、甘、川等省的李自成由于接连失利，在此期间被迫蛰伏于商、洛山中，卧薪尝胆，准备重出江湖。转机终于来到，对官府疑虑重重的张献忠于1639年（明崇祯十二年，清崇德四年）5月重新竖起反旗，屡次于楚、川地区大败围剿的官军，这就让李自成得到了一个千载难逢的战机，得以在1640年（明崇祯十三年，清崇德五年）六七月间采取避实击虚之策，冷不防地经湖北房县，陕西平利、商州等地突入官军防备疏松的河南。恰巧当时的河南连年遭受旱蝗灾害，饥民遍野，因而这支久战残败之师奇迹般地恢复了元气，一下子便由千余人发展到十余万，连克宜阳、永宁、偃师、灵宝、新安等地，重振声势。在此期间，李自成吸纳了牛金星、宋献策等文人为自己出谋划策，以图大事。《豫变纪略》称牛金星"通天官风角（泛指占星卜卦之术）诸书"，亦熟知兵法，而宋献策过去曾经以算命占卦为谋生之业，自以为有预测天机的能力，故这些人被存在迷信思想的李自成纳入麾下，绝非偶然。尤其是宋献策，倡言"十八子主神器"，深得李自成的欢心。因为谶语中的"十八子"正好符合李自成的"李"，暗喻这位草莽英雄承受天命，必将成为布衣天子。

1641年（明崇祯十四年，清崇德六年）正月，仗已经越打越大。李自成出手不凡，指挥部属以猛虎扑食之势拿下洛阳，其后三次围攻开封，并分兵连克开封周围的三十余座州县，特别是在1642年（明崇祯十五年，清崇德七年）5月间于朱仙镇这个要地击溃了十几万来援的官军，夺得了前所未有的胜利。

明朝的失利经常与军中文武不和的痼疾有关。一些武将在连年的征战中不断通过招降纳叛等方式壮大实力，逐渐出现了桀骜不驯、拥兵自重的情况，而朝廷故步自封地沿用"以文驭武"的旧制度，时常委派一些缺乏作战经验的文官以"总督""督师"等名义出任前线统帅，难免时常指挥不动那些久经沙场的老将。例如杨嗣昌、汪乔年、丁启睿等文官相继出任督师时，均很难得心应手地对军中大将左良玉发号施令，特别是丁启睿在职时，竟然沦落到为左良玉干一些"调遣文书"之类的杂事，始终未能"自出一令"，被时人侯方域在《宁南侯传》中讽刺为"左氏幕客"，可见，这个军中统帅完全是徒有虚名。朱仙镇一战中，左良玉在战局不利的情况下为了保存实力率部先逃，其他将领随即纷纷溃退，丁启睿事后成了替罪羊，被朝廷逮捕下狱，可是明思宗对于尾大不掉的左良玉投鼠忌器，没有按照军法对其进行处置。

明朝无力为开封解围，城内的守军困兽犹斗，悍然于1642年9月间掘开黄河大堤，企图水淹义军，义军亦掘堤还以颜色，结果两败皆伤，纷纷被汹涌而至的洪水吞噬。在这一场突如其来的横祸中，城中"百万户皆没"，得以逃脱者不及二万人。义军亦在奔腾咆哮的浪涛间漂没了二万余人，不得不撤离。

开封的毁灭使明朝在河南的统治岌岌可危。其后，李自成在郏县击退陕西总督孙传庭的精兵，围歼了死守汝宁的保定总督杨文岳所部，在此前后还陆续收编了各地的一些义军，势力如日中天，遂于1642年年底由豫入楚，攻克襄阳、荆州、承天等处，逼近汉阳，将地盘从河南扩大到湖北北部，并于次年春天正式建立政权，以襄阳为"襄京"。

值得一提的是，义军在攻取承天期间，发生了挖掘陵墓的事。由于自古以来存在"敬天法祖"的习俗以及人们对风水学的迷信，因而在战争中挖掘敌人的祖坟竟然成了一种心理战的手段。早在1635年（明崇祯八年，后金天聪五年），一股突入安徽的起义军在经过明朝的"龙兴之地"凤阳时，就一把火烧了皇陵享殿与朱元璋曾经出家的龙兴寺，并在撤离前甚至连皇室的祖坟也挖了，致使在政治上产生了很大的影响。远在北京的明思宗得知凤阳失守的消息后不得不哭告太庙以自责。如今，当李自成夺取承天后，又发生了相同的一幕，因为此地是明世宗继承大统之前曾经生活的地方，故被视为是明朝的另一个"龙兴之地"，而修建的献陵（里面埋葬着明世宗的父亲兴献王朱佑杬）也遭到了挖掘，动机除了"断龙脉"等迷信因素外，还与"寻宝"等现实需要有关。然而意外发生了，《明季遗闻》诸书记载，部分义军将士在掘陵时，突然风雷大作，"昼晦"，一名叫张联奎的官员恍惚中看见现场骤然出现了"金甲将"，并被其手持金瓜"当顶一击"，立即昏迷倒地，口鼻流血，一夜之后死去。自然，上述说法是经过众口流传、添油加醋之后才形成的。真正的原因可能是现场有关人员不巧在雨天遇上了雷击。《钟祥县志》明确记载，当天雷雨大作，有数名掘陵之人被雷击死，迫使整个掘陵行动暂时停止。然而，城里的兴献陵享殿还是被拆毁了。献陵的雷击事件被个别存在迷信心理的人认为"天命未改"，明朝还未到灭亡的时候，也许是因为这类原因，李自成稍后不得不整肃了内部的动摇分子，以加强向心力。[①]

远在北京的明思宗对自命为"奉天倡义大元帅"的李自成如芒在背，必欲除之而后快。无奈兵力捉襟见肘，只能强令在陕西休整的孙传庭所部出战，以图孤注一掷。

---

① 应该指出的是，一些起义军领袖的祖坟也不安全，例如，《虎口余生记》称米脂县令边大绶就曾掘李自成祖坟。

孙传庭这位文官于 1642 年出任陕西三边总督时，曾经试图以铁腕治军，公开逮捕并处死了不听号令的悍将贺人龙，让经过整顿后的军队在一定程度上增强了凝聚力，因而被朝中人士誉为"精兵良将"，并与吴三桂、左良玉所部一起，成了朝廷最为倚重的三个军事集团。由于吴三桂所部在关外负有抵御外患的责任，不能回援中原，而左良玉所部曾经在赴援开封期间惨败于朱仙镇，实力大不如前，亦不敢再与李自成硬碰，故孙传庭所部可以说是官军在关内硕果仅存的王牌武装。一旦这支来自陕西的军队与李自成在中原展开决战，必将对明朝的生死存亡具有决定性的意义。

决战在 1643 年（明崇祯十六年，清崇德八年）展开，同年的八月初一，孙传庭所部专门选择西安的关帝庙作为誓师的场所，希望能得到"武圣"的庇护。这支兵力达到十万的军队随即浩浩荡荡地经潼关入豫，连占洛阳、汝州等地，轻而易举地深入义军腹地，于 9 月 14 日直逼郏县，最后的胜利似乎唾手可得。

且战且退的李自成事前做好了坚壁清野的准备，利用对手孤军深入而难以就地筹粮的弱点，及时派遣奇兵断其饷道，出敌不意地一举夺回了主动权。逆转过来的形势顿时让孙传庭手足无措，而忍饥挨饿的部属也难以贸然决战，因而不得不赶紧分路后退。

义军没有错过战机，以铁骑当先、步兵继进的方式发起全线反攻，在南阳等处追上并围歼了四万名逃之不及的官军，另外缴获"甲仗马骡数万"，战果丰硕。

决战失败的孙传庭唯有收拢残余人马退守潼关，企图死守这个由豫入陕的战略要地，可是已经心有余而力不足，根本无法抵挡乘胜西进的李自成。义军再接再厉，一口气拿下潼关，将孙传庭送上绝路之后，连克华阴、渭南、临潼等一系列城池，于 10 月 11 日轻取西安。随着孙传庭的战死，残部也烟消云散，明朝再也难以拼凑一支可以抵挡李自成的军队，整个战局如江河日下，一溃千里。

1644 年（明崇祯十七年，清顺治元年）正月初一，兵强马壮的李自成正式在西安建国，国号"大顺"，改元"永昌"。

"大顺"这个词可以从儒家经典《礼记·礼运》中查到，寓意一种天下大治的理想社会。不过，有人认为这个国号的来源可能与民间流传的谶语有关。据明人梁亿在正德年间撰写的《遵闻录》称，明太祖朱元璋曾经命令谋臣刘伯温为明朝"历数之长短"占卜一卦，也就是预测一下明朝能够统治多久。刘伯温的回复是："遇顺则止。"虽然此事未必属实，但由于刘伯温在明代中期名声大振，社会上流传着大量托名于他的预言，其中一些已经广为人知。因而不排除李自成在军中谋士的策划下，企图利用这一谶语以达动鼓动人心的目的，故"大顺"的国号也就应运而生了。

李自成在建国的同时分封功臣、制定官制，采取种种措施使政权进一步完善。不久，这位义军领袖亲率主力挺进山西，连克太原、宁武等地，迅速突入河北，拿下真定、保定、大名、昌平，所过之处，官军非死即降。明朝的首都北京由于藩篱尽失，已危在旦夕。

义军在进军途中，多次发布具有天命观的文书，为改朝换代制造舆论。例如在通告山西各郡县檄文时称："……嗟尔明朝，大数已终……"，而由李自成本人署名的诏书里也有"上帝鉴观，实惟求瘼"等字句，显示起义者仍然需要依靠传统的宗教观念来粉饰自己的所作所为。

3月17日，兵临北京城下的义军重重围困了这座城市。《明季北略》《平寇志》记载：军中熟谙天文历算的宋献策开始发挥作用了，他经过一番占卜后，说道："丙午（3月18日）雨"，难以克城，要到丁未（3月19日）才有转机。当日"阴雾迷空，凄风苦雨"，正利于进攻。据说义军在那一天利用火炮的掩护进行强攻，进展顺利。可是根据《甲申核真略》所载，已有部分义军早在18日夜间已攻入了外城，当然，真正占领全城是在19日。

奉朝廷之命在前线监军的太监曹化淳鉴于守军毫无斗志，被迫打开彰义门迎降。北京防线崩溃后，困于内城的末代皇帝明思宗走投无路，与亲信太监王承恩一齐吊死于万寿山的树下，以避免全城沦陷时成为俘虏，至此，明朝灭亡。

有意思的是，滞留在北京城内的明朝旧官员在《甲申纪事》中记载，起义军自认为"以水德王，衣服尚蓝，故军中俱穿蓝，官帽亦用蓝"。意思是李自成自居"水德"，取其"以水克火"的含义，以克明朝的火德。按照传统的理论，水德应该尚黑，起义军改为尚蓝，显然已经有所变通。

义军占领北京后，很多人被胜利冲昏了头脑，军纪逐渐松懈。一些义军将帅忙着落实"追赃"等过火政策，严刑拷打相当多的前朝大官，勒令这些人交出钱

188

财"助饷"，搞得城里的官绅地主阶级人人自危，带来了树敌过多的恶果。宋献策对此有着比效清醒的认识，据《再生纪略》的描述，他以天象示警为由上奏，称"帝星不明"，劝李自成在北京速登大位以安人心，又以"天象惨冽，日色无光"为由劝李自成"宜速布宽政"。李自成果真采取了一些补救措施，企图挽回人心，可惜为时已晚，因为辽东军阀吴三桂得知居住于京城的家属遭到义军的无礼对待后，悍然与关外的清朝进行联系，准备依靠外援的力量与李自成决一死战，以泄心头之愤。

清朝是满族统治者于1636年（明崇祯九年，清崇德元年）在关外成立的一个生机勃勃的政权。满族源自女真族，自从清太祖努尔哈赤崛起于白山黑水（泛指长白山、黑龙江）之间，在基本统一女真诸部后，这个民族便于1618年（明万历四十六年，后金天命三年）把扩张的矛头转向明朝。经过努尔哈赤与皇太极两代统治者的努力与二十多年的艰苦奋战，这个新兴的王朝已经吞并了明朝在关外的大部分地区，致使明朝在应付关内各路起义军的同时，不得不分兵抵御关外的清军，从而陷入两线作战的劣境，加快了灭亡的速度。然而，皇太极在明朝灭亡前夕死去，在盛京（今沈阳）继位的是年仅六岁的儿子顺治帝，但实权掌握在皇太极的弟弟多尔衮手中。在李自成攻取北京期间，清朝也调兵遣将，召集了十多万人马，于1644年4月9日从盛京出发，准备问鼎中原，恰巧在进军途中，多尔衮接到了吴三桂的求援信，立即挥师向山海关急进，意图以武力介入关内的战事。

李自成在十多年南征北战的生涯中，从未与清军交过手，对这支主要由渔猎民族组成的军队重视不够，以为只需解决盘踞山海关的吴三桂，就能坐稳江山。为此，他留下牛金星等

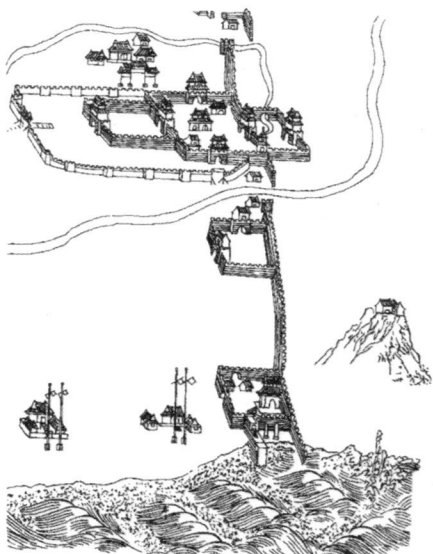
∧ 山海关

人镇守北京，自己于 4 月 13 日早上率数万主力离京出发，并最终抢在清军到来之前，于 21 日抵达山海关附近，击破吴三桂所部在石河一带的防线，迫使其退守山海关。

可是，要夺取异常坚固的山海关，谈何容易！随军的宋献策本来不赞成在敌情不明的情况下轻率出兵，曾经对李自成说过"皇爷去，皇爷不利，三桂来，三桂不利"的话，但一意孤行的李自成听不入耳。当李自成在山海关初战告捷，正志得意满之时，《东明见闻录》记载，宋献策又唱起了反调，云："明日午时，数当大凶，宜收兵回京。"李自成自然不会半途而废，故把这番话置之脑后。

次日，形势突变。吴三桂得知十多万清军陆续向战区开来，遂冒险出城来到清军大营拜见多尔衮，正式投降。老谋深算的多尔衮与吴三桂约定以"白布系肩"为记号，共同对付关内义军。吴三桂重返驻地后，信心十足地带领手下冲出城外首先打头阵，竭尽全力地与义军厮杀。只见沙场上飞箭如雨，炮声如雷，自上午一直打到中午，双方伤亡颇重，而吴军也渐渐呈现出难以支撑之势。在这个节骨眼上，分别从南水门、北水门与关中门进关的清军动手了，清军突然从吴三桂的阵右杀出来，在漫天风沙的掩护下，以万马奔腾之势横冲直撞。义军久战疲惫，因而防线一下子被冲垮，当场付出"僵尸遍野，沟水尽赤"的惨重代价，而无数人在逃路时互相践踏，死伤更是难以统计。

狼狈不堪的李自成连夜撤退，于 26 日败回北京。不久被迫率残部离开京畿地区而西撤晋、陕，其后，冀、晋、豫、陕、楚等处的义军地盘在清军的凌厉攻势下丢失殆尽，伤亡惨重，大将刘宗敏在转战途中被俘杀，宋献策降清，牛金星不辞而别做了逃兵。一蹶不振的李自成带着少数亲兵途经湖北通山县境内的九宫山时，遭到地主武装的袭击，死于 1645 年（清顺治二年，南明弘光元年）5 月初。

李自成所部在灭明战争中取得昙花一现的成果，随后却在抗清斗争中一败涂地。另一位著名的义军领袖张献忠先前乘李自成把北方搞得翻天覆地之机，率部转战南方的皖、楚等地，于 1643 年 5 月攻占武昌，建立了大西政权，自号"大西王"。他随后经湘、赣入川，连克夔州、万县、涪州、重庆、成都，控制了四川大部分地区。其中成都于 1644 年 8 月被攻陷，其后，张献忠在此地正式称帝，国号"大西"，年号"大顺"，成立了割据一方的新政权。然而，张献忠不改草莽本色，不但没有及时安抚统治区域内的乡绅地主，反而继续采取"追赃助饷"之策，把这个颇具影响力的阶级彻底推向了对立面，同时，他也未能宽待平民百姓，而是依靠严刑峻法进行管理，有时还对犯禁者滥加诛杀，搞得很多地方人人自危。明朝的残余势力乘机四处拉拢与鼓动各地的乡绅举行叛乱，四川陷入了全境不稳、遍地烽烟的状态。

张献忠一系列过火的政策削弱了自己的统治基础，导致难以站稳脚跟，他干脆破罐子破摔，迁怒于当地的居民，常常不分良莠地使用武力加以杀戮，甚至做出了把成都夷为平地的决定，然后率部离开，准备出川，另觅根据地。

这时，清军已经入关，并迅速击溃了李自成所部，正全力以赴地执行一统天下的战略任务，打算逐一歼灭关内的其余割据势力，而四川亦不能置之度外。1646年（清顺治三年，南明隆武二年），清廷以豪格为靖远大将军，带领精锐兵马风驰电掣般入川，在内应的引导下，于11月下旬突然袭击了张献忠驻扎于西充县凤凰山的大营，出其不意地打死了张献忠，又获得了一次具有决定意义的胜利。

李自成与张献忠死后，余部联系残明势力继续在南方各地坚持斗争达二三十年之久，最后在清朝的武力镇压下——以失败而告终。

通俗演义小说与战乱

大顺政权与大西政权的失败固然有军事上的原因，但政治上的错误亦不能忽视，特别是李自成与张献忠在称帝后仍没有改变"追赃助饷"等打击官绅地主的不合时宜的政策，将传统社会上最具实力的官绅地主阶级推向了对立面，也是其最终失败的一个重要因素。

起义者们之所以对官绅地主有着这么深的怨念，与官僚贵族及土豪劣绅长期以来联手欺压普通民众有关，也许在李自成等人的思想中，那些严厉打击官绅地主的政策以及破坏传统社会秩序的行为都算是伸张正义、为民除害的壮举。有趣的是，这类思想的产生在很大程度上源于在明代得到广泛流行的通俗文学作品。

众所周知，明朝尊崇儒教，重视程朱理学。官绅地主阶级凭着文化上的优势，基本垄断了儒教文化的解释权，并通过"三纲五常"等儒教理论对民众进行教化，力图控制舆论，以维护符合本阶级利益的社会秩序与伦理道德。由于受到时代的限制，即使是那些对社会现状严重不满的文人墨客与政坛上的失意者，也还没有能力提出一套取代儒教的政治理论，以便重新对这个日渐腐朽的社会进行更加合理的改造。不过，他们之中的佼佼者却巧妙地通过评书、小说、戏曲等通俗文学来唱反调，发出自己不屈的声音，以发泄对这个社会的不满，《金瓶梅》就是一个好例子。而在明代中叶以后，随着商品经济的发展与社会风尚的变化，大量的新的、旧的通俗文学得到了迅速的刊刻而在世间广为流传，例如，《三国演义》《隋唐两朝志传》《唐书志传通俗演义》《残唐五代史》《水浒传》等等，隐藏在这些通俗之中的那些与正统儒教文化不同的"异端"思想，也在老百姓内部产生越来越大的影响。以致到后来，一些作品的思想竟被明末起义者所利用，成为他们进行暴力革命的纲领和口号。

其中，《水浒传》与《三国演义》等通俗小说及其相关故事起到了特别大的作用。这两本书主要根据宋元话本改编而成，其署名作者分别为施耐庵与罗贯中。前一本书描写北宋末年山东梁山泊的绿林好汉反抗官府，替天行道的故事，后一本书则全景式地描写了东汉末年的魏、蜀、吴三国的历史发展过程，并在书中塑造出一大批英雄人物。显然，最吸引明末起义者的自然是通俗演义小说里面那些

∧ 明代万历年间的《水浒传》插图——鲁提辖拳打镇关西

∧ "水浒叶子"中的宋江、林冲与李逵

舞刀弄枪的英雄好汉，而非书中描写的文质彬彬的名士宿儒。

在《水浒传》里面，宋江为首的一百〇八条好汉落草为寇、啸聚山寨的所为，早已为世人所熟知，明代中叶源于《水浒传》的"叶子戏"就说明了这一点。"叶子戏"作为一种赌博游戏，是在树叶大小的牌面绘上文字以及人物的图像，由玩游戏的人轮流出牌，以定输赢，可说是现代纸牌的雏形。其中，牌面上所绘的常常是水浒人物。据《菽园杂记》记载，所绘的人物有呼保义宋江、行者武松、活阎罗阮小七、混江龙李进、病尉迟孙立、黑旋风李逵、小旋风柴进、浪子燕青等等。之所以描绘上述人物，是因为制作者认为赌博行为就像群盗抢劫一样，故以此警世。只是这种游戏风行于世时，大多数玩牌者执着于眼前利益而执迷不悟。

明末，不少揭竿而起者醉心于《水浒传》故事，并刻意模仿。最明显的例子是各路起义军的首领相率起诨名、立绰号，这种行为虽然含有隐瞒真实姓名，以免累及亲友的意思，但也存在着向梁山好汉看齐的心理，因为在《水浒传》的一百〇八条好汉之中，每人都拥有诨号，比如，宋江的诨号是"呼保义"，林冲的诨号为"豹子头"，李逵的诨号是"黑旋风"。明末的起义军也依样画葫芦，就拿李自成来说，他最初的诨号是"闯将"，李过的诨号是"一只虎"，张献忠在不同时期有不同的诨号，比较出名的有"黄虎""八大王"等，罗汝才的诨号则是"曹操"。不排除一些起义者平时赌惯了叶子戏，因而起事时干脆模仿牌中人物的诨号而命名。

另外，《三国演义》的影响也不容忽视，刘备、关羽、张飞三个意气相投，立志共同干一番大事业的异姓兄弟，便成为明末起义者崇拜的对象。李自成曾与刘宗敏、李过效仿三国时刘备、关羽、张飞，在关帝庙"祀神盟誓"，立志要横行天下，就是一个好例子。

以异姓结义的方式形成互助的小团体，是通俗小说之中英雄好汉们所乐意干的事。正史没有记载刘备、关羽、张飞三人结为异姓兄弟，可在《三国演义》书里，刘、关、张三人"桃园结义"的情节已成了脍炙人口的一幕。对此，正统的卫道士有不同的看法，例如，著名文人章学诚质疑《三国演义》说："演义之最不可训者'桃园结义'。"批评结义者此后"忘其君臣而直称兄弟"的行为显得荒诞不经，他认为其原因在于《三国演义》面世的时间比《水浒传》晚，因而叙述刘备、关羽、张飞等人的事迹受到《水浒传》中梁山好汉"啸聚行径"的影响。[①]尽管这类行为在通俗小说中能突出好汉们"识英雄、重英雄"的情谊，可是君臣成为同辈兄弟却不符合"贵贱有别"的儒教传统礼仪。而在现实中，义军领袖李自成即使登基称帝后，刘宗敏仍然可以在公开场合称其为"大哥"，这种不拘礼法的行为在官绅地主的眼中是难登大雅之堂的。

江湖好汉憧憬的大事业，其实不过是杀人越货、占山为王以及武装叛乱之类的勾当。要狠下心来干这些把脑袋别在裤腰带上的事，最适合的当

∧《三国演义》插图——刘玄德古城聚义

然是那些没有家庭、妻儿的人。因而在《水浒传》这本书中，宋江、卢俊义与杨雄等好汉都是杀了自己身边的女人后才上山落草的，虽然书中将这些女人的被杀归咎于她们的不守妇道，但学者孙述宇认为根本的原因可能是家庭会妨碍好汉们的事业，故好汉们接二连三地举行"杀妻"仪式，归根到底是为了摆脱家庭的牵制，好放开自己的手脚。最清楚地反映这种思想的是明代成化年间的《新编全相说唱足本花关索传》，里面有一段刘备、关羽、张飞在结义时的对话，内容骇人听闻："刘备道：'我独自一身。你二人有老小挂心，恐有回心。'关公道：'我坏了老小，共哥哥同去。'张飞道：'你怎下得手杀自家老小？哥哥杀了我家老小，我杀了哥哥底老小。'刘备道：'也说得是。'"

这段对话的意思是，关、张为了心无旁骛地干大事，决定互相杀掉彼此的家小（因刘备是光棍，无家属可杀）。接着，惨绝人寰的一幕上演了，书中的唱词道：

---

① 由此可知《水浒传》书里一百〇八条好汉"不分贵贱、无问亲疏"，结义于梁山泊的举动对封建礼法的冲击有多大。

　　"张飞当时忙不住，青铜宝剑手中存，来到蒲州解良县，直到哥哥家里去，逢一个时杀一个，逢着双时杀二人。杀了一十单八口，转过关平年少人，道声叔叔可怜见，留作牵龙备马人。张飞一见心欢喜，留了孩儿我称心。走了嫂嫂胡金定，当时两个便回程，将身回到桃源镇。兄弟三个便启程，前往兴刘山一座，替天行道作将军。"

　　看来，张飞果真跑到关羽在蒲州解良县的老家，一口气杀了大小十八口，几乎将关家杀得干干净净。只因一时不忍心才放过了年少的关平，又意外地让关羽的妻子胡氏逃掉了。关羽在此期间应该也干了同样的事。之后，结义兄弟们如约前往山中，"替天行道"去了。

　　出现在通俗文学里面的描述结义好汉的"杀家"行为，与传统儒教的"修身、齐家、治国、平天下"的思想有着天壤之别，绝对不会受官绅地主阶级的欢迎，但在明末揭竿而起的那些文化程度不高的好汉们当中却影响很大。有资料表明，张献忠在四川大开杀戒与此有关，据《圣教入川记》记载，大西军准备弃川入陕时，又发生了"惨无人道"的事，因为当时军中有大量妇女[①]，而大西军的文武各官及各营将校在计议时，认为各营之中的妇女会妨碍行军，于是决定择日将妇女们引至大营外杀死，只有张献忠得以允许留下的后妃二十人可服役，剩余的二百八十人也要杀绝。据说执行这个命令的当日，"叫冤哭惨之声，震动天地"，而"尸身堆积如山，血流成河"，张献忠贯彻了自己的主张后，向百官称贺，声称"已脱妇女之扼，身无挂累，前行无阻，定得天下"。在这段话里，张献忠所谓的"挂累"与《新编全相说唱足本花关索传》中刘备所言的"挂心"如出一辙，因而他的所作所为与关羽、张飞商量杀掉彼此家属一事没有本质上的区别。王源鲁的《小腆纪叙》也称张献忠在离开成都之前感到前途未卜，便"尽杀其妻妾，一子尚幼，亦扑杀之"，而把颇有军事才华的养子孙可望视为自己的继承者，对他说："我亦一英雄，不可留幼子为人所擒，汝终为世子矣。"不过，张献忠的所作所为不一定得到军中一切将领的支持，例如他此前在成都的滥杀行为，孙可

---

　　① 张献忠除了"正后四名"之外，尚有妃嫔三百人，而文武官员与士卒拥有的妇女更多，这些女人基本上是掳抢而来的战利品。

望就有不同意见，《圣教入川记》记述当时驻兵于成都二百里外的孙可望"大为悲伤，叹息不已"，悲愤而言："哀哉无辜小民，杀戮尔等者，绝我等之望……"，继而痛哭不已。由此说明，张献忠这样做的目的是为了让军中留恋成都的人绝望，以免误了弃川入陕的大计。

总之，张献忠无论是杀成都的居民，还是杀军中的妇女与自己的家人，都与绿林好汉的"杀家"思想差不多，这类极端的行为在现实中肯定会遇到反对的声音，只有在通俗文学里面才可能得到正面的肯定与评价。当然，类似的极端行为并非是明代通俗文学所独创，而在此前的历史书籍中已有相关的记载，但到了明代，这些行为通过通俗文学这种老百姓喜闻乐见的方式得到了更广泛的传播，难免被图谋不轨者如法炮制，造成更为严重的后果。

《五石瓢·水浒小说为之祸》中言之凿凿地说："张献忠之狡也，日使人说《三国》《水浒传》诸书，凡埋伏攻袭咸效之。"可见，通俗小说在军事上对义军领袖同样有影响。《水浒传》里的一百〇八条好汉分为"三十六天罡"与"七十二地煞"（三十六与七十二相加正好等于一百〇八），有人认为，《明季北略》与《绥寇纪略》等书记载明末起义军的建制常被划为三十六营或七十二营，这在某种程度上是对梁山好汉的模仿。

然而，各路起义军的所作所为不尽相同，其中一些部队的做法与《水浒传》的好汉们有异，例如，李自成所部在经略河南期间实行平均主义的供给制度，就连李自成本人在饮食与衣着方面也与普通将士差不多，还规定军中任何人都不能私藏金银，违者处死。这与梁山好汉们平日里大碗喝酒，大块吃肉，大秤分金的作风迥然不同。可实际上，李自成难以约束所有的部属，也免不了发生违反军纪私藏财富的事，特别是进入北京后，有的人四处搜刮，以至于"腰缠多者千余金"，少者也有"三四百金"，为此，牛金星、顾君恩等谋臣曾以"民情将变"为由劝说大将刘宗敏约束部下，谁知刘宗敏拒绝采纳，竟回应："但畏兵变，不畏民变。"理由是手下将士若"失意"，就会不听指挥。李自成对于刘宗敏这位结义兄弟的恣意妄为，很多时候是听之任之，反映了这位大顺军领袖尚未能做到乾纲独断。

总之，无论是通俗小说中的好汉，还是现实中的起义者，都喜欢"劫富"。明末起义者打击的主要目标是最容易利用自身的特权进行兼并土地、掠夺财富的官绅地主，以致彼此势如水火。

　　大顺政权与大西政权一方面打击官绅地主，另一方面却收留了不少知识分子，甚至举行过科举，以吸纳人才。就拿李自成来说，身边的著名文士有牛金星、宋献策、顾君恩等人，他们在不同时期出谋划策，发挥了一定的作用。这里顺便提一下李岩，此人据说出身于官绅之家，中过举人（一说是贡生），后因为民请命而受官府迫害，从而举起义旗，投靠转战河南的李自成，成为李自成身边的重要谋臣，并为大顺军编写歌谣，到处传唱，以起宣传作用。其中一首歌这样唱道："吃他娘，穿他娘，吃着不尽有闯王，不当差，不纳粮。"还有"杀牛羊，备酒浆，开了城门迎闯王，闯王来时不纳粮"。这些歌谣在老百姓当中散播，使大顺军的"免粮"政策广为人知，达到了争取民心的预期目的，为李自成争霸中原出了大力。可他入京后反对继续执行"追赃助饷"之策，惹来牛金星等人的忌恨，最终被听信谗言的李自成杀死在撤离北京的途中。《明史》称李岩冤死后，"贼众俱解体"，大顺政权由于人心离散而加快了败亡的速度。

　　可是，历史上究竟是否真的存在过李岩这个人还是有争议的，当代明史专家顾诚查阅了大量资料，发现在现存的明代档案以及参与镇压起义军的明代官员文集之中，都没有关于李岩事迹的确切记载。此外，清初的地方志也是无迹可寻，记载李岩事迹的大多是一些晚出的史籍，由此断言李岩是"乌有先生"。可是近年河南博爱县发现了清康熙年间修撰的《李氏家谱》，对李岩的生平及其籍贯有比较翔实的记载，为其人的真实存在提供了新的证据。即使历史上的确有过这个人，也不应该过高估计他的作用，因为大顺军与大西军自始至终都有浓厚的草莽作风，并采取崇武抑文之策，故知识分子所起的积极作用在很多时候是有限的，并不能真正左右义军领袖以及军中主要将领的行动。

　　各路起义军中既然有饱读诗书的知识分子的参与，便不可能完全以通俗小说的思想做自身的行动指南，但无可否认的是，通俗小说中那些英雄好汉提出的"口号"与"纲领"，又常常会被现实中的起义者所沿袭与利用。在这一点上，《水浒传》的影响比《三国演义》还要特出。书中的梁山好汉长期以来打着替天行道的幌子，只反贪官，不反皇帝，而其首领宋江念念不忘要接受朝廷的招安。在现实生活中，不少义军领袖干过类似的事。例如，《平寇志》称张献忠在未起兵时曾在家乡被县令欺压，因而愤愤不平地扬言不如去做贼，"异日招安未晚也"，企图想走"若要官，杀人放火受招安"的路子。后来，张献忠也的确与其他义军头目一起于1638年相继接受过朝廷的招安，但是降而复叛。至于李自成，他曾经号称"奉天倡义大元帅"，这与罗汝才号称的"代天抚民威德大将军"一样，都可算是从"替天行道"中演变而来的。大顺军向北京进军时发布诏文称："君非甚暗，孤立而炀蔽恒多；臣尽行私，比党而公忠绝少。"这在某种意义上也是只反贪官，不反皇帝的翻版。不止一部史籍记载李自成在兵临北京城下时犹有接受招安的思想，《怀陵流寇始末录》记载，大顺军秘密派人入京城与明思宗谈判，提出的条件是要朝廷犒赏百万银，并封李自成为王，割让西北一带，然后，大顺军再解京城之围，退守河南。李自成承诺受封后，"愿为朝廷内遏群贼，外制辽沈，但不奉召入觐"。也就是说，一旦受到招安，李自成所部就要为明朝卖力，不但平定其他拒不投降的起义者，还要与关外的清军作战。这与《水浒传》中梁山好汉受招安后北讨扰乱边境的辽国，南征起义的方腊，又何其相似。《谀闻继笔》记载李自成的谋臣牛金星于1644年3月写了一篇疏文让人送给京城之内的明朝君臣，里面说："皇上诚能幡然改弦，别用一番贤能，臣犹能得挈皇上固有之土地、未散之人民，全而归之皇上。是皇上负臣，至不负皇上也。"可惜，腐朽不堪的明朝迅速垮掉了，起义军领袖们在阴差阳错地被命运推上历史舞台之前尽管对现实社会强烈不强，但又找不到更加先进的意识形态与成熟的政治制度取而代之，只好时常滥竽充数地拿通俗演义小说来参考一下，尝试用书中的某些思想做行动指南。由于远没有做好改朝换代的准备工作，他们的政权昙花一现，又惨遭淘汰。《弘光实录》记载，一位李自成的手下在占领北京后发了一番特别的感慨，他说："'我等本无大志，不过来此游戏'，没想到这样大的京师，明军才仅仅守了三日，这是因为明朝将相不能打仗，倘若有一支能征战的队伍杀过来，'我等尽散而去矣，安处饱吾所欲'？"上述言论很有代表性。

明末清初的历史学者查继佐在其所著的《罪惟录·叛逆列传》里写了一段中肯的评论："自施耐庵作《水浒传》，罗贯中续成之"之后，明末至少有两次造反事件与之有关：第一次是万历末年，徐鸿儒在郓城提倡白莲教，欲效仿梁山泊故事；另一次是在崇祯年间，流贼初起，便依照《水浒传》中的人物各立诨号，如"托天王""一丈青"等，欲做梁山好汉，随着做"贼"者越来越多，以致人数超过"三十六天罡"与"七十二地煞"的数十倍，而国家亦随之灭亡。对于《水浒传》等通俗演义小说给传统社会带来的负面影响，官绅地主阶级不可能一无所知，也有人提议要对这类消遣读物采取相应的防范措施。例如1642年，刑科左给事中左懋第上奏称山东郓城、梁山一带有贼人出没，并按照《水浒传》的故事情节来做违法之事。他批评书中主人公宋江等梁山啸聚之徒，"以破城劫狱为能事，以杀人放火为豪举"，既"日日破城劫狱"，又"日日讲招安"来玩弄朝廷将史，显然以"邪说乱世"，是一本真正的"贼书"。左懋第认为明朝以儒教"正一世之人心"，而《水浒传》"此等邪乱之书，岂可容存天地间，以生乱萌，以煽贼焰哉"？他建议毁禁此书，并将梁山改名，期望达到"人心正，盗风自息"的效果。到那时，"不但山左盗息，而天下之盗风皆可息矣"。左懋第的意见受到明思宗与兵部等相关机构的重视与采纳。然而，明朝两三年后即灭亡，已无法真正禁绝《水浒传》的传播。

时间越往后，学者们就越重视通俗演义小说对于世风的影响，清乾嘉时期的儒学大师钱大昕甚至将通俗演义小说视为一种新的宗教。他曾经在《正俗》一文中称"古有儒、释、道三教"，而自明代以来又多了一教，这就是"小说"。演义小说之类虽然并非以宗教书籍的面目出现，可是士大夫、农夫、工匠、商贾等社会各阶层"无不习闻之"，连儿童、妇女等不识字者亦皆风闻以及熟悉其故事内容，因而演义小说对社会带来的影响比儒、释、道流行得更加广泛。释、道等教"犹劝人以善"，小说却专门引导人做一些"恶奸淫盗之事"。儒、释、道等教的著作不忍涉及那些与社会伦理道德有违的内容，小说却描写刻画得十分细致生动，津津乐道那些违法乱纪之事，以杀人者为好汉，视"渔色"的行径为"风流"，真是"丧心病狂，无所忌惮"！无数缺乏教养的年轻人受到这类书的引诱，难怪会做"近于禽兽"的事！世人由于习以为常而疏忽了小说的危害性，反而动辄责怪"刑狱之日繁，盗贼之日炽"，岂不知小说对于世道人心带来的负面影响，早已非一朝一夕。

钱大昕的观点是否言过其实？不同的人基于不同的立场或角度，自然会有不同的看法。

第七章

兼容并蓄的清初战神

人杀死神——女真宗教的牺牲品邓将军

明朝虽然亡于农民起义军，但农民起义军却成不了气候，真正取代明朝的是由女真后裔满族创立的清朝。

女真之名最早出现于唐朝（也有学者认为是稍后的五代期间），由历史上活动在东北地区的肃慎、勿吉、靺鞨等民族融合发展而成。从此，这个名字一直沿用下来，作为活动在白山黑水地区的一些部落的统称，直到明末清初，清太宗将女真改为"满洲"为止。

早在 12 世纪，女真族已经发展壮大。当时女真诸部在领袖完颜阿骨打的带领下建立了金国，先后消灭了辽国与北宋，占据东北与华北的广阔地区。但可惜子孙不争气，致使国家日渐衰落，并在 13 世纪亡于蒙古帝国与南宋的联合进攻。

元朝建立后，当初从白山黑水地区迁移到东北南部与华北的女真族已经逐渐被汉族同化，只有那些留在故乡的人仍然保持着旧的风俗习惯，平日里干着捕鱼、打猎的事，过着没有"市井城郭"的生活。

到了元亡明兴之时，关外的女真诸部先后归附了明朝，隶属于明朝在关外的地方政权机构奴儿干都司，然而，明英宗在位的正统年间，由于政局的动荡与国力的衰退，奴儿干都司已经名存实亡。女真羁縻卫所与各部落逐渐分为建州、海西、野人三大部分。明朝继续任命一些女真部落的首领为官吏，帮助他们建立卫所，继续对他们采取分而治之的政策，并将这种政策成功地延续到 15 世纪中后期的成化年间。

成化年间，明朝与女真人开始发生血腥的军事冲突。那时，女真建州卫出了两位好战的领袖，分别叫李满住与董山，他俩的实力日益增长，因而不可避免地对明朝在当地的宗主地位造成挑战，双方的矛盾日积月累，到最后终于兵戎相见。由于李满住与董山不满边关明军平日对女真人勒索财物等行为，遂经常联系别的部落一起骚扰明朝在关外的居民，甚至越境进入朝鲜境内掠夺奴隶与财富，从

∧ 明代的女真人

而惹火烧身。震怒不已的明朝君臣诱令董山入贡，然后将之拘禁于辽东广宁地区，处以死罪。明军也没有闲着，出动大队人马联合朝鲜部队进行大举讨伐，其中最大规模的一次是在 1467 年（明成化三年）9 月 24 日，五万明军与一万朝鲜军队经过一个多月的艰苦征战，歼灭了上千的女真人，联手捣毁了李满住与董山的巢穴。随着李满住被朝鲜军打死于婆猪江兀弥府，遭到重创的建州卫要经过数十年后才能恢复元气。

时势造英雄。在成化年间发生的一系列战事中，明军出现了一位同时被汉人与女真人奉为神明的将领，他的名字叫作邓佐，后人称他为辽东邓将军。

邓佐原职是辽东定辽前卫指挥使，素来以"善骑射，有胆力"而闻名，但真正使他名扬中外的是在讨伐女真时战死沙场。这件事的来龙去脉很多史籍都有记载。其中《明实录》称 1467 年 2 月，海西与建州女真闯入鸦鹘关，在佛僧洞等处抢掠，明军副总兵施英分兵防御，其中，都指挥邓佐带着五百名前哨转战至双岭时遇伏，与随从百余人一齐战死。当时施英与参将周浚就在附近的树遮岭作战，却一时救援不及，事后被朝廷追究问责。

有关邓佐战死之事在《名山藏》中记录得更为详细，但关于士兵人数等某些细节与《明实录》有所不同，书里说，董山累犯辽东，总督李秉与武靖侯赵辅率部往征，以都指挥邓佐为先锋，出击来犯之敌。但是副总兵在中途逗留不前，致使邓佐与所部五千亲兵被敌人围困。战斗从早晨持续到傍晚，被围的明军皆战殁，而邓佐在手刃数敌之后，自刎而死。其后，李秉审时度势，分兵五路前行，历时七日尽数捣毁敌巢，焚烧其房屋而还。

邓佐殉国之后，总督李秉亲祭其墓，不久，官府又为其在辽阳建立神祠。《柳边纪略》与《龙江三记》诸书记载，民间传说有人看见邓佐乘坐白马，手持弓箭，从战场返回，所过之处，伴随着一片神秘的鼓乐之声。

民间既然出现了邓佐显灵的传说，接下来就有老百姓自发地对其进行祭祀。这种祭祀殉国将士的礼仪在辽东很常见，没有什么可奇怪的，但令人料想不到的是，不久之后祭祀之风竟然传到了边陲地区女真人的聚居点。

最让汉人百思不得其解的是，死于女真人手上的邓佐反而成了女真人祭祀的对象。

　　必须要说明的是，女真人祭祀邓佐的方式与汉人有重大的区别，因为汉人奉行的是儒教祭礼，女真人奉行的是萨满教祭礼。这种原始宗教的祭礼可以从女真的后裔满洲那里得到一个比较清晰的了解。因为清朝主要是以满洲统治者创建的，而满洲统治者仍然延续了从祖先传下来的祭祀邓佐的传统，并一直保持到清末。

　　清朝皇族昭梿所著的《啸亭杂录》在谈到祭礼时，宣称满洲统治者在入关之前，已将保佑社稷的神仙奉祀于名叫"堂子"的"静室"之中。入关问鼎中原后，又在首都的左门外建筑"堂子"祭神，参与祭祀的有皇帝与诸王、贝勒、公侯等贵族。堂子东南处建有一座南向的上神殿，据说里面的神祇，故老相传是明代辽东一位邓姓将军。

　　根据孟森先生的考证，满语"堂子"，就是汉语"邓佐"的转音，而里面所奉的邓姓将军，就是明成化年间殉职的邓佐。《永宪录》称此神有"主疫疠"的作用，即可以用来驱邪治病。据说祭祀堂子的场所建得很诡秘，主要由仅容一人侧身出入的小门，两排东西相向的简陋房屋以及一座六角圆亭等建筑物组成。里面挂有一幅可以收卷自如的画像，这画只有祭时才展开，平时卷起不让人看到。

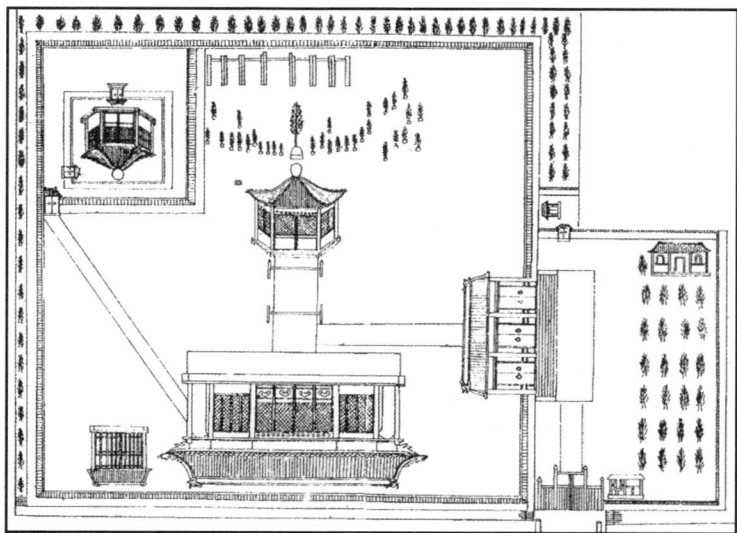

∧ 堂子之图

画中的内容有两种说法：一种说法是裸女；另一种说法是威风而愤怒的邓将军"做出践踏满洲人之状，故不欲令人见之"。而后一种说法或许最接近事实的真相。

在镇守辽东的明军当中，以武勇著称的名将多不胜数，为什么女真人偏偏选择祭祀一位手下败将呢？这一点相当让人费解。

要解开这个谜团，只能一步步耐心地进行，除了要研究女真族与其后裔满洲之外，还要研究其他类型相似的民族，以方便对比。

现在首先从女真族独特的传统文化谈起，这种文化又要与其独特的经济条件紧密联系起来。

关外女真部落众多，部落与部落之间的经济发展水平并不一致，有的过着原始的打猎、捕鱼与采集生活，有的能够从事农业与畜牧业，甚至进行商业活动，但不容讳言的是，传统的渔猎经济仍然发挥着重要的影响，许多人仍然保留着渔猎习惯，并赖以为生。

渔猎经济与蒙古族的游牧经济以及汉族的农耕经济有很大的区别。因为蒙古的游牧经济与汉族的农耕经济，都非常依赖自然环境。天气的好坏，对野外放牧的牲畜以及土地里种植的农作物而言，至关重要，可是在古代，草原上的牧民与中原的农民都没有能力支配变幻莫测的大自然，所以对大自然充满敬畏之情。他们顶礼膜拜各种由大自然衍生出来的人格化的神仙。不过，一些以渔猎经济为主的女真部落却有很大的不同，人们生活在这种落后的经济环境中不需要大规模放牧牲畜以及种植农作物，平日里以打猎、捕鱼为主。由于关外地区有辽阔的森林与密集的河流，故猎人只要有强健的体魄与足够的勇气，就不用担心饿肚子，因而对自然环境的变化不太敏感，也不消极地企求自然神与各种人格化的神仙呵护，而只是依靠自身去解决所面临的生存问题。综上所述，牧民与农民没有能力支配变幻莫测的大自然，但是对过惯渔猎生活的猎人来说，大自然却有被征服的时候，他们在一年四季之中克服风霜雨雪带来的困难而猎取食物是常有的事。因此，他们容易产生"与天斗，其乐无穷"的思想。他们为了生存，不但与神秘莫测的自然气候，兴风作浪的河流山川，飞天遁地的凶禽猛兽进行斗争，甚至企图征服传说中那些翻云覆雨的妖魔神怪。

简明扼要地谈论了女真部落的独特文化后，接着研究一下类型相似的其他部落，那么，谜底差不多就揭开了。具有渔猎经济传统的民族在关外从古至今繁衍不断，种类众多，现在除了源自女真族的满族，还有鄂伦春、鄂温克与赫哲等族。[①]这些祖祖辈辈生活在白山黑水中的人受到渔猎文化的重要影响，很多习俗具有相似之处，并共同信奉万物有灵的原始萨满教。由此可知，研究鄂伦春、鄂温克与赫哲等族的宗教信仰，对理解女真族的宗教信仰很有帮助。那种带有渔猎文化自身特色的萨满教与明代前期蒙古所信奉的萨满教有点不同，它最大的特色是强调——人可以杀死神。就以这些民族崇拜凶禽猛兽的习俗为例，其崇拜的对象多种多样，有虎神、熊神、鹿神、鹰神、鱼神等等，总之，无论是天上飞的、地上跑的，还是水里游的，应有尽有，但崇拜归崇拜，大多数时候并不妨碍人们捕猎这些动物。

在猛兽之中，最显著的例子是熊。现在有学者略带夸张地认为，在崇尚渔猎文化的关外诸部落中，熊是最敬畏的神灵。之所以这样说，那是因为熊以其体格庞大的身躯与无穷的力量，自古以来就被从事渔猎的猎民视为神物。熊用前肢抓放食物入口，用后肢直立行走，而且它没有尾巴，能够坐在地上。它的身体存在某些与人类相似的特点，所以，又被视为与人同源的人格化的神。

不过，猎民一方面存在着崇拜熊神的习俗，另一方面却经常猎杀熊。根据近现代学者的研究，在大小兴安岭和黑龙江下游生活的鄂伦春、鄂温克与赫哲部落中，人们杀死熊，接着要举行仪式拜祭熊神，这些部落相信人吃过熊肉、喝过熊血之后，会获得熊那样的气力。比较典型的是鄂伦春族，人们杀死熊后，便由年迈者带头给熊的尸体下跪、叩头，假扮成哭泣的样子，有时候他们还给熊穿上寿衣，并奉上祭品。在集体吃熊肉时，他们还故意学乌鸦叫，暗示吃熊肉的是乌鸦而不是人，企图将所有的罪过一股脑儿地推诿在乌鸦那里。待吃完熊肉后，再为熊的残骸举行葬礼，最后由长者用桦树枝鞭打每一个人，以向熊表达歉意，祈求熊的谅解。这一系列的做法据说可以受到死去的熊的保佑，并多获猎物——至于这种做法符不符合逻辑，那就不是猎人们所要考虑的问题，他们只需无条件对此

---

① 有些专家按照语言学的分类术语，将这些具有共同语言特征的民族统称为"满—通古斯语族民族"。

传统习俗进行信仰就行了。

流传在东北萨满教盛行地区的一首《葬熊歌》，就是把熊当作具有人的思想行为的神来祭拜，其中入木三分的歌词很生动：

> 你不要降祸于我们，
> 你是善良的大爷，
> 你是好心的大娘。
> 你要多给我们猎物，
> 保佑我们幸福生活。
> 我们误伤了你，
> 千万不要怨恨我们。
>
> 你是兴安岭上的英雄。
> 肠子流出来还在施威。
> 鄂伦春不敢提你的名字，
> 你是我们民族的祖先，
> 应保佑儿孙们的幸福。
> 请接受我们的厚礼，
> 带给死去的祖先。

在这里，死去的熊完全成为人格化的神，并接受狩猎者的祭祀。而狩猎者为了更好地生存下去，不惜一而再，再而三地杀死心目中的神。这种惊人的思维或许特别容易为从事渔猎的部落所接受，对于大多数的牧民与农夫来说是不可想象的。

写到这里，谜底已经呼之欲出了。为什么明代的女真人愿意祭祀一个在手下战死的亡灵——邓佐将军呢？如果将邓佐与人格化的熊神联系在一起观察，答案已经跃然纸上。

不错，崇尚渔猎文化的关外地区各民族，他们的传统宗教文化基本上差不多。

女真人拜祭邓佐和鄂伦春人拜祭熊神——两者在动机上没有什么本质的区别，得出这个结论让人啼笑皆非，但真相就是这么残酷无情。

事实就摆在眼前：在鄂伦春等部落猎民的眼中，熊是神。他们拜祭熊神——是为了杀更多的熊。而在具有渔猎传统的女真人眼中，邓佐也被神化了。[①]女真人拜祭邓佐这个死在自己手下的明将，表面上是为了禳灾祛祟，但最初的潜意识中也许是为了消灭更多明军。恐怕在不少女真人的思想里，明军与熊等凶禽猛兽一样貌似神圣，但归根结底都不过是猎物而已。

为了生活，信奉原始宗教的人可以将自己塑造的神杀死，甚至在必要时还不惜把天堂毁灭。

相对于女真人的聚居点，繁荣昌盛的明帝国无异于天堂。经济富裕的地区对贫困人士总是充满了天然的吸引力，所以难免会让贫困人士产生"羡慕、嫉妒、恨"等复杂情感。女真人虚心学习明朝先进的政治、经济与文化，并时常与明朝的边民进行和平贸易往来。但是他们从和平贸易中得到的东西毕竟有限，而且还要忍受明朝贪官污吏的欺压，相反，有时候通过烧杀抢掠等野蛮手段获取的战利品却更加丰富。这种无本生意虽然有着风险，然而总是能吸引一些喜欢铤而走险的部落。

很多生活于关外的女真人天生都是弓马娴熟的好猎手。《建州闻见录》宣称部落里面的人员拥有骁勇善战的习俗。就算是女人，亦能执鞭骑马，与男子无异，甚至连十岁左右的儿童也可以佩戴弓箭，跃马奔驰。只不过，人类在捕猎各种凶禽猛兽的过程中存在很高的风险，稍有不慎就会死于非命，故落后的经济极大地限制了人口的滋生。女真族的人口数量虽然一直不多，却特别能战斗。早在12世纪的辽金战争期间，就流传着"女真满万不可敌"的说法。到了十六七世纪的明代中后期，在女真人聚居的东北地区，这种说法更是甚嚣尘上。可见女真人令敌人闻风丧胆的战斗作风是在恶劣的生存环境中培养出来的。

女真诸部广泛存在着奴隶制因素，所以女真贵族经常越境掳掠汉人与朝鲜人

---

① 拥有先进文化的明朝历来在落后的民族面前自认为"天朝大国"，边疆的明军一向以天兵天将自居。

∧ 努尔哈赤

为奴隶，因而时不时会与明军及朝鲜军发生摩擦。女真人在掳掠平民的同时还喜欢抢夺一些自己暂时不能生产的东西（例如，衣服等纺织品），而发动战争进行抢掠是一种促进经济发展的有效手段，这对于落后的经济有很好的补充作用。

女真战士大大咧咧地闯入明朝境内，好比猛虎下了山。这些天生的猎手就像围捕野兽一样在农业区里围捕平民，明军若敢阻挡，就与之拼个你死我活，真的有一股"神挡杀神，佛挡杀佛"的劲儿。

女真入侵者所过之处，鳞次栉比的城镇与乡村悉数成为残垣断壁，活生生地呈现出一副人间地狱的景象。辽东的明朝军民不会坐以待毙，边关驻军经常主动出击，深入到群山密林中扫荡女真人的巢穴，斩草除根。流血的冲突从成化年间断断续续开始，到了明代中后期的嘉靖年间，战争的规模突然变大了。关外的局势因蒙古人的介入再次发生剧变。鞑靼左、右翼分裂，左翼迫于右翼的压力，从山西边外地区向东迁移到了辽河河套，并与白山黑水的女真人互相呼应，把辽东地区搞了个天翻地覆，造成了女真族领袖努尔哈赤乘乱崛起的契机，从而使得政治、经济、文化得以谱写的新篇章。

人变成神——以宗教辅国的清朝统治者

清太祖努尔哈赤于1559年（明嘉靖三十八年）生于建州女真的一个贵族家庭，他的家族历来奉明朝为宗主，他的列祖列宗多次受过明朝的册封，其祖父觉昌安与父亲塔克世也被明朝委任为建州左卫的首领。据《建夷授官始末》等书所载，努尔哈赤在年轻时与辽东炙手可热的总兵李成梁关系密切，曾经被李成梁留于帐下，表面身份等同于养子，其实无异于人质。

由于明朝中后期的商品经济日趋发达以及东西方之间贸易交流的增加，因而从海外涌入了大量白银，助长了国内的消费浪潮。关外人参、貂皮、鹿茸、珍珠（东珠）等特产的价格也随之水涨船高，成了抢手货，为了争夺更多的特产资源，辽东各方势力无不各显神通，甚至不惜斗个你死我活，明朝地方文武官员、鞑靼左翼与女真诸部，纷纷牵涉其中。血腥的杀戮无时无刻地在进行着，上至统帅，下至普通一兵，在错综复杂的利益冲突中随时随地都有命丧黄泉的可能。未能置之事外的努尔哈赤在 1583 年（明万历十一年）几乎家破人亡，他的祖父与父亲在给李成梁军队带路攻打叛乱的女真部落时，不慎被明军错杀。事后，明朝为了弥补过失，封努尔哈赤为龙虎将军，授之以指挥使之职，让其管理祖、父的旧部。

∧ 清代八旗军将领

痛定思痛的努尔哈赤没有灰心丧意，而是卧薪尝胆，用祖、父所遗留的十三副铠甲起兵，从 1583 年开始展开了统一关外女真各部的战争。他先后用了二十多年时间南征北战，先是吞并海西女真诸部，控制了长白山、鸭绿江一带，其后又陆续收服了野人女真各部，势力扩展到黑龙江与乌苏里江地区，把统一女真诸部的事业进行得有声有色。

在进行统一战争的过程中，努尔哈赤按照女真"出师行猎"的传统，在军队中设立了八旗制度。这个制度以女真人传统的"牛录"（汉语的意思是"大箭"）组织为基础，规定每三百人组成一个牛录，设立"牛录额真"①，加以管理。每五个牛录组成一个"甲喇"（后来被翻译为"参领"），设立"甲喇额真"。每五个甲喇组成一个"固山"（汉语的意思是"旗"），设立"固山额真"。另外，每一个"固山额真"都配有两名"梅勒章京"（后来被翻译为"副都统"）作为副手。

---

① "额真"的意思是"主"，将之置于"牛录"这个词的后面则可理解为"大箭主"。

也就是说，每一个旗平均有七千五百人，共分为黄、红、蓝、白，以及镶黄、镶红、镶蓝、镶白共八旗。

每一旗都由努尔哈赤的子侄分领，从而加强了军队凝聚力。在此期间，他还创制了新的女真文字，并完善了一系列的军政制度，最终在 1616 年（明万历四十四年，后金天命元年）成立"大金"（史称后金），建都于赫图阿拉。

努尔哈赤注意在辖区内加强经济建设，特别重视冶金业的发展，通过炒铁、开金银矿等方式努力提高手工业水平，以便最大限度地减少对明朝铁器与军械的依赖，同时增加财政收入。他还有意掌控关外诸部与明朝的贸易往来，企图全部垄断参、貂等女真土特产的货源，这种做法无疑不符合明朝的利益，因为明朝对女真诸部的政策是分而治之，防止这些部落出现统一的政权。

后金的持续扩张与明朝在关外的利益形成了尖锐的矛盾，发生直接冲突是迟早的事。

《满文老档》记下了一个传说，据称当时明朝皇帝明神宗已经预感到了关外即将出现问题，他在 1613 年（明万历四十一年）9 月的某一夜连续发了三场噩梦，每次都是梦见一个外族女子手拿戈矛等武器，坐着发出嘶叫声的烈马，在云雾之中杀了过来。这位皇帝惊醒之后叫来群臣解梦，某些见识多广的臣子在解说时认为外族女子是指女真，而乘马挥戈则意味着要与明朝一争天下。

事到如今，明朝君臣唯有埋怨当初扶持努尔哈赤，致使养虎为患，祸及自身了。

努尔哈赤征明的战争开始于 1618 年。战前，后金与明朝日益尖锐的矛盾逐渐公开化。明朝以经济封锁的方式抑制后金的扩张政策，时不时会停止双方的朝贡贸易以及关闭边境的马市，甚至还会禁止双方边民互相往来。努尔哈赤针锋相对，将过去对明朝的积怨写成檄文，以"七大恨"的名义向明朝宣战，在同年 4 月 13 日率军进入明境，先派一些人扮作马商前行，而主力兵分两路，一路以左翼四旗为主，向东州堡进军，另一路以努尔哈赤亲自率领的右翼四旗为主，直取抚顺，揭开了战争的序幕。次日，那些由后金军人伪装的马商来到抚顺城下请求互市，引诱明朝军民出城做生意，然后，八旗大军突然出现，包围了抚顺。努尔哈赤一面致书守将李永芳，劝其投降；一面下令部队竖起云梯开始攻城。李永芳稍为抵抗之后，决定不做以寡敌众、自取灭亡的事，便身穿官服，骑马出城投降。

初战告捷的后金在短短一天的时间里，取得抚顺周围数座城池以及五百余个寨、堡。据《清太祖实录》与《满文老档》的记载，八旗军先后召集了十万兵，大肆掳掠人畜三十万，获得丰硕的战果。

明朝反应迟钝，辽东巡抚李维翰派出的一万援军迟至 21 日才向战区赶来。努尔哈赤兵分三路迎战，凭着强弓劲马，顺风冲破明军依山而设的营阵，击毙包括辽东总兵张承荫、副总兵颇廷相在内的万余敌人，然后班师赫图阿拉。

努尔哈赤尝到了甜头，又接二连三侵入明境掳掠，并于 7 月下旬包围清河堡。22 日，八旗兵强攻时使用大木板抵御明军的火器，拼命靠近城边，从下面挖墙脚而进入城中与守军巷战，歼敌数千人，击毙了参将邹储贤与游击张旆，还搜刮了附近的寨堡村落，饱掠而还。

大为震惊的明朝君臣决定调集重兵反击，经略杨镐奉命坐镇沈阳，从各地征调兵马，计划调集近十万的兵力（对外号称"四十七万"），分为四路，由杜松、马林、刘綎、李如柏等将率领，用分进合击的传统作战方式来攻打后金都城赫图阿拉，以雪前耻。同时，明军还将得到朝鲜军队和女真叶赫部的增援。

针对分为四路进犯的明军，努尔哈赤准备充分利用内线作战的便利，将数万主力攥成拳头形成局部优势，逐个击破分散的明军，这个战略就是历史上有名的"凭尔几路来，我只一路去"。这一场生死攸关的决战，因两军的第一场大规模战事发生在抚顺以东七十里之处的萨尔浒，故称"萨尔浒之役"。当集中力量的八旗军首先于 1619 年（明万历四十七年，后金天命四年）三月初一、初二这两天在萨尔浒一带大败杜松的西路明军之后；接着，又于初三日在抚顺西北的尚间崖附近重创马林的北路明军；初四，又在阿布达里江与富察甸等地歼灭刘綎的东路明军；还以部分兵力阻击了从鸦鹘关出关的李如柏的南路明军，迫使其后撤。明军在短短五天的时间里损失了七八万人，丢弃无数的辎重器械，从而元气大伤，导致双方的攻守形势发生了根本性的转折。

明军在萨尔浒之战后被迫转入防御状态。努尔哈赤掌握有利时机，指挥铁骑再次把辽东变成了烽烟弥漫、鲜血四溢的绞肉机，接连攻克铁岭、开原等地，彻底击败了李成梁一手创立的李家军。这时，李成梁已死，他的二子李如柏在萨尔浒之战中出师未捷，事后被朝廷撤去总兵一职；而第三子李如桢虽然得以继任总兵并从镇沈阳，却在铁岭这个李家将的大本营受到攻击时没有及时采取救援措施，最终被朝廷追究责任而身陷囹圄。屡次受挫的李家将从此一蹶不振，退出了历史舞台。而在前线统筹全局的文官杨镐也被秋后算账，在开原、铁岭沦陷后遭到了下狱论死的处分。

辽东局势风雨飘摇，明朝君臣却纷争不已，迟迟未能在战守问题上形成一致的意见。夺取了辽东大片土地的后金没有就此罢休，乘胜吞并镇北关之外的女真叶赫部，基本完成了统一女真的大业，其后又集中力量于 1621 年（明天启元年，后金天命六年）进攻沈阳。在这一年的 2 月，八旗将士兵分八路蹂躏内地，攻下奉集堡等据点，摧枯拉朽般横扫敢于在沿途阻击的明军，于 3 月 13 日拿下了号称"坚城"的沈阳，接着，越过浑河，攻陷辽阳，尽数占领辽河以东地区。次年，努尔哈赤越过辽河，打下了辽西重镇广宁，并于三年后迁都沈阳，为下一步进军山海关做准备。

广宁失守，大批溃逃的明朝军民退入了山海关，明朝在辽东的局势万分严峻。所幸的是，朝廷先后起用孙承宗、袁崇焕等知兵善战的文臣，主持辽东防务。他们执行"以辽人守辽土"之策，练成了一支战斗力强劲的军队，并主张用稳扎稳打的方式收复失地，把敌人拦截于山海关之外，因而以宁远为中心，建起了一条将山海关、宁远、锦州等地连在一起的坚固防线，史称"宁锦防线"。有赖于此，明军得以保存"御敌于国门之外"的信心。

1629 年（明崇祯二年，后金天聪三年），努尔哈赤大举出动，率军渡过辽河，直抵宁远城下，不料被凭坚城而守的袁崇焕用新式的火器"红夷大炮"打得晕头转向，损失惨重，不得不狼狈撤退。

∧ 宁远之战

据说连从无败迹的努尔哈赤也被炮火所伤，因愤恨交加而痈疽发作，死于同年的8月11日，由此结束了传奇的一生。

在努尔哈赤主政期间，女真人的宗教信仰已经起了很大的变化，这种变化与人们赖以生存的经济基础密不可分。那时，农业已经逐渐在建州女真中发展起来，当努尔哈赤统一女真，占领辽河以西时，更加重视农业生产，除了积极组织女真人进行屯田耕种，还将在战争中俘虏的汉人与朝鲜人变为奴隶，让他们从事繁重的农活。过去，一些女真部落从事原始的渔猎经济时，敢于与大自然对抗，敢于与诸神斗争，如今学习了汉族先进的农业技术，进行精耕细作之后，不少人反而变得畏惧大自然了，并求神拜佛以保佑风调雨顺。

女真族虽然依赖农业为生，但还保留了大量旧的风俗习惯。他们在相当长的一段时间内仍然信奉传统的萨满教，只是对"天"变得异常尊敬起来。本来，在传统的萨满教之中，人们所崇拜的天，与日、月、星辰、山岳、河川等自然神灵一样，在地位上并没有高低之分。据《钦定满洲祭神祭天典礼》所载，最初举行祭天之礼时没有什么固定的场所，虔诚者无论身在哪里都可就地筹办，显得非常简单。

可到了努尔哈赤时代，天已经逐渐演变成为至高无上的神，这可能是与辽东蒙古人的交往日益密切，而逐渐受到影响（在蒙古人信奉的萨满教中，天神拥有至尊的地位），但归根结底还是与越来越多的女真人放弃捕鱼、打猎而改为务农，过上了面向黄土背朝天的定居生活有关。努尔哈赤极为崇拜天。曾经被后金拘禁于赫图阿拉的一位朝鲜使臣在《建州闻见录》中写道："努尔哈赤在距离居住地五里的地方建立了一座堂宇，四周环绕着围墙，作为祭天的场所。凡是与出征作战有关之事，女真首领与诸将必前往祈天。"可见这时候的女真人已经专门建筑了祭天的"堂宇"，这可能是受佛寺与道观等宗教建筑的影响所致。凡有大事均可祭天，其中出征或凯旋的祭礼比较隆重。例如努尔哈赤在1593年迎战海西女真与蒙古某些部落的进犯之前，率领部属祈求上天的保佑，称"愿天令敌垂首，佑我奋扬，兵不遗鞭，马无颠踬"。

努尔哈赤不止信奉萨满教，他在1621年3月13日率兵攻克沈阳（后改名为盛京）后的所作所为就足以证明这一点。根据《满文老档》的记载，由于部下在这一战中付出了一定的伤亡，他在三日后亲自祈天，说："'皇天'助我，并认为我讨伐明朝是正确的，纵然在部队作战中损失一二，也并非是因天谴而死！"随后，这位领袖特意提到了一位名叫"雅巴海"的阵亡者，自称愿为此人而祈天，同时希望雅巴海在阴界能禀告冥界之主阎罗王，以便早日转生，最好是转生于自己的家中，否则转生于和硕贝勒或固山额真等贵族的家中也行，因为这样能过上好日子。最后，努尔哈赤写上雅巴海等九名阵亡者的名字，向天祈祷道："承蒙上天的眷注，我军在征战的过程中纵使有一二过失，亦必为皇天所谅解并且继续加以保佑，同时，亦必让雅巴海等九人转生于乒土！"

这次祭天仪式中，佛教的转世轮回思想占了极为重要的地位，还出现了佛教神祇阎罗王，这表明在努尔哈赤心目中除了萨满教之外，佛教也有一席之地。而转世轮回思想的确可以鼓舞八旗军的士气。

早在明初，关外的女真人已经有崇佛的迹象。努尔哈赤建立后金的前夕，已在赫图阿拉修筑佛寺。《建州闻见录》也称这位女真首领平日闲坐时，经常细数手掌里握着的念珠，显示出一副虔诚的样子。另外，后金其他一些将领也有将佛珠悬挂于躯体上作为装饰品的习惯，表明在国中的崇佛者不少。因而佛教信仰自然会在战争中受到统治者的利用，成为激励士气的一种手段。

∧ 皇太极常服图

努尔哈赤死后，由儿子皇太极继位。皇太极当政期间，对萨满教的宗教仪式做了一些限制、革除与改进，使之更加适应形势。最值得一提的是他禁止民间巫师举行神灵附体式的跳神，《清太宗实录稿本》收录了1636年的一道命令，声称永远不允许"端公道士"等带有巫师性质的家伙到别人家中干一些"桃神拿邪"的勾当，亦不许他们"妄言祸福"以蛊惑人心，违者处死。这个禁令意味着世俗统治者产生了与巫师争夺宗教话言权的意识，皇太极深知民间巫师总是自诩有通灵的功能，经常扮演着与神界沟通的角色，为了防止这些人擅自谈论灾异之事而扰乱军心、民心，不得不予以提防。由于制定了禁止巫师跳神的政策，宫廷按照萨满教的传统举行祭神仪式时，就变为以祈祷为主了。当然，这类禁令不可能完全杜绝民间巫师跳神的现象，老百姓为了治病以及消灾，难免会祈求于传统宗教。

同时，皇太极对天的推崇态度不变，凡是国中有节日、喜庆等事须先拜天。而用堂子祭天的制度后来也更完善，拥有的神殿也不止一个，拜祭的神祇除了传统的邓将军外，还有佛、菩萨等外来神，这说明萨满教已经受到外来宗教的影响。不过祭天仪式中还保留着很多旧俗，而且办得非常隆重。皇太极主政期间在盛京以东的抚近门外三里远之处建立了堂子，以方便祭天。

堂子里面祭天的场所有亭式殿，一般情况下，在每年的正月元旦时，皇太极会亲自带着贝勒、大臣们前来参谒，行"三跪九叩"的大礼。此外，在军队出征或报捷之际，皇太极也会在堂子举行仪式，竖立八杆大纛，吹起蠃螺、喇叭、唢呐，以大张旗鼓。堂子里面有时会立起一根上端有托盘的杆子，托盘里面可装载肉类，以供养天。这种祭法与通天神树的古老传说有关，由于传统的萨满教把树看作可以通天之路，故祭天时，都会选择在树下进行，到后来，就演变成借用杆子代表树了。无论堂子举行哪一种祭天仪式，通常都由皇太极亲自主持，而没有别的萨满教司仪人员的参与，这表明，这位君主扮演的是大祭司的角色。

值得留意的是，皇太极对天的推崇已经糅合进了儒教的"天命观"的观点。《东华录》记载，他说过"古来用兵征伐，有道者，蒙天佑；无道者，被天谴"。还认为"人君者，代天理物，上天之子也；人臣者，生杀予夺听命于君者"。这些言论证明这位君主已经开始用儒教的纲常理论来判断是非。

农业社会比较容易接受宣扬君臣、父子、夫妻等尊卑有别的儒教理论，这有利于维持小农经济之下的社会秩序。

皇太极在位时经过长期的苦心经营，后金国势蒸蒸日上。他先后两次出兵朝鲜，用武力胁迫朝鲜成为藩属，解除了征明的后顾之忧。他对漠南蒙古诸部采取分化瓦解之策，排挤察哈尔的林丹汗，完成统一漠南蒙古的伟业。他为了摧毁宁锦防线而费尽心机，还多次指挥军队绕过明军在关外的防线，从间道跃进关内，掠夺了大量人口与财物，破坏了明朝经济实力，加速了明朝的灭亡，其中开始于

1629 年 10 月的首次入关之战，影响尤其深远。当时，从沈阳出发的皇太极率领八旗军以及一些归附的蒙古部落，共数万兵力绕道辽河河套，出其不意地从蓟镇辖下的大安口、龙井口等地段突入关内，迅速攻占了遵化、抚宁等处，京畿大震。镇守山海关的勇将赵率教带领四千兵马回援，不料于 11 月 4 日在遵化误入后金军预设的埋伏圈，力战而亡。宁锦前线的袁崇焕得知后方告急，立即偕同祖大寿等将领带着部队经抚宁、永平、迁安、蓟州回到北京，驻军于广渠门，与从容抵达北京城下的皇太极狭路相逢，两军在 11 月 20 日这天进行野战，后金军不支而退。虽然皇太极分兵打击来自其他地方的勤王部队，可是袁崇焕突然出现在北京城下还是使他颇感意外，这位雄心勃勃的君主暂时放弃了攻城的打算，精心策划了一个反间计，故意向一位在京城外南海子被俘的太监泄漏"袁督师与后金大汗事先有密谋，将共图大事"的假情报，再将这名太监及其同伴放跑。该太监回到京城，如实向明思宗禀报。思宗果然中计，逮捕袁崇焕下狱，其后于 1630 年（明崇祯三年，后金天聪四年）8 月将其残忍地凌迟处死。袁崇焕既然不在指挥岗位上，勤王之师也军心解体，祖大寿率领部属不辞而别，撤返辽东（后来又在重新出任督师的孙承宗的劝说下，与朝廷和解），而留在北京城郊的其他勤王部队或败或溃，根本无力扭转局势，只能任由八旗军在京畿地区为所欲为，饱掠而归。

　　皇太极成功让袁崇焕这个生平最大的对手身陷囹圄，虽然为将来彻底控制关外又迈出

∧ 八旗军征明

了一步，可是明军仍然在辽东地区进行着顽强的抵抗，并在此前后涌现出不止一支能征善战的部队。自从李成梁创建的李家军从历史舞台消失后，辽东很快又出现了一支毛家军。毛家军的主帅是毛文龙，这人原来是李成梁的亲兵，在李家军败没时转投辽东巡抚王化贞的旗下，并于1621年奉命以小股部队在辽东半岛的沿海地区打游击，以牵制后金军队。他以皮岛等地为根据地，召集难民，势力不断得到发展，建成了以数千毛姓家丁为核心的军队①，给后金造成一定的困扰。可惜，毛文龙由于桀骜不驯而于1629年被督师蓟辽的袁崇焕以维持军纪为名义捕杀了，丧失主帅的毛家军从此萎靡不振。

继毛家军之后，又出现了祖家军。祖家军的主帅是祖大寿，他本是袁崇焕的部将，在袁崇焕下台后便逐渐成为辽东前线的顶梁柱。祖大寿辖下有一大批祖姓将领，这些人有的是具有血缘关系的亲属；有的是义兄弟与义子。其中祖大弼、祖大乐出任过总兵；祖泽润、祖泽洪出任过副将；祖可法、祖宽等家丁也做了副将、参将；祖泽盛、祖泽沛、祖邦武、祖克勇、祖云龙等人出任参将、游击等职。祖大寿的一个名叫祖大眷的亲兄弟还出任过营官守备。

祖家军在辽东还与其他部队具有盘根错节的关系。例如闻名一时的将领吴三桂就是祖大寿的亲外甥，另外，吴三桂还曾经与祖大寿的多名部将结为异姓兄弟，形成了一个共同的利益集团。

祖家军凭借袁崇焕等人组建的宁锦防线，与后金军队多次硬拼，有胜有负。当中比较惨烈的是1631年（明崇祯四年，后金天聪五年）的大凌河之战。

大凌河城是孙承宗这位新任督师为了收复辽西失地而拍板修建的，此城位于锦州前方40里的大凌河西岸，可溯河而上直达后金侵占的义州、广宁，很明显，明军修建此城是为下一步进军义州与广宁而做准备。然而，数万明朝军民于1631年7月在祖大寿、何可纲等人的率领下动工筑城才刚刚二十多天，就被八万左右的后金军队突然包围。

后金的军事行动由皇太极亲自策划，他意图凭此良机与关宁辽军决一雌雄，

---

① 其中著名的将领有孔有德、尚可喜、耿仲明等，这些人当时都姓毛。

并改变过去那种强攻的作战方式，转而用持久围困的新办法，以对付明军的坚城。

这时的皇太极已经对明朝威力惊人的红夷大炮产生了深刻的印象，早已决心对其加以仿制。回顾历史，后金在起兵时曾经多次在战场使用缴获的明军火器，但真正拥有红夷炮还是在 1629 年奔袭北京作战之后，入关的八旗军在永平、遵化等地俘获了一批明军炮手，皇太极对这些战俘予以优裕的待遇，利用他们仿制红夷炮，终于在 1631 年成功制造出了这种欧式的重型火炮，并将之改称为"红衣大炮"。红衣炮在其后爆发的大凌河之战中发挥了关键的作用。

大凌河城从 8 月 6 日起被困，八旗军得到了蒙古诸部的配合，在城池周围挖掘长长的壕沟，并用红衣大炮攻陷了城池四周的一些墩台。守军在祖大寿与何可纲等将领的指挥下不断派出小股部队出击，但均告失败，最后在敌人的重重围困下与后方失去了联系。

驻松山、锦州的明军数次增援大凌河，但均在后金军队的阻拦之下无功而返。为了打通与大凌河的联系，财用不足的明朝辽东当局尽最大努力召集了四万援兵，在监军道张春，副将吴襄、宋伟等人的带领下于 9 月 24 日从锦州出发，经过小凌河，来到距离大凌河城外 15 公里的地方与八旗军决战。明军列阵发射火器，抵挡后金骑兵的突袭。皇太极在新组建的炮兵的支援下，指挥部属首先攻破了吴襄的营垒，接着横扫了宋伟所部。最后，明军纷纷溃退，吴襄、宋伟相继逃离战场，而张春等二十三名将帅则被俘。

明军援兵惨败后，继续围城的后金动用了数十门红衣大炮及传统的将军炮，对大凌河城外一个叫"子章台"的墩台猛烈轰击了三天，迫使守军投降，获得了大量粮草。子章台的沦陷令周围百余座墩台的守御部队一哄而散，官兵们或逃或降。此刻，大凌河城已经处于孤立状态，城内因缺粮竟导致军民相食。守将祖大寿无计可施，为了保存全城军民的性命，违心杀掉了拒绝投降的何可纲，打开城门投降了皇太极。八旗军立即拆毁了大凌河城，于 11 月 10 日班师回朝，历时三个月左右的大凌河之战以后金的胜利而告终。

大凌河守将祖大寿的屈膝投降乃是形势所迫，他对故国仍然念念不忘，因而以潜回锦州做内应为借口欺骗皇太极，找个机会开溜。他归明后担任锦州守将，再度与后金为敌。

祖大寿虽然降而复叛，但是跟随他投降的残余军民还有万余人，其中包括三十八名副将、参将、游击等军官，这表示关宁明军的很大一部分精锐力量已经被皇太极所掌握，使后金军队如虎添翼。

后金虽然获得了大凌河之役的最终胜利，但祖家军的表现还是给人留下了深刻的印象。皇太极以此为契机，积极提倡在国中推广儒学，为此用摆事实、讲道理的办法做部下的思想工作。《清太宗实录》记下了皇太极教育八旗子弟时列举了"祖家军"坚守大凌河与八旗军放弃滦州、永平、遵化、迁安四城这两个典型战事，作为吸取经验教训的正、反例子。滦州、永平、遵化、迁安四城本来是皇太极在首次入关作战夺取的，他率八旗军主力撤回辽东时，留下大贝勒阿敏等人驻守。明军在次年的年底发动反攻，仅用了十几天工夫便收复关内四城失地，把留守的八旗军驱逐出关外。如果将滦州、永平、遵化、迁安四城的战事与大凌河之役进行对比，就会发现八旗军在短短的十几天里弃守了四城，而明军却坚守了大凌河四个月。故此，皇太极在总结经验时专门提到这两次战事，语重心长地指出："反思我军放弃滦州等四城的前因后果，主要责任在于驻守永平的贝勒（指八旗贵族阿敏）疏于救援，结果致使永平、遵化、迁安等城相继失守。这难道不是我军将士未尝读书学习，不懂义理之故吗？如今我军包围明朝大凌河城，历时四个多月，城内驻军人皆相食，犹自死守。虽然明朝援兵已经皆尽失败，大凌河也已经投降，但周围的锦州、松山、杏山等城犹不忍抛弃前线的人而撤离，这难道不是因为明军将士读书明道理，为朝廷尽忠之缘故吗？从今以后，凡是族中子弟年满十五岁以下、八岁以上者，俱令他们读书。如果有不愿让儿子读书的人，可以自行启奏。做父亲如此溺爱儿子，朕亦不命令你披甲出征，任你随意自为，这样一来你难道就心安了吗？希望诸位体会朕的意思，不要疏忽。"

皇太极所说的"义理"与"道理"等词，指的是儒家的程朱理学，他要求在八旗子弟中推广理学，目的是让他们懂得儒教的纲常礼教，以便为朝廷尽忠。

皇太极的汉化之策在上台之初就实行了，当时他一反努尔哈赤生前制订的滥杀归顺汉人等激化国内矛盾的政策，使得境内汉人的反抗情绪有所缓和，同时，对汉人文官加以礼遇与优待，准备重用读书人。例如他在1629年宣称古往今来都是文武并和，以武威克敌，以文教治世，因而应该适时"兴文教"以"考取生员"。这是除了荐举之外的又一种吸纳人才的方式。第一场考试于同年9月举行，参加考试的有满、蒙、汉各族人士，但录取的汉人比较多，其中，在努尔哈赤主政期间为了逃避杀戮而藏匿起来的三百汉族文人如今纷纷出来应试，被录取的人数达到两百，有助于儒学的传播。有意实施汉化之策的皇太极把一部分优秀的汉人生员收为近侍，施政时时常听取这些人的意见，在这些人的影响之下，本来粗通文墨的皇太极在阅读经史典籍方面的兴趣变得更加浓厚起来，而涉猎过的书包括《四书》《通鉴》《金史》以及《三国志》等。

探本溯源，儒学的传播在努尔哈赤主政时期就有了苗头，随着大批汉人军民的归附，其先进的文化习俗肯定潜移默化地影响着女真人，甚至连被俘后拒绝投降的文官，也在这场传播儒学的潮流中发挥作用。《沈故》记载，明监军张春在大凌河之战成为俘虏后，因严词拒降而被后金拘禁，在此期间，他乘皇太极关注儒教之机积极向金人的下一代传播儒家学说，于沈阳景佑宫内"挺节训徒"，直至被处死为止。入其门下受过教导的有范文程的儿子范承谟等人，这些人学有所成后做官，因表现突出而被清廷授予"文贞"之类的谥号。为人师表的张春也被后人纪念，被尊称为"张夫子"。

《天聪朝臣工奏议》记载，在后金做官的儒士宁完我抓住时机向皇太极提出了"参汉酌金"，"渐就中国之制"的建议，以此作为主导后金汉化的思想，到后来，部院制等明朝的政治制度果真在后金逐步得到实施。宁完我等汉臣的意见得到后金统治者的日益重视无疑加快了后金的汉化速度。

僻处关外一隅的女真族本来崇尚渔猎文化，亦曾经受过蒙古游牧文化的影响，不但本民族的文字在创建时借鉴过蒙文，连八旗制度也是参考蒙古部落制度的某些特点而设立。然而，随着在辽东的扩张，女真族的经济形态逐渐发展为以农耕为主，因而大量吸收汉文化成了历史的必然。

这个来自关外的外族政权既然以儒教治国，那么在传统的"华夷之辨"的问题上，自然会选择那些对自己有利的观点，奉为正宗学说。

众所周知，儒教理论在形成的过程中存在着矛盾之处，各家各派在某些具体问题上的观点有所不同。就以后人注释《春秋》为例，最著名的有《左氏春秋传》《春秋公羊传》与《春秋谷梁传》，统称"春秋三传"。它们都被各自的拥趸誉为最得《春秋》真意，但它们的一些观点是针锋相对的。正如当代学者杨向奎所认为的，其中值得注意的是东汉时期何休在注释《春秋公羊传》时阐述的政治理论，他继承了前人的"夷狄能遵守中国的伦理道德，夷狄也就变成新的中国"的观点，还言不惊人死不休地进一步声称"中国能异于夷狄者，以其能'尊尊'（意思是尊重应该尊重的人，指维护儒教伦理）也"，假若做不到这一点，"中国亦新夷狄也"。这种"中国会变成新夷狄"的思想对后世影响深远，不少儒者在此基础上有所发挥，例如隋代的儒者王通说过"天命不于常，惟归乃有德。戎狄之德，黎民怀之"（天命归于有德者。当政的夷狄有德，会被老百姓怀念）。这种思潮，都是认为"华夷"的区别在于文化，而非民族。

何休首开先河的政治理论被后世觊觎中原的少数民族所利用，成了问鼎中原的理论工具。从东汉之后，有越来越多的领袖自我标榜为"以夏变夷"圣贤，把自己打扮成维护华夏文化的英雄，这些人带着本民族的虎狼之师入侵中原时，往往指责中国封建王朝的统治者违反儒教的伦理道德，是"新夷狄"。打击"新夷狄"的战争便带有"伐罪吊民"的正义性质，后金统治者也不例外，到最后不可避免地以此作为其与明朝争霸的理论依据之一。

以儒学治军既然成了后金的国策，那么自然会水到渠成地产生儒教式的战神，皇太极就当仁不让地扮演了这一角色。后金军队在托里图（今内蒙古鄂尔多斯市乌审旗陶力苏木附近）招降林丹汗残部的战例，就很好地体现了皇太极登上神坛的这一特点。

林丹汗是怎样走向败亡的呢？这位活动在辽东的蒙古末代大汗早就与后金的开国者努尔哈赤有矛盾，而当时四分五裂的鞑靼诸部与这个由女真族创建的新兴之国对抗时，总是处于下风。试图挽回颓势的林丹汗转而采取"联明抗金"的政策，但于事无补。明朝军队在与后金的战争中节节失利，开原、广宁等地相继失守，甚至一度连战略重镇宁远也草木皆兵。这些地方是鞑靼左翼与明朝的互市之地，而林丹汗因陆续失去贸易场所，遭受了严重的经济损失。祸不单行，蒙古科尔沁部以及左翼内喀尔喀诸部的一些封建主在后金的又打又拉之下倒戈相向，使得风声鹤唳的林丹汗再也在老家待不下去了，被迫于1627年进行西征，离开烽烟四起的关外，重返山西的宣府、大同以北。他仅仅用了一年左右的时间，便凭着武力击溃了那里的鞑靼右翼诸部，致使继任顺义王之位的卜失兔死于败退的路上。蓟辽、宣大地区的一些鞑靼右翼的残兵败将为了生存不得不倒向后金一边。

"鹬蚌相争，渔翁得利"的后金不但占领林丹汗的辽东旧地盘，而且乘势扩张到蓟辽、宣府、大同一线，与林丹汗刚刚打下来的新地盘接壤。这时努尔哈赤已死，继位的皇太极经过充分的准备，于1632年（明崇祯五年，后金天聪六年）4月1日亲自从金国的首都盛京出发，联合归附的蒙古诸部，总共召集十万大军，向林丹汗所在的归化（今内蒙古呼和浩特市）发动了长达千里的奇袭。林丹汗在右翼的高压统治致使内部不稳，他根本无力抵抗后金来势汹汹的攻击，无奈只好放弃到手不久的宣、大边外地区，离开呼和浩特向西撤退，在西渡黄河之后因四处碰壁，所部分崩离析而陷入穷途末路的境地。这位末代大汗亦于1634年（明崇祯七年，后金天聪八年）在打草滩（今甘肃天祝藏族自治县一带）饮恨病死。

皇太极的军队乘机深入漠南蒙古收降这位鞑靼末代大汗死后所遗的残部。1635年2月，当多尔衮诸贝勒奉命带精骑一万出发，沿途不断招抚残兵败将，来到黄河河套的托里图时，与林丹汗的妻子苏泰福晋及其儿子额哲率领的千余户迎头相碰。多尔衮暂且按兵不动，转而采取攻心之术，派遣使者进入蒙古的阵营劝降。额哲与苏泰福晋走投无路，不得不放弃抵抗，投降了后金。多尔衮为了避免横生枝节，亲自代表后金军队与额哲誓告天地，表示诚意，以消除蒙古人的疑虑。

林丹汗的妻儿相继投降后金，使蒙古的抗清运动失去了最有号召力的人物，同时意味着蒙古大汗的汗统从此彻底断绝。

史载皇太极在事前已经觉察到了胜利的吉兆。《清太宗实录》称，捷音传到大后方盛京的前一日，他似乎已经预感到了结果，对在文馆中办公的诸位儒臣说道："朕从来左耳鸣，必闻佳音，右耳鸣，必非吉兆。如今左耳鸣，出师诸贝勒必有捷音传来。"果然，捷音就在同一天传到。臣子们心领意会，纷纷奉上"主上圣明，皇天默佑"之类肉麻的颂词。至于皇太极是否有贪功的嫌疑，那就只有天知道了。

在此期间又出现了祥瑞。这个祥瑞是"传国玉玺"。

传国玉玺是中国古代历朝皇帝的信物，也是王朝正统的象征。传统的看法是，在改朝换代之中，哪一个统治者获得玉玺，那么就会被世人视为是天命所归，故此物也成为祥瑞之兆。明朝虽然灭亡了元朝，可始终没有得到这件宝物，因为自从携带着传国玉玺逃往塞外的元顺帝在应昌病死后，此物在战乱中几经波折，最终下落不明。过了二百多年，据说有一个蒙古牧羊人在大草原的某处山冈放羊时，看见一只山羊三日不吃草，不停地以蹄掘地，牧羊人觉得事有蹊跷，便用手挖掘下面的泥土，想不到竟然挖出了传国玉玺。这块重现人间的玉玺，辗转之间归于察哈尔的林丹汗，林丹汗死后又被苏泰福晋据为己有。

如今，后金将领多尔衮从来降的苏泰福晋那里得到传国玉玺，便刻不容缓地将这件宝物双手奉送到皇太极面前，并恭维道："皇上洪福非常，天赐此宝，乃是万年一统之瑞也。"意思是玉玺面世，便象征着"圣王兴，祥瑞出"的谶语得以应验。

其后，皇太极果然于1636年4月改后金国号为"大清"，正式即皇帝位，史称"清太宗"（女真族改名为"满洲"，就是在此期间发生的）。

至于"大清"这个国号的含义，则是众说纷纭，过去有一种说法，以为"大清"国号中含有"以水德克明朝火德"之意，可是这种说法得不到各种档案、史籍的支持，故不足为据。有的学者认为北方萨满教崇尚青色，"青"者，"清"也，故名为"清"。也有的学者认为"金"与"清"在满文中同音，皇太极改"金"为"清"，目的之一是为了表示与历史上的金朝毫无继承关系，以减轻汉人的抵触情绪。[①]

皇太极举行登基大典时，按照儒教的传统导入了天坛祭天仪式，并在正式登基之前的4月8日开始斋戒，三日后举行祭天仪式，然后称帝。除了天坛祭天仪式之外，皇太极同时还按照儒教的传统导入了太庙祭祀仪式。为了筹备登基大典，皇太极在盛京以东的抚近门外五里远之处建起了太庙，作为祭祀祖先的场所。里面恭奉着清太祖努尔哈赤及其父亲塔克世、祖父觉昌安等人的牌位，此外陪祭的还有努尔哈赤的皇后以及为其立下汗马功劳的开国勋臣——额亦都与费英东等。皇太极在刚刚举行完毕登基大典的当日，便派杨古礼等大臣到太庙报告祖先，到

---

① 因为兴起于12世纪的金朝曾经入侵宋朝，给人留下不好的历史印象，故皇太极现在否认自己是宋代金人的后裔，以免明人把辽东的战事视为宋金战争的翻版。

了次日，这位新皇帝又亲自到太庙致祭。

皇太极营造天坛与太庙，这与汉族传统的"敬天法祖"思想是一致的。天坛祭天在皇帝的登基之日以及每个冬至举行，而太庙的祭祀在每年的正月元旦举行。

每年的正月元旦，满人会同时祭祀堂子与太庙，皇太极通常亲自到堂子拜祭，而派遣司议人员到太庙主持祭礼事宜。

∧ 沈阳（即盛京）太庙大门

皇太极不但要做"奉天承运"的儒家正统之君，还想做蒙古诸部的统治者。往后的历史发展趋势是，后金皇帝取代了察哈尔大汗的位置，成为鞑靼左右翼的贵族们一致拥戴的新领导人。后金控制漠南蒙古，由此于1636年建立了清朝。

清朝在征服蒙古的过程中，为了加强对蒙古诸部的管理，设立了理藩院，制定相应的法规，陆续将归附的蒙古部落分为蒙古八旗、内属总管旗、外藩扎萨克旗三大部分，定期编审丁册。

蒙古八旗是仿效满洲八旗而设的，与汉军八旗一样，待遇从优，同属清朝的嫡系部队，主要布置于满族统治者直接管辖的地区之内。内属总管旗则分散驻牧在宣府、大同等边外之地，由于没有设立世袭的封建统治者，故直属于满族统治者，旗丁虽然不用纳税，但需要服兵役、站役等等。外藩扎萨克旗是由游牧在漠南的蒙古部落改编而成（后来，这一制度逐渐扩展到漠北、青海等地），每一扎萨克旗设立了可以世袭的旗主，任职的是王公、台吉等封建贵族，这些人均直接听命于清政府。扎萨克旗各自在划分的牧地之内放牧，不用纳税，然而，也有为清政府效劳的义务，例如战时奉调出兵等等。清朝在扎萨克旗之上设立"盟"，各旗需要定期会盟议决大事。

清朝收降蒙古诸部后，如虎添翼，继续保持在辽东的凌厉攻势，并策划了具有决定性意义的松锦大决战。鉴于明军在宁锦防线前端的锦州、松山、杏山三城以及附近的屯堡布置了二万余名的兵力，对清朝构成重大威胁，皇太极于1640年（明崇祯十三年，清崇德五年）指挥部队西进，就像当初围困大凌河城一样，在 5 月间展开包围锦州的行动。然而八旗将士在掘壕围城时不断遭到守将祖大寿派出的小股部队的拼命袭击，所以一直到年底都未能利用壕沟切断锦州与外界的联系。皇太极对前线军队迟迟未能困死敌人的据点感到非常不满意，果断地惩罚了那些玩弄职守的将领，并对围城军队进行大力整顿，严厉督促他们冒着生命危险靠近城池，从四面八方挖掘长壕，安插木栅，终于把锦州围了个水泄不通。清军于次年 3 月 24 日在明军内部奸细的接应下夺取了外城，并不断在锦州外围的乳峰山、松山、杏山等地多次击退了一股又一股的明军援兵。可祖大寿仍无降意，决心凭着充裕的粮食坚守下去。

1641 年 7 月 26 日，总督蓟辽军务的洪承畴在明思宗与兵部尚书陈新甲的压力之下试图最大限度地集中兵力，采取速战速决的办法解锦州之围。他将辎重留在宁远、杏山以及塔山东南约十五公里的笔架山等地，亲自带领部队向前线疾进，而先后赶赴战场的明军总数达到十三万人，与清军在松山通往锦州的交通枢纽地带乳峰山反复进行拉锯战，一直未能分出胜负。

皇太极急忙从盛京等地大规模动员军民赶赴前线。据《明季南略》所载，清军在锦州地区的兵力达到破纪录的二十四万，最终把洪承畴率领的明军援兵包围在松山这个狭窄的地方，连饷道也一并切断。

不想束手待毙的洪承畴命令明军从 8 月 20 日起一连两天全力突围，但均未能突破清军从陆路一直掘到海边的长壕，致使集结在松山地区的部队因粮饷不继而军心涣散。总兵王朴于 21 日夜间率部先逃，诸军紧随其后乱窜，在遭到清军四处堵截的情况下而伤亡累累，还有很多人被逼退入海中活活淹死，总计损失了五万余人。最后侥幸逃出包围圈的只有吴三桂、王朴等少数人马。

突不出重围的洪承畴被迫率领仅剩万余的军队在松山城里龟缩不出，苦苦支撑到次年的 2 月 18 日，最终因部将夏承德打开城门投降而成为俘虏（不久，洪承畴降清）。锦州的祖大寿一直坚持到 3 月上旬才彻底绝望，献城投降。皇太极对这位曾经降而复叛的将领仍然以礼相待，将其安置于盛京。其后，

∧崇德八年制造的红衣大炮

随着塔山、杏山分别在 4 月间被清军用红衣大炮轰破，历时两年的松锦决战以清军的全胜而结束。

随着祖家军大批将士以及其核心人物祖大寿的先后投降，这支被视为关宁明军顶梁柱的部队终于为皇太极所用。此前，毛家军自毛文龙死后也人心离散，一部分人马在孔有德与耿仲明、尚可喜的率领下来降，使清朝掌握了当时铸造火炮的最先进技术，可谓如鱼得水。因此，在为皇太极打天下的虎狼之师里面，有日益众多的"汉军将门"效鞍前马后之劳，发挥了越来越大的作用。

众所周知，明军对关羽推崇备至，降清的"汉军将门"也存在类似现象，这必然会对满人造成耳濡目染的影响。事实上，关羽的故事早就在满人中间流传开了，就拿未发迹之前的清太祖努尔哈赤来说，《博物典汇》记载他年轻时经常往来于边关，在与汉人接触的过程中学会了汉语，喜读《三国演义》等汉籍，正是一个显著的例子。清朝入关前，满人就已在盛京的皇宫附近为关羽建庙，庙上高挂题有"义高千古"的横额，强调的正是关羽为世人所看重的义气，这在某种意义上也代表了满人的价值取向。

另外，在北部边塞游牧的蒙古诸部由于频繁与边塞明朝军民打交道，受到"近墨者黑，近朱者赤"的影响，就连一些蒙古部落的贵族，也纷纷以"威正""委正""灰正"之类的词为尊号，根据薄音湖先生的研究，这些词均由汉语"卫将"一词演化而来，而所谓"卫将"就是卫所将领的意思。①至于信仰方面，崇拜关羽的现象也逐渐兴盛起来。

蒙古人崇拜关羽的心理后来被清朝统治者加以利用。清朝征服内蒙古诸部后，清帝便模仿《三国志》桃园结义之事，与蒙古诸位部落首领结为异姓兄弟。《清稗类抄》对此总结道："引《三国志》桃园结义之事为例，满洲自认为刘备，而以蒙古为关羽。其后入主中原，称帝华夏，因害怕蒙古有二心，于是累封其为'忠

---

① 由于明朝曾经在一些蒙古部落活动的地区设置卫所这类军事组织，并给归附的蒙古部落贵族封官晋爵，因而这些蒙古贵族便成为"卫将"，既可以世袭官爵，又可以享受明朝给予的经济优惠政策。以致后来，很多没有归附明朝的蒙古部落领袖也乐于自称"卫将"，目的主要是为了更方便与边塞明朝军民往来以及进行商贸活动。

︿ 关羽擒将图

义神武灵佑仁勇威显护国保民精诚绥靖翊赞宣德关圣大帝'。"这是抬举蒙古的意思，因为蒙古人除了信仰藏传佛教之外，也非常尊崇关羽。结果，很多蒙古人与满人打交道时也像关羽对待刘备一样，"服事惟谨"，很多蒙古部落的首领以关羽为榜样，成了"不侵不叛之臣"。上述传说真假难以细究，然而，关羽崇拜在清朝的统治区域之内日渐普遍却是事实，塞内外的很多寺庙里面都供奉着关羽之像，有不少信众。

显而易见，关羽这个超级偶像以明朝为中心，向四周辐射，不断在异域发展信徒，远及蒙古、满洲以及西藏地区。另外，在学者编撰的《关侯事迹汇编》中，记载17世纪的朝鲜境内已经"遍祀关帝"，甚至越南、琉球等国，也有崇拜关羽的现象。

明朝虽然在输出文化方面可圈可点，然而国势却如江河日下。松锦大决战之后，被关内农民起义军搞得焦头烂额的朝廷君臣再也没有能力调集十多万大军出关拒敌，这个老牌大帝国的败亡迹象已经昭然若揭。就在清朝即将控制整个辽东地区的时候，皇太极于 1643 年 8 月 9 日突然辞世，享年五十一岁。皇太极死后，年仅六岁的第三子福临继位，由他的弟弟多尔衮与堂弟济尔哈朗辅政。

满族贵族统治者继续皇太极未竟的事业，乘李自成于 1644 年 3 月攻克北京导致明朝灭亡之机，在关宁守将吴三桂的接立下，迅速派兵前往山海关，重创立足未稳的起义军，为问鼎中原赢得了至关重要的一战。五月初二，清军主力尾随败退的李自成，进入了不设防的北京，让这座城在不到两个月的时间内换了两次主人。多尔衮入城后惺惺作态地为明思宗"发丧，议谥号"，同时让老百姓为这个明朝的末代皇帝服丧三日，此举显示清朝绝不承认大顺政权的合法地位。多尔衮本人还住进了未被大火烧毁的皇宫武英殿中，显示了定鼎中原的决心。《东华录》记载同年 6 月，降官冯铨奉多尔衮之命祭祀明帝时大谈"历数转移，如四时递嬗，非独有明为然，乃天地之定数"，接着，又把明太祖朱元璋的神牌移出太庙，改祀于历代帝王庙中，此举意味着清朝视明朝已亡，并准备继承明朝的正统地位。不久，清朝统治者决策定都北京，顺治帝从辽东出发，于 9 月 19 日进入城中，住在皇宫里，欲当普天之下的皇帝。之后，清军一鼓作气席卷黄河南北，经过十

∧ 顺治帝在多年以后终于得以亲自执政

∧ 多尔衮之像

几年的不懈努力，最终歼灭了关内义军的各路残余势力，同时摧毁朱明后裔在南方成立的多个南明政权，如愿以偿地统一了天下，成为继明朝之后的又一个新兴正统王朝。

有趣的是，统治者虽然没有像农民起义者一样时常把通俗小说的思想当作自身的行动指南，但是，一些通俗小说同样为满人所喜闻乐见。清太祖努尔哈赤能读懂汉文，喜欢看《水浒传》与《三国演义》。清太宗皇太极则偏爱《三国演义》，以致一位叫作王文奎的汉族降臣上疏劝他不要忘记阅读儒家典籍《四书》以及正史之类的书。摄政王多尔衮也了解《三国演义》的故事，他在1650年（清顺治七年，南明永历四年）给翻译成满文出版的《三国演义》写了一篇谕旨，称此书既可"以忠臣、义贤、孝子、节妇之懿行为鉴"，又可"以奸臣误国、恶政敌朝为戒"，"文虽粗糙，然甚有益处"，满人阅读后，能知"兴衰安乱之理"。可见，多尔衮是按照自己的理解能力，从传统儒教文化的角度来看待这本书的。至于另一本书《水浒传》，在清廷之中的重视程度远远比不上《三国演义》，其翻译成满文的时间也迟得多。就此而言，清朝统治者对汉人的通俗演义小说不是毫无保留地接纳，他们既是贵族出身，又有与汉族不太相同的文化背景，肯定存在着与明朝的市井小人物不同的思维方式，故对《水浒传》与《三国演义》描述的异姓结义、落草为寇之类的内容有自己独特的理解。这个新兴政权在入关之前已经持续了六十一载，既积累了丰富而成熟的执政经验，又选择了程朱理学作为官方的意识形态，还得到范文程、洪承畴等汉族官僚的竭力辅助，即使满洲贵族暂时还做不到"与士大夫共治天下"，但也知道要想争霸天下就需得到官绅地主阶级的支持，因而在入关后制定的政策肯定与关内热衷于"追赃助饷"的草莽英雄有所区别。

清朝入关后主要继承了明朝的政策与制度，又有所调整，例如在赋税制度方面高调宣布取消正额以外的一切加派，以争取民心。然而，清政权入关之初强迫汉人剃发以及改换满人衣冠，还严厉制裁逃亡奴隶以及窝藏者，一度激化了民族矛盾。而统治阶级推行的圈地政策，也引起很大的非议，这个政策将明官田、皇庄以及所谓的无主土地分给八旗将士，到后来连部分有主民田也被强行征收了，而土地上的居民就此沦为农奴。据统计，八旗圈占的土地，超过了全国总面积的百分之五，虽然未能起到阻碍经济发展的作用，但还是给受牵连的百姓造成了很大的困扰。①

尽管清朝实行过一些民族压迫措施，但其因地制宜地采纳明朝制度以及推崇儒教等"汉化"政策，还是有利于争取关内官绅阶级的支持，从而为在明朝灭亡之后消灭关内的农民起义军，完成大一统的事业奠定了坚实的基础。

清朝对蒙古政策也比较成功，从皇太极时代起，清帝把自己打扮成为蒙古帝国的继承者，到了顺治时代又住在由元大都发展而成的北京，这一切都让保持着大都情结的蒙古人增加了对清帝的仰慕之情。清朝统治者深知控制蒙古草原可以巩固自身在中原的统治，因而历代清帝都用高官厚爵拉拢蒙古封建主，以至于把满蒙联姻奉为国策。他们都乐意娶蒙古王公贵族之女为后妃，又以公主及宗室之女嫁给蒙古王公贵族，始终保持着与蒙古诸部比较紧密的联系。

大多数蒙古封建主定期到北京朝觐，他们对清帝的忠诚程度超过了对元帝后裔的忠诚，他们死心塌地坐上了清朝的战车，先后参与镇压了李自成、张献忠的农民军，还积极配合清朝统治者摧毁了盘踞在江淮以南的明朝残余势力，为清朝的一统江山立下了汗马功劳。

蒙古地区的人民，只有获得清政府的准许，才有机会来到内地进行朝觐、拜佛及商贸等活动，平时不能随意进入塞内。清朝同时限制汉人迁入蒙古，长期禁止汉人与蒙古人通婚，用各种措施将蒙汉地区隔离，以便分而治之。

最后需要说明的是，对于入主中原的外族政权来说，汉化的重要性不言而喻。建立元朝的蒙古统治阶级没有彻底汉化，最终退回了塞外的草原，重新过上了游牧生活。相反，取代明朝的清政权早在入关之前已经逐步汉化，并在满族中大力推广儒教，因而入关后便迅速融入了中原的农耕社会当中。比如，皇太极在 1636 年颁布给后宫诸妃的册文中明确要求她们遵守儒家学说，"信守三纲五常"这些"亘古之制"。还先后于 1630 年以及 1636 年相续下令禁止族内婚，根据《清太宗实录稿本》的记载，皇太极规定"从今以后，凡人不许娶庶母及族中伯母，婶母、嫂子、

---

① 圈地政策显示了清朝对八旗军这支嫡系部队的重视。虽然清初在关内征伐的军队除了八旗之外，还有由汉人组成的绿营，但八旗的饷银与军粮都远远超过绿营兵，体现了旗人的优越地位。

媳妇"，有人若不尊法，"与奸淫之事一例问罪"。他还称赞汉人与朝鲜人因晓得道理，不娶族中妇女，否则与"禽兽何异"。清朝统治者提倡的纲常礼教贞节观，逐渐对八旗平民产生了移风易俗的影响，从1653年（清顺治十年，南明永历七年）起，清廷开始旌表八旗烈女和节妇，表彰她们在丈夫死后从殉，首次颁布的名单中就达到了三十人之多，由此可见一斑。

国际久负盛名的学者塞缪尔·亨廷顿说得好："任何文化或文明的主要因素都是语言和宗教。"对于满人来说，由于生活在一个以汉民族为主的社会中以及随着与汉人交往的频繁，难免出现汉化的迹象，同时传统的语言和宗教也呈现没落之势，入关后的满人逐渐出现不谙满语的情况。到了乾隆年间，无论是京师还是地方的驻防满洲旗人，甚至连关外的龙兴之地的原住民，不通满语、不识满文字开始成了普遍的现象，最突出的表现在于，越来越多的满人改用汉族姓名。虽然满族上层统治者出于增加本民族凝聚力等目的，经常采用强制手段维护本民族的语言以及其他习俗，可是结果大多数是事与愿违，因为汉化已是大势所趋，难以制止。不容讳言，汉化的结果是利大于弊，也是清朝国运长达到二百多年的原因之一，远远超过了统一天下不足百年的元朝。

∧ 《满洲世谱式样图》中的祭祀活动

参考书目

古籍：

[1] 司马迁.史记.北京：中华书局，2006.

[2] 陈寿.三国志.北京：中华书局，2006.

[3] 宋濂.元史.北京：中华书局，1976.

[4] 张廷玉.明史.北京：中华书局，1962.

[5] 中国第一历史档案馆，中国社会科学院历史研究所译注.满文老档.北京：中华书局，1990.

[6] 明实录.台北："中研院"历史语言研究所.1962年校勘本.

[7] 清实录.北京：中华书局，2008.

[8] 辽宁大学历史系编印.天聪朝臣工奏议.沈阳：辽宁大学历史系，1980.

[9] 蒋良骐.东华录.北京：中华书局，1980.

[10] 舒赫德，于敏中.胜朝殉节诸臣录.四库全书.

[11] 允禄，阿桂.满洲祭神祭天典礼.四库全书.

[12] 大明会典.台北：新文丰出版社，1976.

[13] 大清会典.长春：吉林出版集团，2005.

[14] 上海古籍出版社编.十三经注疏.上海：上海古籍出版社，2007.

[15] 日本京都藏经书院编.弥勒上生经疏.上海：上海商务印书馆，1923.

[16] 中国兵书集成编委会编.中国兵书集成：第一册—第四十册.北京：解放军出版社，沈阳：辽沈书社，1994.

[17] 瞿昙悉达.开元占经.北京：中央编译出版社，2006.

[18] 李淳风.乙巳占.台北：新文丰出版公司，1984.

[19] 释慧皎.高僧传.北京：中华书局，1992.

[20] 释念常.佛祖历代通载.台北：新文丰出版公司，1975.

[21] 志磐.佛祖统纪校注.上海：上海古籍出版社，2012.

[22] 刘辰.国初事迹.北京：中华书局，1991.

[23] 薄音湖，王雄．明代蒙古汉籍史料汇编（第一辑）．呼和浩特：内蒙古大学出版社，2006.

[24] 薄音湖，王雄．明代蒙古汉籍史料汇编（第四辑）．呼和浩特：内蒙古大学出版社，2007.

[25] 赵与时．宾退录．上海：上海古籍出版社，2012.

[26] 任崇岳．庚申外史笺证．郑州：中州古籍出版社，1991.

[27] 何乔远．名山藏．福州：福建人民出版社，2010.

[28] 高岱．鸿猷录．上海：上海古籍出版社，1992.

[29] 陆深．俨山集．上海：上海古籍出版社，1993.

[30] 萧奭．永宪录．北京：中华书局，1997.

[31] 钱谦益．国初群雄事略．北京：中华书局，1982.

[32] 计六奇．明季北略．北京：中华书局，2012.

[33] 计六奇．明季南略．北京：中华书局，1984.

[34] 彭孙贻．平寇志．上海：上海古籍出版社，1984.

[35] 沈德符．万历野获编．北京：中华书局，1989.

[36] 徐祯卿．翦胜野闻．北京：中华书局，1991.

[37] 郑廉．豫变纪略．杭州：浙江古籍出版社，1984.

[38] 边大绶等．虎口余生纪（外十一种）．北京：北京古籍出版社，2002.

[39] 钱聘等．甲申传信录（外四种）．北京：北京古籍出版社，2002.

[40] 赵士锦等．甲申纪事（外三种）．北京：中华书局，1959.

[41] 查继佐．罪惟录．杭州：浙江古籍出版社，2012.

[42] 邹漪．明季遗闻．新北：广文书局，1968.

[43] 古洛东．圣教入川记．成都：四川人民出版社，1981.

[44] 张德信，毛佩琦主编．洪武御制全书．合肥：黄山书社，1995.

[45] 刘基．刘基集．杭州：浙江古籍出版社，1999.

[46] 张载．张子正蒙．上海：上海古籍出版社，2000.

[47] 姚广孝．姚广孝集．北京：商务印书馆，2016.

[48] 朱升．朱枫林集．合肥：黄山书社，2014.

[49] 谷应泰. 明史纪事本末. 北京：中华书局，1977.

[50] 黄宗羲. 明文海. 北京：中华书局，1987.

[51] 陈子龙. 明经世文编. 北京：中华书局，1962.

[52] 王艮. 王心斋全集. 南京：江苏教育出版社，2001.

[53] 李贽. 续藏书. 北京：中华书局，1974.

[54] 顾炎武. 日知录. 西安：陕西人民出版社，1998.

[55] 蔡献臣. 清白堂稿. 厦门：厦门大学出版社，2012.

[56] 杨同桂. 沈故. 新北：广文书局，1957.

[57] 仇巨川. 羊城古钞. 广州：广东人民出版社，2011.

[58] 刘献廷. 广阳杂记. 北京：中华书局，1997.

[59] 蒋正子等. 山房随笔. 北京：中华书局，2006.

[60] 皇甫录等. 皇明纪略. 北京：中华书局，1985.

[61] 黄溥. 闲中今古录摘抄. 上海：上海商务印书馆，1936.

[62] 刘若愚. 酌中志. 北京：北京古籍出版社，1994.

[63] 陈梦雷. 古今图书集成. 扬州：广陵书社，2011.

[64] 昭梿. 啸亭杂录. 北京：中华书局，1980.

[65] 徐珂. 清稗类抄. 北京：中华书局，1986.

[66] 罗贯中. 三国演义. 北京：人民文学出版社，1990.

[67] 施耐庵. 水浒传. 北京：人民文学出版社，1990.

[68] 郭勋. 英烈传. 北京：中华书局，2013.

[69] 达仓宗巴·班觉桑布. 汉藏史集. 陈庆英译. 拉萨：西藏人民出版社，1986.

[70] 蔡巴·贡嘎多吉. 红史. 陈庆英等译. 拉萨：西藏人民出版社，2002.

[71] 熊梦祥. 析津志辑佚. 北京：北京古籍出版社，1983.

[72] 智观巴·贡却乎丹巴绕吉. 安多政教史. 吴均等译. 兰州：甘肃民族出版社，
1989.

[73] 朱风，贾敬颜. 汉译蒙古黄金史纲. 呼和浩特：内蒙古人民出版社，1985.

[74] 辽宁大学历史系编印. 建州闻见录校释. 沈阳：辽宁大学历史系，1978.

[75] 吴晗主编. 朝鲜李朝实录中的中国史料. 北京：中华书局，1980.

今人著作：

[76] 孟森.清史讲义.北京：中华书局，1981.

[77] 孟森.明清史论著集刊.北京：中华书局，2006.

[78] 孟森.满洲开国史讲义.北京：中华书局，2006.

[79] 吴晗.吴晗历史论著选集（一至三卷）.北京：人民出版社，1984—1988.

[80] 吴晗.朱元璋传.北京：人民出版社，1985.

[81] 韩儒林主编，陈得芝等著.北京：人民出版社，1986.

[82] 杨讷.元代白莲教研究.上海：上海古籍出版社，2004.

[83] 杨讷.刘基事迹考述.北京：北京图书馆出版社，2004.

[84] 赵轶峰.明代的变迁.上海：上海三联书店，2008.

[85] 赵克生.明朝嘉靖时期国家祭礼改制.北京：社会科学文献出版社，2006.

[86] 郑永华.姚广孝史事研究.北京：人民出版社，2011.

[87] 顾诚.明末农民战争史.北京：光明日报出版社，2012.

[88] 顾诚先生纪念暨明清史研究文集编委会.顾诚先生纪念暨明清史研究文集.郑州：中州古籍出版社，2005.

[89] 孙述宇.怎么样的强盗书——水浒传.上海：上海古籍出版社，2011.

[90] 奇文瑛.满—通古斯语族民族宗教研究.北京：中央民族大学出版社，2005

[91] 关小云，王宏刚.鄂伦春族萨满教调查.沈阳：辽宁人民出版社，1998.

[92] 乔吉.蒙古族全史（宗教卷）.呼和浩特：内蒙古大学出版社，2011.

[93] 陈学霖.史林漫识.北京：中国友谊出版公司，2001.

[94] 陈学霖.明初的人物、史事与传说.北京：北京大学出版社，2010.

[95] 李申.中国儒教史.上海：上海人民出版社，1999—2000.

[96] 陈敏之，顾南九主编.顾准文集.北京：中国青年出版社，2002.

[97] 孙文良，李治亭.崇德帝.长春：吉林文史出版社，1993.

[98] 孙英刚.七宝庄严.北京：商务印书馆，2015.

[99] 何冠彪.生与死：明季士大夫的抉择.台北：联经出版事业公司，1997.

[100] 卢晓衡主编.关羽、关公与关圣.北京：社会科学文献出版社，2002.

[101] 王尧.西藏文史探微文集.北京：中国藏学出版社，2005.

[102] 乌兰．蒙古源流研究．沈阳：辽宁民族出版社，2000．

[103] 陈林译注．无量寿经．北京：中华书局，2010．

[104] 黄智海．阿弥陀佛经白话解释．北京：北京师范大学，1993．

[105] 广超法师讲述．般若波罗蜜多心经讲记．上海：复旦大学出版社，2009．

[106] 金成修．明清之际藏传佛教在蒙古地区的传播．北京：社会科学文献出版社，2006．

[107] 陈久金．帝王的星占——中国星占揭秘．北京：群言出版社，2007．

[108] 曹永年．"传国玺"与明蒙关系．呼和浩特：内蒙古社会科学第 2 期，1990．

[109] 李新峰．邵荣事迹钩沉．北京：北大史学第 1 期，2001．

[110] 杜洪涛．明代的国号出典与正统意涵．成都：中华文化论坛第 6 期，2014．

[111] 刘浦江．"五德终始"说之终结——兼论宋代以降传统政治文化的嬗变．北京：中国历史学前沿第 10 期，2007．

[112] 高寿仙．李自成"大顺"国号考．北京：光明日报 1 月 20 日，2004．

[113] 钱绍武．中国古代雕塑．北京：央视国际，2003．

[114] [英] 埃德加·普雷斯蒂奇编．骑士制度．林中泽，梁铁祥，林诗维译．上海：上海三联书店，2011．

后记

从元亡明兴到明亡清兴，明军从创建到覆没，存在了将近三百年。在不同时期里，对这支军队产生过影响的神祇分别有白莲教的阿弥陀佛、明王，道教的玄武大帝，儒教的姜太公以及同时受到儒、佛、道三教推崇的关羽等等，可谓神佛满天。

明朝灭亡后，大量降清的汉人文武官员对神祇的态度又是怎么样的呢？就以被清朝封为藩王的尚可喜为例，此人原为明将毛文龙的部属，降清后参与逐鹿中原，长期转战于广东，其中 1650 年（清顺治七年，南明永历四年）攻陷广州之役，更被视为是军旅生涯中的杰作。探讨此人的宗教信仰对于了解清军的思想状况可起到管中窥豹，可见一斑的作用。《羊城古钞》记载尚可喜与另一位将领耿继茂围攻广州时，曾经在城外的小北门驻过营，克城两载后，尚、耿二人便在原驻营地修建"得胜庙"纪功，庙内奉祀的是"汉寿亭侯"，即是关羽。这表明，尚、耿两人仍然继承明军崇拜关羽的风气，尊之为战神。

平心而论，降清汉将尊奉关羽的行为有点不伦不类，可能会让人联想起"身在曹营心在汉"的典故，实在难免有瓜田李下之嫌。

然而，关羽的名气实在太大了，总是会与降清的明臣发生这样或那样的关系，有时候甚至让人倍感尴尬。例如，洪承畴这样的名闻遐迩的汉人降官竟然也曾经被人奉为关羽一样的人物，其失节的行为本应遭到藐视，为何反而会受到抬举呢？《南忠记》交代了这个故事的曲折经过，据说抗清将领王之仁在南京身陷囹圄时痛斥当时负责招抚江南的洪承畴，声称先帝（明思宗）"立庙祠若、祭若"，

∧ 洪承畴之像

想不到洪承畴不但苟且偷生，而且"背义忘恩，操戈入室"，犯下了"平夷我陵寝，焚毁我宗庙"的"通天之罪"，有负圣教。王之仁的这番话里透露了一段令人感慨不已的史实，即是当初明朝君臣得知松锦决战的败讯后，一度以为在前线与清军作战的洪承畴已经殉国，明思宗命令礼部设棚于京城东郊，打算亲自前往哭祭。正阳门东月城还建起了洪承畴之祠，祠中配祭的竟然是义薄云天的关羽，可见时人把洪承畴视为关羽之类的伟丈夫。只不过，这一切都是误会，后来，传来了洪承畴投降的消息后，祠里面就改奉了观音。这个典故载入《广阳杂记》中。

如果洪承畴能在明清易代之际为明朝殉国，他就可以与关羽一样名留青史，可他选择了苟全性命而改辅清朝，故而被时人视之为不配与关羽相提并论。

在抗清人士眼中，洪承畴这类降臣不愁在历史上找不到与之相似的人物。王之仁就把替清朝招抚江南各省的洪承畴挪揄为李陵，甚至斥责其犯下的罪行比起李陵有过之而无不及！

李陵是西汉将领，曾奉汉武帝之命出征匈奴，最后寡不敌众而力竭投降，是历史上著名的降将军，其坎坷曲折也成为历代文艺作品中的悲情人物。明清鼎革之际，不但洪承畴被时人视之为李陵，吴三桂这些降清的武臣也一样，例如清人张茂稷在《读史偶感》中，就把吴三桂比喻为李陵。可知在不少人的心目中，与降臣们最搭配的只能是那些大节有亏的历史人物，而不是视死如归的关羽。

回顾历史，可以发现为满人问鼎中原出力的汉人文官多如过江之鲫，就以当中的佼佼者洪承畴为例，他被门生董文骥以及内阁中书张宸等人吹捧为可以与历史上著名的名臣贤相比肩，而所立的功业甚至已经超过了明初的刘伯基。然而，就算是洪承畴也始终不能像刘伯基那样入祀太庙，有资格入祀太庙的清朝开国功臣全是满人，由此反映出汉人官绅阶层在政治上的尴尬地位。

事实正是如此，国家朝政始终由清帝以及亲王、郡王、贝勒、贝子等组成的满洲统治集团牢牢掌握着，不容汉人文官置喙。

当皇帝走上了儒教的神坛后，自然少不了有功之臣的陪衬。明朝是这样，清朝也不例外。《钦定大清会典事例》记载，整个清代，死后能够进入太庙陪祭皇帝的除了在打天下时功勋显著的王公贵族之外，还有十三位异姓功臣。在所有的陪祭人员中，仅有康雍乾三朝元老的张廷玉是汉人，其余全是满族。

需要指出的是，在玄武大帝、姜太公以及关羽等源自汉族的神祇之中，满洲统治者最崇拜的是义薄云天的关羽，而且崇拜起来比那些失节的前明降将要理直气壮得多。清朝入关定都北京后，便在皇宫之旁建起了关羽庙。到入关之后的第九年，顺治帝封关羽为"忠义神武关圣大帝"，所享受的祭礼完全等同于孔子，实际已经成为官方钦定的"武圣"。最引人注目的是清雍正年间，连皇帝也亲自按照儒教仪式对关羽进行公祭，这种尊崇已经到达极致了。就连故宫里，坤宁宫的西墙中，也有关羽和佛祖、观音的神位，供清帝在每年元旦的第二天以及仲春秋朔日进行拜祭。

关羽成了满人中最受敬重的神祇之一，俗称"关马法"（马法是满语中"老爷"的意思）。尽管很多满族百姓认为祭祀关羽会起到禳灾祛祟、祈雨等作用，但关羽的战神形象，还是始终最为世人所熟悉。《黑龙江外记》称在黑龙江将军驻防的齐齐哈尔城内有一座关帝庙，"两壁绘战迹"，而"殿之外层，甲丈森严"，当地的八旗军无论是出征还是凯旋，均到此致祭，希望能得到保佑。

专家指出全国各地凡是有驻防满营的地方，几乎都建立了关帝庙。倘若满营里的将士分别来自八个不同的旗，那么常常会在驻地建起八座不同的关帝庙，可以说虔诚到了极点。道教的玄武大帝等神祇与之相比，可说是望尘莫及了。

虽然玄武大帝不能与关羽相比，但并不意味着这位神仙没有人崇拜。以放清兵入关的吴三桂为例，就对玄武大帝保持了极大的兴趣。在镇守云南期间，他于1669年（清康熙八年）捐资在省城东北鸣凤山重修了真武殿。此殿本来是明末地方官员参考武当山的真武殿样式而起建的，而吴三桂在重修时不惜耗铜二百五十吨，于1671年（清康熙十年）建成了这座铜殿，号称"金殿"。他还在殿里面放置了亲自使用过的大刀，与另一柄"七星宝剑"一起，双双成为镇山之宝。

据说，吴三桂这样做含有政治目的，由于明代世镇云南的是沐氏一族，因而他依照五行学说中的金克木之法，利用奉有玄武大帝的金殿克制沐家之势，以图达到取而代之的目的。这位藩王希望自己的子孙后代永镇云南，与清朝统治者后来实施的加强中央政权而削藩的政策有抵触，发生政治冲突是早晚的事。

与吴三桂同为藩王的另一位降清将领尚可喜，除了崇尚关羽之外，还佞佛。他镇守广州时，除了在城外小北门修起恭奉关羽的"得胜庙"之外，又建起奉祀

︿ 尚可喜所铸之钟，现存于广州博物馆

佛像的太平庵。庵内的铁钟遗留至今，现存于广州博物馆内。铁钟表面的铭文记录了尚可喜围攻广州的经过，声称清军在攻城其期间"铸炮制药，随手而应"，必定是"阴有神助"，故克城后"追溯不忘"，于是"捐赀建造太平庵，内塑佛像"，并纪之于钟鼎，以让世人知晓"佛力之不朽"，力图证明清军得胜乃是神佛暗中庇护的结果。此外，尚可喜还在广州附近的其他地方捐铸佛像、修建佛寺以及礼请名僧说法，以此粉饰自己在战争中的所为。流风所及，尚、耿两人的部将曾养性、文天寿等也分别出资修寺，摆出礼佛的姿态。

从吴三桂、尚可喜等藩王所信奉的神祇可以看出，范围广及儒、佛、道三教，显示降清汉将信仰的多种多样。

清朝统治者同样对儒、佛、道采取兼容并蓄的态度。史家认为清承明制，但在宗教文化方面，清朝对明朝是既有继承，又形成了本身的特色。

众所周知，明初推崇程朱理学，而朱子的思想具有理性主义色彩，对传统的占卜、奇门遁甲、天人感应等学说不太迷信。明代中后期兴起的心学将个人的良知等同于天理，这就走得更远了。清朝取代礼崩乐坏的明朝后，重新提倡理学，并在八旗中极力推广纲常礼教，对于占卜、奇门遁甲、天人感应等学说的态度是可以利用就利用，否则弃之如敝屣。清太宗皇太极曾经在组织人员将汉籍翻译成满文时，做了意味深长的指示："朕观汉文史书，殊多饰辞，虽全览无益也……至汉文正史之外，野史所载，如交战几合，逞施法术之语，皆系妄诞。此等书籍，传之国中，恐无知之人信以为真，当停其翻译。"而《三国演义》与《水浒传》之类的书都正巧存在"交战几合，逞施法术"之类的内容，皇太极肯定会对此做出自己的鉴定。至于天人感应学说，前文已经提过皇太极征服漠南蒙古的察哈尔部时对此加以利用，认为适逢其时地出现了"祥瑞之兆"，以此证明天命有归。由此被史官按照"美事召美类，恶事召恶类"的笔法记入《清实录》之中，也就是说，帝王"将兴"时，必有美好的吉兆预先在世间显现；"将亡"时，也会预先出现丑恶的"妖孽"。

　　然而，当这一套学说在政治上不利于清朝时，就会立即被重新审视，福建巡抚佟国器给抗清将领郑成功的复书就是一个很好的说明。起因是郑成功于1655年（清顺治十二年，南明永历九年）给佟国器的一封带有挑衅内容的信，其中认为天时对清朝不利，自清兵入关后天变异常，近年来"河北人民，半付水国；江南百姓，多化魅鬼。河决地震，灾异非常"，不但适应春秋时期"山崩川竭之征"，而且符合元朝灭亡前夕的"日食星变之惨"。正如圣贤所云："国家将亡，必有妖孽。"此言现在已经得到明验。佟国器回信也针锋相对地讨论了"天人感应"的问题，他承认了河北水灾与关中地震的事实，但否认这是清朝灭亡的先兆。反驳道，董子（指董仲舒）说过"天之仁爱人主，故特出灾异以诫之"，春秋末年，不见灾异，以此可见天对当时的君主已经绝望，因而没有显示灾异进行诫勉。自古以来，不少明君执政时期，都发生过灾异，例如尧汤之世有水、旱为患，汉文帝时，日中出现"王"字等等，不一而足。相反，宣帝主政时有"五凤至、麟一至"等祥瑞，然而却"仁柔不振，卒以短祚"而亡，由此可见"灾瑞之验"，在历史上与国家兴亡的事实不尽符合，不能盲目相信"国家将亡，必有妖孽"的说法。佟国器的回信反映清朝臣子对传统"天人感应"学说绝不轻信的实用主义态度，如果这种学说在某一时期对他们有利，就加以支持，否则就反对。

　　至于佛教，清朝历来是表示支持的，就连满洲这个族名，也与佛教缘分不浅。满洲在历史上曾有"满住""满珠""曼珠""文珠"等多种称谓，历史学者孟森先生认为这些词的来源与佛教有关（"文珠"就是大名鼎鼎的文殊菩萨），亦一度被借用而成为女真酋长的尊称。正如前文所提过的，明朝成化年间被明军杀死的建州卫首领，就叫作李满住。《栅中日录》也称努尔哈尔曾经被部属尊称为满住。到皇太极在位时，干脆舍弃"女真"旧名，而以"满洲"这个佛号为新的族名。

　　清帝也被一些佛教组织赋予传统的佛号尊称。《满洲源流考》指出西藏藏传佛教首脑上书清帝时，皆称之为"曼珠师利大皇帝"，"曼珠"可翻译为"文殊"，汉语的意思是"妙吉祥"，传说文殊菩萨的道场是五台山，故一些佛教流派把中国皇帝视为文殊菩萨的化身。乾隆帝在1757年（清乾隆二十二年）平定准噶尔部后，让画匠把自己绘成文殊菩萨的样子，再将唐卡（源自西藏的一种宗教卷轴画）悬挂于承德避暑山庄的普宁寺内，试图又一次达到将佛教神祇与俗世统治者结合起来的目的。

虽然清太宗皇太极出于统治漠南蒙古的政治需要而自命为"转轮圣王"，并在表面上对大黑天神像非常恭敬，可是他不提倡在本族中推行藏传佛教，似乎内心中认为鞑靼的衰弱与藏传佛教的流行有关。尽管这种结论未必准确，但也反映了当时部分满族贵族的看法。例如，《圣武记》记下了皇太极说过的一番话："蒙古诸贝勒（贵族爵位的称号）舍其本国之语名号，俱学喇嘛，致国势衰微。"由这个评价可知，藏传佛教在皇太极心目中的地位有限。话虽如此，皇太极有时也

∧ 广州的八旗博物馆

要在政治上做出尊奉藏传佛教的态度，以安抚蒙古部落。《盛京通志》《奉天通志》与《养吉斋余录》诸书记载，皇太极曾经根据蒙古喇嘛的建议，在盛京抚近门、怀远门、德胜门、地载门等四个城门附近各建一寺，分别是永光寺、延寿寺、广慈寺、法轮寺。另外，每寺之内均建白塔一座，另称：东塔、西塔、南塔与北塔，含义是"四塔全，当一统"，后来，清朝果然一统天下，因而一些藏传佛教信徒难免会以此归功于该教的庇护。

藏传佛教著名的大黑天神也没有受到忽视，清朝入关后权倾朝野的摄政王多尔衮在首都北京的宫城与东、西、南、北城一下子修起了五座大黑天神庙。据说庙内藏有铠甲弓矢等与战争有关之物，这无疑是把大黑天当战神来拜。这些都是归清的蒙古诸部所喜闻乐见的。

正如前所文提过的那样，清人对道教与萨满教神祇同样尊重，可见海纳百川，有容乃大。完成统一大业的清朝统治者，对不同地区的人民实施不同的宗教政策。比如他们在汉族地区主要提倡的是儒教；在蒙古地区推广藏传佛教；在关外偏僻地区的某些渔猎民族的聚居点则任由萨满教的流行等等。

被神化的清朝皇帝也在各个宗教中身兼数职，在传统的萨满教的祭天仪式中，他是沟通天神与凡人的祭司；在儒教中，是天命有归的天子；在藏传佛教中，是转轮圣王；在佛教中，是文殊菩萨的化身。总而言之，在不同地区与不同宗教信仰的民族中，人神不分的清朝皇帝常常能够在神坛中占有一席之地，这对民心的凝聚与多民族国家的统一显然是有莫大好处的。

清朝对有助于治国的各种宗教不采取排斥的态度，而由不同民族组成的清军也奉起了五花八门的战神，其中包括萨满教的辽东邓将军、藏传佛教的大黑天神，以及儒、佛、道三教推崇的关羽。而且，朝廷按照儒教的祭礼将多位皇帝、王公与异姓功臣树立为神，世世代代地接受军中将士的顶礼膜拜。在各种形形色色的战神之中，既有神话中的人物，也有历史悠久的古人与在现实中被神化的今人，以便让军中的将士各取所需。

然而，历史已经反复证明，最适合中国古代农耕社会的宗教是儒教，顺之则昌，逆之则亡。由此不难理解，在长城以内，儒教战神历来比佛、道、萨满与藏传佛教的战神更加声名显赫，影响力更大，这绝不是偶然的。

比小说好看
比剧本精彩

你一定爱读的中国战争史
（系列丛书）

有史可证，有迹可循

从春秋到元朝，2000多年的战争故事，让你一读就上瘾

通俗易懂，有趣有料

插科打诨也好，正色直言也罢，说的是古往今来战场风云，塑的是家国内外忠奸百态。场场大戏，英雄、奸雄与"狗熊"，人人都是角儿；篇篇传奇，妙招、奇招和险招，处处有谋略。

中国历史新演绎

用人物刻画战争，用战争串联历史。每一场战争都有典籍支撑。14位新锐作者联袂执笔，精选经典战役铺陈，涉及战略、战术、战法、武器、兵力、布阵、战场展开……

情节紧张，行文爽快

跌宕起伏的王朝命运，两军交戈的剑拔弩张，千钧一发的安危瞬间，惊心动魄的逃亡旅程，风林火山的用兵之法，三十六计的多方施展，卧薪尝胆的多年隐忍，柳暗花明的意外展开……古人的故事，今人读来依然扣人心弦。